U0919422

全国交通中等职业技术学校通用教材

Xiandai Qiche Tuijie

现代汽车推介

（汽车商务专业用）

唐诗升　主编
王运泉　主审

人民交通出版社

内 容 提 要

本书从汽车营销人员的职业要求出发，对汽车推介这个重要销售环节的应知、应会知识作了一定的介绍，以使人们了解汽车发展史、世界著名的汽车厂商和我国主要的汽车厂商、汽车的识别代号、主要经济技术数据和常用的图文符号、汽车品牌和商标的相关知识。本书侧重介绍各类汽车的典型车型，对汽车用户进行分析，对购车过程的要领进行阐述，以使人们能进行最佳的“人车匹配”。

本书为全国交通技工学校“汽车商务专业”的专业教材之一，也可供人们了解和选购汽车参考。

图书在版编目（CIP）数据

现代汽车推介／唐诗升主编．—北京：人民交通出版社，2004.9(2007.8重印)
ISBN 978-7-114-05192-0

Ⅰ.现... Ⅱ.唐... Ⅲ.汽车工业—市场营销学
Ⅳ.F407.471.5

中国版本图书馆CIP数据核字(2004)第083963号

全国交通中等职业技术学校通用教材

书　　名： 现代汽车推介（汽车商务专业用）
著 作 者： 唐诗升
责任编辑： 李　斌
出版发行： 人民交通出版社
地　　址： (100011)北京市朝阳区安定门外外馆斜街3号
网　　址： http://www.ccpress.com.cn
销售电话： (010)59757973
总 经 销： 人民交通出版社发行部
经　　销： 各地新华书店
印　　刷： 北京盈盛恒通印刷有限公司
开　　本： 787×1092　1/16
印　　张： 11.5
字　　数： 275千
版　　次： 2004年9月第1版
印　　次： 2015年3月第8次印刷
书　　号： ISBN 978-7-114-05192-0
印　　数： 17001～19000册
定　　价： 23.00元

交通技工学校汽车专业教材编审委员会

主 任 委 员:卢荣林

副主任委员:宣东升　郭庆德　李福来　费建利

委　　　员:金伟强　王作发　林为群　李桂花　魏自荣

程兴新　唐诗升　戴　威　张弟宁　束龙友

邢同学　朱小茹　张吉国　邵登明　程　轮

胡大伟　王运泉　戴育红(兼秘书)

近年来我国汽车工业发展很快，轿车已经进入家庭，轿车销售数量不断增加，而汽车商务人才却很奇缺，为满足汽车销售市场需要，各校都已开设汽车商务专业，报考汽车商务专业的学生逐年增加。为此，交通技工学校汽车专业教材编审委员会组织编写了适用汽车商务专业教学使用的《商务实用语文》、《汽车商务英语》、《汽车商务》、《现代汽车推介》、《市场营销》、《公关礼仪与形体训练》、《机械常识》、《理财知识》以及与之相配套的《习题集与习题集解》。本套教材具有以下特点：

1. 知识面广：教材内容涉及汽车营销、售后服务等方面的知识，全面介绍和讲解了汽车的使用性能及各项指标，便于顾客依此选购汽车。

2. 便于模块式教学：教材编写模式以能力培养为主，适于模块式和模拟教学方法，可以提高教学效果，学生毕业时即具备了汽车营销推介的能力。

3. 教材编排以图代文，图文并茂，通俗易懂；教材插图数量增多，并采用了实物立体图和解体图，文字叙述流畅，便于学生自学掌握。

本书着重介绍了各类汽车的典型车型，对汽车用户的情况进行分析，对购车过程的要领进行阐述，以使学生能进行最佳的"人车匹配"。概而言之，本书介绍的是汽车营销人员必备的"入门"知识。为了适应交通技工学校教学的特点，本书尽量简明扼要、图文并茂，并适当地编辑一些国外主要汽车厂家及国内部分汽车厂家的商标和车标，推荐一些课外阅读的内容，作为本书附页，使之兼具知识性、可读性、趣味性和实用性。在教学中，要理论联系实际，到汽车厂家参观，了解汽车生产过程及品牌特点；到汽车市场中实习，熟悉汽车营销过程中的各个环节；并通过网络及其他信息渠道，了解汽车最新发展动态。通过勤学苦练，成为汽车营销的行家里手。

本书由贵州交通职业技术学院唐诗升担任主编（编写第七、八、九章），由广州市交通技工学校王运泉担任主审。编写成员和分工是：沈阳高级交通技校孟杰（编写第一、二、三、十一章），广州市交通技工学校杨曙光（编写第四、五、六、十章）。

限于作者的水平和经验，加之这种教材编写模式也是一种新的尝试，书中难免有不当或错误之处，恳请读者和同行批评指正。

交通技工学校汽车专业教材编审委员会

2004年6月

目录

第一章　汽车推介概述

我国伟大的思想家、教育家孔子的得意门生颜回在向其请教治国之道时，孔子说："行夏之时，乘殷之辂，服周之冕……"。辂即车子。显然，在孔子眼里，乘坐何等车子，绝不可等闲视之，而是一项举足轻重的重要国策。

确实，车子，特别是汽车，作为一种凝结着人类智慧的交通工具，对推动社会生产力的发展和生产关系的变革，都有十分重要的意义。自19世纪末，德国斯图加特街头出现了第一辆奔驰牌汽车起，汽车工业就托起了一个又一个国家的经济腾飞，汽车成为20世纪最显著的工业文明的象征。当前，世界汽车保有量已超过6亿辆，广泛应用于各行各业和家庭生活。在我国，改革开放政策推动着汽车工业迅速发展，汽车市场十分活跃，汽车营销业成为了一个热门行业。

第一节　汽车推介的定义

汽车推介是汽车营销过程中的重要环节，它是以诚信的品质，求实的作风，热情的服务，有效的方法以及娴熟的专业知识和技能，向用户推荐和介绍汽车或相关产品，从而使用户购买到称心如意的汽车，也使汽车营销实现良好的业绩。

汽车推介有以下内容：

1. 汽车推介由营销人员、推介对象(用户)、汽车产品三个基本要素组成。
2. 推介行为的直接目标是帮助用户选购汽车产品。
3. 在推介过程中，营销人员要主动介绍汽车产品并详尽地回答用户的各种提问。
4. 推介行为的最终目的是促成交易，实现买卖双方利益的满足。

第二节　汽车推介的原则

一、汽车营销人员应具备的素质

汽车营销人员的基本素质，是指在推介汽车或相关产品过程中的思想品质、工作作风、知识结构、心理特点和身体状况等内在素质及其表现出来的各种能力的综合。

1. 思想素质

首先，汽车营销人员应清醒地认识到：推介汽车或相关产品的过程，既涉及汽车产品的性能特点，也涉及国家和地方有关政策法规。因此，汽车营销人员应具有敏感的政策观念，养成收集、分析政策法规的习惯，掌握其对经济影响的规律性，保证推介活动符合政策法规的要求。这也是汽车营销在整体上长期取得理想业绩的前提。

其次，汽车营销人员应该热爱本职工作，忠于企业利益，与企业共命运。

最后，汽车营销人员还应树立用户至上，全方位为顾客服务的思想，时时刻刻都要记着：我们的任务不仅仅是把汽车或相关产品销售出去，更多地应考虑到经营的汽车产品和自己的工作能否令用户满意。

2．业务素质

1）汽车营销人员必须熟练地掌握以下知识

（1）所经营的汽车产品的相关知识，包括生产厂家、品牌特色、经济技术数据和基本配置，以及使用和养护应注意事项等；

（2）汽车交易及办证落户的相关手续和程序，包括车贷、购车、缴税、上牌、保险等；

（3）营销心理学知识以及促销技巧和经验；

（4）正确的人生哲学和职业道德规范。

2）汽车营销人员必须具备以下业务能力：

（1）能全面地了解汽车产品的相关内容；

（2）能准确地解说所经销汽车的品牌特色及其与其他品牌的区别；

（3）能流利地回答顾客的各种问题；

（4）能熟练地帮助用户办理购车、缴税、落户、保险等事项。

3．心理素质

1）自信心

汽车营销人员的自信心，是知识和能力的表现，是良好的工作心态，是取信于顾客的前提，是取得业绩的保证。

斯伯利奇是微型轿车的发明者。当年他在福特公司任职时，就提出了他的设想，但是，由于他的执著，却被福特公司解雇了。后来，克莱斯勒公司聘用了斯伯利奇，1983 年，克莱斯勒公司推出了这种微型车，并于当年就销售了 50 万辆，在市场上占据了垄断地位。显然，是自信心鼓舞着斯伯利奇孜孜不倦地去追求，终于实现了理想。在汽车营销的行业里，营销人员也必须具备这种心理素质。

2）用情感激励情绪

情绪是情感的表现形式，积极的情绪往往来自于情感的激励，俗称“动之以情”。恰当地运用情绪情感因素，可以使汽车营销人员的工作成效大大提高。

世界知名的“玫琳凯化妆品公司”的创办人玫琳凯女士，生日那天想买一辆黑白相间的轿车作纪念，在中午时分她来到了福特汽车展销中心，而业务员急着参加午餐会没理会她。玫琳凯女士悻悻地来到另一家展销中心，受到业务员迈克十分热情的接待。交谈中，迈克知道今天是玫琳凯的生日，即吩咐秘书送来了一束玫瑰花，喜笑颜开地对玫琳凯说：“祝您生日快乐！”玫琳凯没有想到自己的信口之言，竟然得到如此温馨的祝福，非常感动，于是买下了该中心正展示着的一辆黄色轿车。事后，迈克以一束玫瑰感动玫琳凯，卖出非玫琳凯期望的汽车，曾一度被汽车营销人员传为美谈。

3）富有激情的外向型性格

汽车营销人员对顾客的感染力、影响力和说服力与业绩的好坏有很大的关系，而这又与营销人员的个性有着很大的关系。常言道：“要推销商品，就得先推销自己。”优秀营销人员的个性应该是热情开朗，善于交际，沟通能力强，富有激情，具有感染力，敢于承担责任的外向型性格，让顾客感觉到一种亲和力和吸引力。

4．身体素质

在汽车营销工作中，营销人员要向顾客解说，帮助用户购车和办理有关手续，整天口不停，脑不停，手脚不停，必须有健康的体魄和旺盛的精力，始终体现出良好的气质，否则难以胜任工作。

综上所述，汽车营销人员的工作业绩是与其素质高低息息相关的。因此，若志在事业有成，则必须注意加强自我锻炼，持之以恒，不断总结，不断进步，以实现美好的愿望。

二、汽车推介的原则

汽车推介的基本原则，是基于对推介规律的认识所概括出来的推介活动的依据和规则。营销人员增强按照客观规律办事的自觉性，掌握正确的推介原则，可以使推介活动减少失误，提高成效。

汽车推介的基本原则主要有以下几点：

1．互利互惠的原则

所谓互利互惠原则，就是要使交易能给买卖双方带来利益和好处，并且这种利益和好处要大于付出或大于弊端。互利互惠是商品交换的一项基本原则，但在具体执行中，却没有明确的利益分割点。双方利益的分配，也并非是简单的一分为二。优秀的营销人员，总能够既使顾客需求获得最大满足，又能使自己获得最大利益。

2．使用价值观念的原则

使用价值观念，是顾客对汽车或相关产品有用性的认识。实践中，有许多成功的汽车营销人员总是巧妙地向顾客阐述使用价值观念。正是这些商品使用价值观念的灌输，使得汽车品牌深入人心，获得了消费者的青睐。

3．人际关系开路的原则

人际关系是指汽车营销人员与顾客在相互交往过程中，彼此间相互影响而形成的一种心理上和社会上的联系。汽车营销人员应具有一定的汽车专业知识，擅长与顾客沟通和交流，使顾客不仅相信你，接受你的汽车产品，而且会与你保持长期联系，成为你的忠实客户。

第三节　汽车推介的五个阶段

汽车推介包括推介自己本身、推介汽车产品的使用价值、推介汽车产品、售后服务和形成自己的客户网络等五个阶段。

第一个阶段是要推介自己本身。一般而言，顾客的购买意愿深受汽车营销人员之诚意、热情、勤奋程度的影响。一旦自己的努力和诚信得到客户认同，汽车产品销售就百分之九十成功了。

第二个阶段是要推介汽车产品的使用价值。汽车营销人员要耐心地解说汽车产品的使用价值，使顾客听得明白并予以认可，才能进行到下一阶段。

第三个阶段是要推介汽车产品。在顾客和汽车营销人员充分沟通，并认可汽车产品的使用价值后，自然就进入到具体汽车产品交易了。

第四个阶段是汽车产品的售后服务。汽车产品的售后服务比汽车产品的销售更重要。汽车产品售后服务主要包括维修、养护、救援、信息咨询、保险、二手车交易等内容。

第五个阶段是形成自己的客户网络。这也是每个汽车营销人员最希望达到的最高级的境界。通过长期有效的工作，汽车营销人员积累了相当数量的客户，建立了良好的社会信誉，进而形成自己的客户网络，为成就事业奠定了坚实的基础。

第二章　购车消费分析

经过二十多年改革开放，我国社会发展和经济建设取得了巨大成就，人民生活得到了很大改善，全面建设小康社会的宏伟目标展现着国家的美好前景。在当前，一个耀眼的亮点，就是汽车工业迅速发展以及汽车在各行业广泛应用并进入家庭，“私家车”已成为时尚。富裕了的中国老百姓终于可以圆一场“汽车”梦。

然而，汽车消费是一种高档消费，国人在“圆梦”时也是各有千秋。本章以私人购车为主，对购车消费进行分析，以便汽车消费者和汽车营销人员参考。

第一节　购车阶层分析

随着我国汽车工业的持续发展，各式各样的车型充斥着汽车市场，面对种类繁多的汽车，如微型客车(微面)、微型轿车、普通级轿车、中高级轿车、越野车、多用途汽车等等。这么多车型，到底哪一款更适合特定的购车者呢？这就需要汽车营销人员做到心中有数，当好购车者的参谋。

首先，分析购车者买车的用途，弄明白为什么要买车，是仅仅解决“行”的问题，还是让其承担多种角色，或是做节假日外出旅行之用，不同用途应选用不同车型。

其次，分析买车者的经济实力，经济实力决定购买档次。如经济富足者可考虑买进口车甚至豪华车；如积蓄不多者，应考虑买国产普通车型；如收入不高的“嗜车族”，则选购微型车或经济型车为好。

总之，消费者购车时要摸摸钱包，想想用途，算算细账，量力而行。

一、普通家庭选用车型

普通家庭的年收入不足5万元，这个消费群体买车时就要询车问价、谨慎行事，以购买经济实用、好停车、省油的车型比较适合。当前，国产经济型汽车较多，消费者可按个性特点选购。

(1)如果是活泼快乐年轻一族，可选择奇瑞QQ、都市贝贝或上汽通用雪佛兰等。这几款小车油耗低、灵活、操作性能可靠，内饰精美，外观新潮。

(2)如果是比较传统人士，那么悦达、吉利这几款小车都应该是合适的。新近上市的悦达其外形内饰模仿富康，虽然内部空间不是很大，但是三口之家坐进去空间足够。江南奥拓、比亚迪福莱尔以及哈飞百利等车型较为便宜，钱不多又想“过把瘾”的消费者不妨一试。

(3)如果周末喜欢带着全家去旅游，那么可选购派力奥周末风、长安之星和松花江中意等车型。这些车造型时尚精致，视觉感受良好，加上多用途的实用性，会使外出旅行得心应手。

(4)如果年收入不是很高，又不想买低档车，那么，就要考虑是不是用贷款购车的方式来买车，但要注意几点：第一，贷款购车通常要首付车款的30%，以后的每个月都要从收入中拿出一部分来还贷款；第二，贷款购车要多花一笔利息和贷款保险费；第三，日常“养车”还需花一笔钱。

二、个体工商业者、自由职业者选用车型

随着我国多种经济所有制成分的形成，涌现出了一大批个体工商业者，这是个极具消费潜力的群体，什么样的车型适合他们呢？

（1）对追求实惠的购车者，首选车型当是普通级或微型轿车，如长安羚羊、广本飞度、吉利美日、悦达千里马等。这类车型是当前中国轿车市场的消费主流，车价不足10万元，使用费用每年大约在1万~2万元之间，经济实惠、节油、维修方便，完全可满足出门交友、业务洽谈和提高工作效率之用。

（2）对追求体面又不想花太多钱的买车者，可考虑推介中级车，如广州本田雅阁、东风雪铁龙赛纳，爱丽舍X，以及捷达都市先锋、富康、桑塔纳2000、上汽通用别克和一汽马自达6等都非常合适。这类车型外观气派、内饰高雅、乘坐舒适、行驶平顺，处处显示着车主的职业成就和自信。

三、私企老板选用车型

私企老板是轿车消费群体中的“急先锋”。他们随着事业的不断发展，财富的不断积累，不断地更换自己的“坐骑”来显示自己的经济实力。有的老板把车看成无形名片，代表企业形象，象征经济实力。因为在商务谈判时，你的商务伙伴不可能知道你的账户上有多少钱，更不知道你有多么大的实力，往往首先看到的是你乘坐什么品牌的轿车。以世俗的眼光看，你乘坐一辆奔驰和乘坐一辆桑塔纳是两回事，前者给人的感觉是财大气粗，富有实力，对方也愿意与你合作；而后者给人的感觉是你的企业经济实力一般，甚至会影响到双方的合作。

私企老板在选购轿车时，往往看重的是品牌、质量、性能、豪华气派。许多豪华的高档车是他们的首选，比如奔驰、宝马、卡迪拉克以及奥迪等，成为他们“招摇过市”的“坐骑”。

四、高薪职员选用车型

高级职员买车不仅仅是为了代步，而是要与时代同步，更重要的是还要体现出自己的能力和地位。那么，什么车子适合他们呢？

（1）理智选择第一辆车：一些年青的高薪职员，每年的收入在10万~20万元之间，买车的价位在15万元左右，正因为这些人在工作岗位上刚刚站稳脚跟，虽有成绩，但还不足以拥有名车，所以应根据现有条件买第一辆车，然后再逐渐跟上潮流。最吸引这样一族的车型主要是菱帅、上汽通用别克等。

（2）追求时尚选择第二辆车：相当一部分已经有一辆经济型轿车，而在不多几年的积累中，很快就有了更换更高档次汽车的实力。对于这样的购车者来说，最吸引他们的是各类休闲车和越野车，如东风日产新蓝鸟和北吉帕杰罗等。

（3）运动一族选择SUV：热爱户外运动的时尚一族，不甘忍受桥车的局限，所以应首先推介SUV。比如：以耐用性和可靠性著称，一直是运动型多功能越野车先锋的雪佛兰开拓者；以品质一流、时尚动感的外观车身，豪华的内饰配备，突出的野外通过性能及低油耗而深受消费者喜爱的郑州日产帕拉丁，以及风景冲浪SUV和中兴SUV等都是不错的选择。

第二节　购车动机与购车行为分析

一、个性与车型

说起驾车，人们常用风驰电掣来形容汽车的快速。的确，那些车主驾驶着轿车，一会儿飞

驰在高速公路上，一会儿又穿行于高层楼宇间，其个性得到了淋漓尽致的张扬。无数实践证明，驾车确实与张扬个性有关。从驾车者所喜爱的车型就可以体现出驾车者的个性。

(1)一般爱好宽大车型、豪华车辆的人，都比较豪放，有着过人的气魄和宽大的胸怀，喜欢大功率的发动机。当汽车发出巨大的轰鸣声时，他们认为这仿佛是一种放纵的乐曲，使自己的个性、自己的能量在这轰鸣声中和飞速前进中得以释放。这种巨型车的驾驭者总是爱开快车、爱开"英雄车"、爱开"霸王车"，稍有不慎也会酿成祸害。

(2)谨小慎微、思维缜密，身体也相对小巧的车主，常常选择车体光谱线形好、精巧灵活、色彩鲜明的轿车，跑起来轻松自如，轻巧灵活，颇有一种飘逸之感，给人以灵敏、充满了青春活力的感觉，仿佛轿车就是他们的外在代表，就是渲泄他们内心欲望的载体。

驾车时，确实使人的个性得到舒展和张扬。驾着属于自己的轿车，一种欣喜和自豪之感充溢着周身。当起动汽车时，像是奏响了一首乐曲的前奏，确实没有了那种平时被压抑个性的憋闷和愤怒。当飞车在平坦的柏油路上时，真是有点像放飞的鸽子那样自由自在地飞行，自己想去哪里就开到哪里；想停在什么街区就停在什么街区。拐弯转向、前进倒退，操纵全凭自己的意志。驾车前进时，山峦被飞车远远地抛在后面，车主与车浑然与天地融为一体。个性的舒展，心灵的放飞，情怀的敞开，思绪的飞扬，快慰的延伸……驾车行车，无人干扰，无人压迫，心与自然交融，车与自然融合，车是一道流动的风景，车是载着人的思想、人的肉体去追逐快乐时光的工具。

人们爱车也是源于热爱自然，是拥有更多的走入自然的想法。有了轿车就缩短了城市与城市的距离，拉近了城乡的关系，也增多了异地他乡的交流。人流、物流、文化流等都随着轿车的来来往往地川流不息，融汇得更加频繁与密切，从中人们的思想也得到了升华，人们的个性也得到了弥补与张扬……

二、性别与车型

1. 男性与车型

男性往往在绅士的外表下有着多种人格，当他们有实力的时候，一定不会犹豫，买一辆属于自己的坐骑。

家庭观念较强的男性，既要做好丈夫、好父亲，又要不失大男子气度，帕萨特系列正可以变幻出可人的适应性，可以根据用户要求，安装儿童座椅固定扣，不需要时，只需从后排座上取下即可。其实最让男人着迷的还是帕萨特那精益求精的做工。

中老年男性劳累了大半辈子，积累了一定的财力，就总有追回青春之感想，在黄金年华及时享受人生，不妨买辆好点儿的车，比如沃尔沃 S70、丰田佳美等。

相当一部分男性，往往要在社会和家庭中扮演顶梁柱的角色，令他们疲惫不堪。因此，在繁忙的工作家务之余，他们内心深处渴望回归自然本性，梦想着再当一次"大孩子"，那么买一辆带有跑车特点的车，比如新型宝马 Z3 等一定可以尽如人意。

2. 女性与车型

在都市生活中，都市女性除了在生活、事业上的奔波忙碌外，同样追寻和男性一样的速度感，同样乐于享受汽车带来的快捷、方便和个人空间。由于特殊的生理特点，安全性、舒适性、方便的操纵系统是女性用车最重要的因素。由于女性爱美的天性，漂亮的外形也不可忽视，女性购车大多注重款式、色彩和内饰及驾乘舒适性。在不少女性看来，汽车不仅仅应该是代步工具，还是一个小小的温馨的家，一个排遣心情的场所，一个成年人的大玩具。

(1)色彩艳丽和小巧独特的车型，不仅吸引了众多人的目光，而且可以在拥挤的道路上穿梭自如，是时尚女性的专宠，如东风公司的 EQ7100 小王子、羚羊、都市宝贝、佳宝等。

(2)安全、舒适、方便的车型，是 30 岁左右的白领女性购车首选，如富康、桑塔纳 2000 等。

(3)有家的女性更钟情多用途车。它能发挥各种功用，更能使家庭享尽天伦之乐，如上海别克 GL8 和海南马自达 Premacy 等。

三、用途与车型

在我们的生活中，不论买什么东西，在买之前对于它的用途都要非常清楚。例如买衣服，是自己穿还是作为礼品送给亲朋好友？用途确定后，对衣服的款式、质地、颜色、价格就有了一个比较明确的考虑。

买车也是一样，当消费者犹豫不决的时候，就需要汽车营销人员帮助购车者理清思路，明确用途，有的放矢，选购符合使用要求的车型。

下面，介绍汽车的几种基本用途：

1. 生活消费用车

(1)代步工具：从汽车的本质上看，都可以成为代步工具。代步工具是指日常工作的上下班使用，或平时的访亲探友解决自行车太慢，乘公共汽车受限制，乘出租车诸多不便的问题。自备车可以说是目前最现代化、最自由的代步工具。

(2)家庭用车：每个人都生活在一定的家庭环境之中，特别是夫妻二人事业有成，具备了买车的经济实力，就可以在节假日以家庭为单位外出活动，要么去探望老人，要么去购物。还可举家出游，既饱览了祖国的大好河山，又增进了夫妻感情，可谓其乐融融，合家幸福。

2. 生产消费用车

(1)商务、公务用车：不论是工厂、公司，还是行政机关、事业单位，都要有相应的业务活动，或者迎来送往，或者联系业务。出于这种目的，购车时的要求就要与购家庭用车有明显的差别。例如，对汽车的经济性要求就不那么苛刻了，除注重汽车的款型，排量和颜色外，对汽车的安全性和可靠性要求就要相对高一些，不至于在路上抛锚耽误大事。

(2)经营用车：做经营用的车辆，如客车、货车、出租车等，从总体要求上看，着重考虑的是经济性。经济性首先体现在购车时的总价要有竞争力，因为这是经营成本的主要组成部分；其次是使用成本要低，即省油，维修和配件费用要低，这样才能在经营中赢利。当然，车主也要考虑故障率低、舒适性好等相关因素。

在买车之前，消费者应对照以上几种主要用途，确定自己到底是属于哪一种，以便“对号入座”，选购合适的车型。一般来说，如果仅仅是解决“行”的问题，则选购轿车为好，看起来气派，坐起来舒适；如果社会交际广，经济活动多，则适当提高轿车档次或选购 MPV；如果汽车经常行驶的地方路况不好，则选底盘较高的越野车为宜；如果汽车要承担多种角色，比方说有时要拉点货物，有时要多载几个人，那么选购面包车、小型客货两用车或皮卡则最为理想。做经营用的运输车辆，除考虑其安全性、可靠性和经济性外，客车要考虑舒适性，货车要考虑动力性，出租车要考虑加速性。

第三章　购车前的准备

第一节　购车者应了解的知识

一、汽车构造、技术数据及配置

为了克服购车的盲目性，更好地考察并选购到适合自己需要的、称心如意的车辆，消费者在购车前应学习一些汽车的有关知识，特别是对汽车构造、产品型号、品牌特点、技术数据及配置等更要有所了解。对此，本书有关章节将分别进行介绍。

汽车的构造是消费者选购车辆时首先接触到的。有关汽车（轿车）的构造如图 3-1、图 3-2 和图 3-3 所示。按图示对照实物，可分别了解汽车（轿车）的构造、车身各部位及发动机舱内各主要部件的名称，为进一步掌握汽车的有关知识和合理选购车辆打下一定的基础。

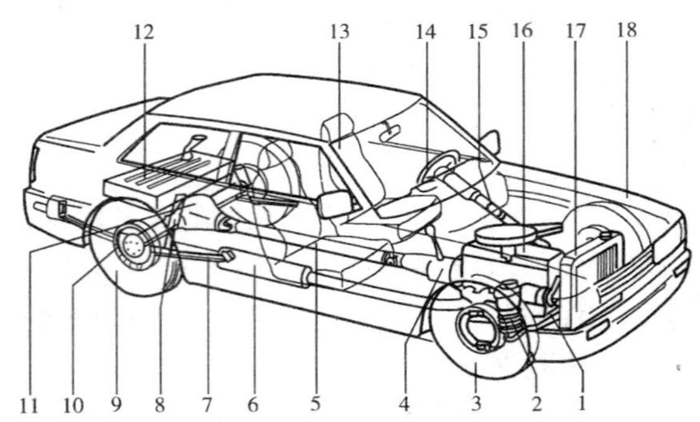

图 3-1　轿车构造示意图

1-前桥；2-前悬架；3-前车轮；4-变速器；5-传动轴；6-消声器；7-后悬架（钢板弹簧）；8-减振器；9-后轮；10-制动器；11-后桥；12-燃油箱；13-座椅；14-转向盘；15-转向器；16-发动机；17-散热器；18-车身

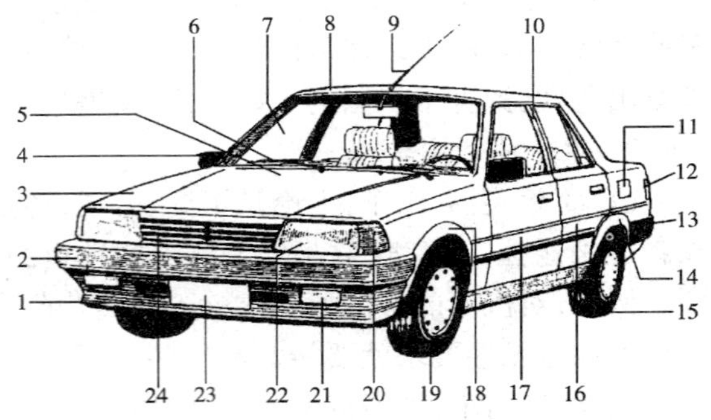

图 3-2　轿车车身各部位名称

1-前副保险杠；2-前保险杠；3-发动机罩；4-后视镜；5-风窗洗涤器喷嘴；6-刮水器；7-挡风玻璃；8-车顶；9-收音机天线；10-中间门柱；11-燃油箱盖；12-组合后灯；13-后防撞杠；14-后车轮挡泥板；15-后车轮；16-后车门；17-前车门；18-前车轮挡泥板；19-前车轮；20-前转向灯和小灯；21-防雾灯；22-前照灯；23-车牌照；24-散热器进风窗

在汽车选购过程中，购车者在看好候选车型后，就应当留意汽车营销人员所推介车型的资料，以及厂家提供的技术数据了。一般来说，汽车的技术资料上面都有该车的性能规格表，记载了汽车尺寸、发动机、悬挂、运行等方面的经济技术参数和设备配置。这些内容是汽车制造厂家对产品性能特点最直接而具体的描述。

对于不同类型的汽车，其经济技术参数的重要性也各有不同。例如，轿车以舒适性为主，注重于发动机功率参数、悬挂参数、内饰水平及设备配置等。越野车则应突出其通过性，会特别提供其驱动形式及爬坡度、最小离地间隙等数据。同一类型的汽车，设备配置也有所不同，如在轿车上增加真皮座椅、双安全气囊、电动天窗及各类型的音响通信设备等，由此所体现出来的车辆档次也不相同。

二、养车基本费用

汽车是一种高档耐用消费品，这不仅仅是因为它需要高额的资金去购买，日常的各种使用费用也是一笔不小的开支。国家对车辆使用税费也有明文规定。从下面简要的推算中，大致可以了解到养一辆车一年的费用。

1．车船使用税：轿车每年200元。

2．养路费：五座以下（含五座）轿车每月应交养路费110元，全年1320元。

3．保险费：非营业性国产轿车保险费年收费标准如下：

（1）车损险：基本保险费240元，另加车价1.2%的保费。

（2）第三者责任险：按投保限额分档，投保限额5万元、10万元、20万元、50万元、100万元，其保险费分别为1040元、1300元、1500元、1730元、1820元（目前，该项险种属于强制保险，车主只有投保本险种方可到车管所办理牌证）。

（3）其他险：全车盗抢险（占车价的1%），车上责任险（五座全部投保，每座60元，计300元）。

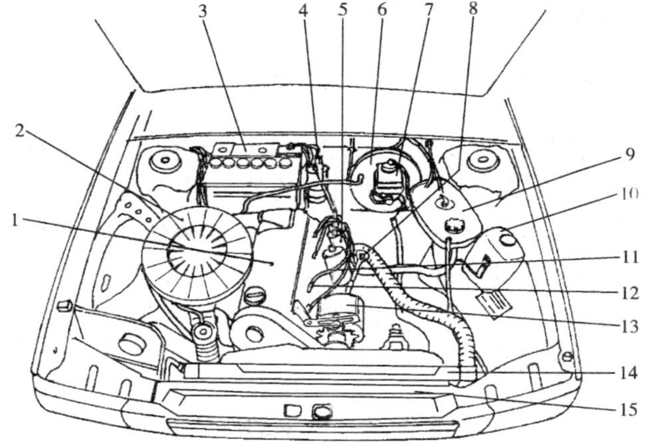

图3-3 轿车发动机舱内主要部件名称

1-发动机气门罩盖；2-空气滤清器；3-蓄电池；4-高压线圈；5-分电器；6-真空助力器；7-制动液罐和总泵；8-机油标尺；9-冷却液储罐；10-风窗洗涤剂储罐；11-燃油储罐；12-火花塞；13-发电机；14-散热器；15-空调冷凝器

4．油料费：油料包括汽油、机油、变速器油、制动液等。一般按每年行驶1.5万km以及平均百公里耗油10L计算：全年耗汽油1500L，每升按3.28元计算，一年的汽油费约5000元；机油按汽油耗量的1%计算，一年15L，机油更换一次10L，共25L，每升10元，要250元；再加上变速器油、制动液约250元，油料总计约5500元。

5．易损件及零配件费：车辆易损件以及必须定期更换的零件包括三种：滤清器（空气滤清器、汽油滤清器、机油滤清器）的滤芯，每年最少要更换一次；蓄电池的正常使用寿命一般为两年左右（免维护蓄电池约4年）；轮胎的使用寿命一般为3～5年；制动摩擦片寿命里程为7～12万km，再加上电器等配件，每年大约需要1500～2500元的零配件费用。

6．汽车大修、二级维护和发动机总成大修工费：汽车大修人工费，微型车约为3900元，中档车约为6240元；以检查、调整为主的二级保养工费，微型轿车约为280元，中型轿车约为350元；发动机总成大修工费，高级轿车约为2200元，中档轿车约为1920元。一辆轿车如需整车大修或总成大修，至少需要花掉维修费1万～1.5万元（一般行驶10～15万km大修一次。此项费用对于使用一两年的新车均涉及不到）。

车辆维修费用：以检查、调整为主的二级维护费，微型轿车约为280元，中型轿车约为350元，加上车辆的日常维护、小修等费用，全年车辆维修费用为：微型轿车300～500元，中型轿车400～600元。

7．年审费：车辆每年检测审验费约为100元。

以上七项累计，即为车辆年度基本费用支出。这是每一位消费者在购车前需要作好计划的。

第二节　购车者应掌握的几个原则

作为汽车推介人员，向购车者推介汽车产品时，不是让购车者买越贵的汽车产品就越成功，而应时刻记住推介行为的最终目的，是买卖双方利益的满足。因此，我们有必要协助购车者掌握好以下几个原则。

一、经济适用、量力而行的原则

消费者通过购车前的咨询和精打细算，结合自己的经济实力，就可以在一定价格范围内选择自己喜爱的车型。购车图的是实用、方便、可靠，因此应量力而行。经济实力较强的可一步到位，选购档次较高、性能先进、安全系统完备的车型；收入中等而无法一步到位的，可以选择低、中档次的经济型汽车，这样既享受用车之便，又不增加太多的经济上的负担。当您具备了一定的经济实力后，再更换档次高一些的汽车。另外还应考虑省油、售后服务网点多、配件易买，而且便宜等因素。

二、以买合资国产车为主的原则

进口与国产同类型车相比，通常前者比后者的价格高出许多。除此之外，各种税费也多，维修配件昂贵，折旧费偏高。换句话说，买一辆进口车，可以买两辆同类型的国产车。目前，合资国产车的性能已经与同类型进口车的性能相当，其不足之处是行驶一定的里程后易出现“小毛病”。但国产车保修期已大大延长，而且配件、维修费都便宜。因此，不是“实力型”的人士，购买汽车时以选择合资国产车为宜。

三、女性购车以自身条件为主的原则

由于女性生理和心理与男性相比有很多的特殊性，在购买汽车时应遵循以下原则：一是买中小型车，进出街巷或转弯时灵活方便，以免发生碰撞事故；二是购买带助力转向的汽车，在转弯时非常省力，免得驾驶时出现险情；三是购买带有自动变速器的汽车，操作简单又省力，由于手动变速器要求手脚配合协调，因此更适合以驾车为乐趣的男士；四是最好购买带有安全气囊和 ABS 防抱死制动系统的汽车，这样，汽车在紧急制动时，其稳定性和安全性好，可有效地保护乘员安全；五是选择造型优美典雅的汽车，以体现女性车主的个性和风采。

四、酌情确定付款方式的原则

许多汽车厂商为促销和提高市场占有率，除了适当降低车价外，还制定了分期付款、零首付、零利息分期付款、以租代买等销售方案，消费者有较大的付款选择空间。选择何种付款方式，消费者应根据自身的经济条件确定。若选择一次性付款，不仅具有“砍价”优势，同时还享有其他优惠(如送工具等)。当本人有足够的资金时，应选择一次性付款。若消费者现有资金不多，又有稳定的收入，同时又急于用车，可选择分期付款。但是，选择分期付款要特别算清贷款利率和总的钱数，同时还需要提供担保人或相应价值的担保抵押，如房产、债券等。消费者要充分把握自己分期支付的能力，以免引起不必要的经济和精神上的负担。另外，还应认真阅读、研究分期付款合同的条款，以免日后产生不必要的麻烦和纠纷。

五、买车不要赶时髦的原则

如今,买车已成为一种时尚。有的人在生活中为追求这种“时尚”而兴高采烈地加入了有车族。但实际真正需要自备车的机会并不多,因而使汽车成为一种“摆设”。为此付出的代价是价格不菲的各项养车费用及精力。因此,千万别“死要面子活受罪”,确实需要用车时再买车。因为买车除了需要一笔不小的开支外,日常保养、验车、停放等还要费不少精力和费用。仔细算来,出门“打的” 反而省钱省事。

第三节　购车环节

买车,对于眼下大部分准车主来说,可谓平生第一次。确定了车型之后,就要实实在在地购买汽车了,消费者通常在这个时候会感到忐忑不安,不知从何做起。这时就需要汽车营销人员向消费者介绍选购一辆新车的各个环节,然后亲自带领消费者进行选车、路试、验收,使消费者能顺利地买到称心如意的汽车,并妥当地办理各种手续。

一、挑选新车

1．车身

(1)车身有无碰伤、修复迹象;

(2)漆面是否光滑、色泽是否一致;

(3)车内饰件有无不良状况或缺损。

2．发动机

(1)发动机有无漏油;

(2)燃油系有无漏油;

(3)冷却液有无渗漏。

3．底盘

(1)变速器、后桥有无漏油;

(2)转向盘游动间隙是否正常。

4．电器

(1)检查蓄电池液面高度及有无渗漏;

(2)检查电线束是否完好,连接、固定、定位是否牢固准确;

(3)检查灯光、喇叭、雨刷工作是否正常;

(4)试听音响:各系统工作是否正常,音质音量是否满意;

(5)检查各电器开关是否扳动自如,工作正常。

二、路试

(1)启动发动机能否一次启动成功;

(2)观察怠速是否运转平稳;

(3)检查各仪表是否工作正常;

(4)轰踏油门,试一下反应是否灵敏;

(5)离合器、变速器、转向器、制动系统工作是否正常。

最好请有经验的驾驶员带您路试，以便准确地对比出新车的长处与不足。

三、新车验收

(1)查收有关单据：发票、合格证、说明书等，进口车还要有报关单、商检证。

(2)查看随车配备的备胎、千斤顶、轮胎扳手、工具、照明灯等，是否与说明书上所说的一致。

四、阅读说明书

一般买车者看说明书，只顾注意说明书上标出的款式、功率、价格等，而对于汽车设计上的优缺点则往往不太在意，这很容易导致在买车时出现失误。因此，推介人员要帮助买车者从新车说明书上获取有用的信息。

在整个说明书中，技术规格是最实在的，这部分内容全部量化，明白其中数字的含义，就会得知该车的性能等指标。

尺寸：最主要的是全车的长度和轮距。一般来说，车身越长，轮距越大，可以有更大的空间载客和装行李，乘坐较为舒适。但驾驶时转向盘较重，停车比较困难。

车重：车子越重，燃料消耗越大。

发动机：如果是顶置凸轮轴(OHC)，适于高速运转，但修理时比挺杆式气门(OHV)成本高，而且慢速时性能较差。

曲轴：轴承越多越好，可减少高速时的振动。

传动系统：离合器隔膜式的比弹簧压力式的好，使用起来比较轻。油压式的离合器耐用，也较准确。变速器的档位越多越好，但修理费用高些。

制动系统：现在的汽车多为双重液压四路的制动系统，较为完善。

以上内容都是客观存在，将其作为选车时考虑的要素比较科学。至于乘坐时是否舒适、驾驶是否方便，买车人自己上车一试即知。

五、办理车辆保险

办理车辆保险是车主与保险公司之间的交易。对于轿车的消费者来讲，汽车保险非常重要。汽车营销人员应熟悉有关险种，并能帮助买车者办理有关保险事宜。

现就机动车保险的主要险种、责任、条款、保费计算做一介绍。

1．机动车保险的主要险种

(1)基本险：基本险分为车辆损失险和第三者责任险。

(2)附加险：在投保了车辆损失险的基础上可投保全车盗抢险、玻璃单独破碎险、车辆停驶损失险、自燃损失险、新增加设备损失险、车上责任险、车载货物掉落责任险。在投保了第三者责任险的基础上方可投保不计免赔特约险。附加险的条款与基本险条款相抵触之处，以附加险条款为准；未尽之处，以基本险条款为准。

2．汽车保险各险种分别承担的责任

车辆损失险：负责赔偿由于自然灾害或意外事故造成的保险车辆自身的损失。

第三者责任险：负责车辆在使用中发生意外事故造成他人(第三者)的人身伤亡和财产的直接损毁的赔偿责任。

全车盗抢险：负责赔偿保险车辆因被盗、被抢劫、被抢夺造成车辆的全部损失，以及期间由于车辆损坏或车上零部件、附属设备丢失所造成的损失。

车上责任险:负责保险车辆发生事故造成车上人员的人身伤亡和车上所载物的直接损毁的赔偿责任。

车载货物掉落责任险:承担保险车辆在使用过程中,所载货物从车上掉下来造成第三人遭受人身伤亡或财产的直接损毁而产生的经济赔偿责任。

玻璃单独破碎险:保险车辆在停放或使用过程中,其他部分没有损坏,仅挡风玻璃单独破碎,挡风玻璃的损失由保险公司赔偿。

车辆停驶损失险:车辆发生车辆损失险范围内的保险事故,造成保险车身的损毁,致使车辆停驶而产生的损失,保险公司按规定进行赔偿。

自燃损失险:车辆因电路、线路、供油系统以及因运载货物等自身原因起火燃烧造成保险车辆的损失,这些损失由本险种负责赔偿。

新增加设备损失险:车辆发生车辆损失险范围的保险事故,造成车上新增设备的直接损毁,由保险公司按实际损失计算赔偿。未投保本险种,新增加的设备的损失保险公司不负赔偿责任。

不计免赔特约险:办理了可保险车辆发生车辆损失险或第三者责任险的保险事故造成赔偿,对应由被保险人承担的免赔金额,由保险公司负责赔偿。也就是说,办了本保险后,车辆发生车辆损失险及第三者责任险方面的损失,全部由保险公司赔偿。

3. 保费的计算

车辆所投保险的种类,按表3-1所列的费率分别计算保费,然后累计即为该车投保应缴的保费总额。

轿车保险简明费率表

表3-1

险种名称	费率
车辆损失险	按新车价值的1.2%计算
第三者责任险	赔偿限额5万元,保费1040元;赔偿限额10万元,保费1300元
车上责任险	5座全部投保,每座60元;不全部投保每座120元
挡风玻璃单独破碎险	国产轿车0.15%,进口轿车0.25%(按新车价值计算)
自燃损失险	按车辆折旧价值的0.4%计算
新增加设备损失险	按新增加设备实际价值的1.2%计算
不计免赔特约险	(车损险保费+第三者责任险)×20%
全车盗抢险	按车辆折旧价值的1%计算

4. 保险方案设计

1)完全保障方案

险种组合:车辆损失险+第三者责任险+车上责任险+挡风玻璃单独破碎险+新增加设备损失险+自燃损失险+全车盗抢险+不计免赔特约险

特点:保全险,能保的险种全部投保。

好处:几乎与汽车有关的全部事故损失都能得到赔偿,不必为少保一险种而得不到赔偿。

2)最佳保障方案

险种组合:车辆损失险+第三者责任险+车上责任险+挡风玻璃单独破碎险+全车盗抢

险+不计免赔特约险

特点：在完全保障方案中剔除新增加设备损失险和自然损失险。因为这两个险种的出现概率不高，必要性不是很大。

好处：价值大的险种投保，价值不大的不花冤枉钱。

3)经济保障方案

险种组合：第三者责任险

特点：只保第三者责任险，别的全部不保。

好处：可以用来应付上牌照和验车，节约保险费用。

5．汽车消费者如何请示和处理保险赔偿

在车辆保险中，当发生保险事故时，车主(被保险人)应当按规定及时向保险公司提出赔偿请求，保险公司应当按规定及时处理保险赔偿。

1)及时请求保险赔偿并提供有关证明材料

根据《保险法》第二十六条对财产保险赔偿时效的规定，在车辆保险中，被保险人对保险人有请求赔偿的权利，自其知道保险事故发生之日起两年内不行使而消灭。也就是说，一旦车辆发生保险事故造成损失，应当在事故发生后两年期限内对保险公司提出赔偿要求，否则，逾期提出赔偿请示的，保险公司不负责赔偿。

根据《保险法》第二十二条规定，保险事故发生后，依照车辆保险合同请求保险人赔偿或者给付保险金时，投保人、被保险人应向保险人提供其所能证明的与确认保险事故的性质、原因、损失程度等有关证明和资料；保险人依照合同约定，认为有关的证明和资料不完整的，应当通知索赔人补充。

根据《机动车辆保险条款》第十二条规定，被保险人索赔时，应当向保险人提供保险单、事故证明、事故责任认定书、事故调解书、判决书、损失清单和有关费用单据。

2)保险人按规定及时处理保险赔偿

在实践中，保险公司一般要经过下列程序处理保险赔偿：①现场查勘，保险车辆出险(发生保险事故)后，保险公司第一步工作就是现场查勘，主要内容有出险时间、出险地点、出险原因、出险经过、车辆状况、第三者人身伤亡或财产损失情况等；②定责定险：所谓定责，是指弄清保险车辆发生的事故是否属于保险责任范围，并了解被保险人需要承担多少经济责任；定险，主要包括鉴定车辆损失程序、核定车辆修理项目、审查修理费用、医疗费用等单据、证明等；③履行核赔，即经过现场查勘、定责定险后，向被保险人支付保险赔偿。

根据《保险法》第二十三条规定，保险人收到被保险人的赔偿请求后，应当及时作出核定。对属于保险责任范围内的损失，保险人应分情况在下列时间内赔偿：①在发生事故后与被保险人达成有关赔偿协议的，应当在达成此种协议后，10日内支付保险赔偿；②如果保险合同对保险金额及赔偿期限有约定的，应当依照合同约定的期限支付保险赔偿。属于上述两种情况，如果保险人未及时支付保险赔偿的，除支付保险金外，还应当赔偿被保险人因此受到的损失。

收到被保险人赔偿请求后，经过核定，对于不属于保险责任范围内损失及有关费用，保险人不负赔偿责任，应当向被保险人发出拒绝赔偿或拒绝给付保险金的通知书。

3)争议的解决

根据《合同法》、《机动车辆保险条款》的有关规定，被保险人或保险公司如果对保险车辆损失及有关费用或者第三者损失等损失赔偿有争议，可以协商解决；不愿协商或者调解不成的，可依法提交仲裁或者向法院起诉，通过法律程序解决。

六、缴纳税费、办理相关证件

汽车买到手后，还不能马上上路行驶，要在缴纳有关税费、办理有关证件后，才能将车开到道路上，领略汽车带给你的美好享受。那么需要缴纳哪些税费，办理哪些证件呢？

我国车辆管理部门很多，有公安部门（车管所、交警支队、防盗防抢的安全部门）；有交通部门（车购费、养路费）；其他还涉及税务的车船税、环保的监测、财产保险等等。

一般情况下，车辆购买以后，首先要缴纳车辆购置税，而后可办理一些相关的手续。如交机动车保险，办理审验和机动车上线检验，再去当地的车管部门办理领取牌照事宜。领取牌照后，如果是运营车辆，则到交通运营管理部门办理运营证及到当地养路费稽征部门缴纳养路费。最后持车辆行车证到车辆管理部门建档以及将机动车登记表交予公安交警支队落籍，基本手续就办齐了。

概括起来，可得出办理新车入户手续流程图，见图3-4。

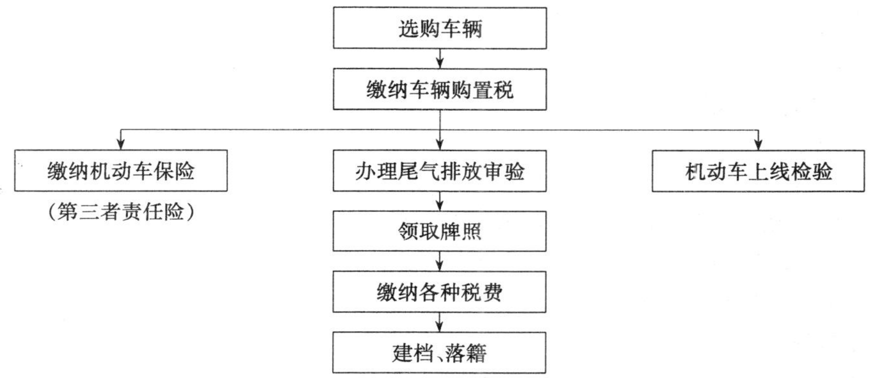

图3-4　办理新车入户手续流程图

下面，以天津地区为例详细介绍办理购车的各种手续。

1．购车单位或个人缴纳车购税需持以下手续

（1）购车发票（进口车辆，除购车发票以外，同时持缴纳进口环节的各项税票）；

（2）车辆合格证（进口车辆持进口货物证明及商检证）；

（3）单位车辆持单位法人代码证复印证件，个人购车持身份证复印件办理车购税。

2．到税务局需持以下手续

（1）原始购车发票；

（2）车辆合格证；

（3）车辆本身的内外部彩色照片两张；

（4）单位介绍信；

（5）凭证后期管理。

3．办理车购税验证建档需要持以下手续

（1）购车发票；

（2）车购税收据；

（3）车购税凭证；

（4）行车执照。

4．办理车购凭证换发需持以下手续

（1）行车执照；

(2)车购税凭证;
(3)购车发票;
(4)车购税收据;
(5)单位介绍信;
(6)车辆合格证(进口车辆持进口货物证明及商检)。
5. 办理车购税遗失补证需持以下手续:
(1)行车执照;
(2)购车发票;
(3)车购税收据;
(4)单位证明。
6. 办理车购税凭证过户需持以下手续:
(1)行车执照;
(2)车购税凭证;
(3)交易发票。
7. 办理车购凭证变更需持以下手续:
(1)行车执照;
(2)车购税凭证;
(3)变更发动机、车架的发票或车管部门开具的变更依据;
(4)改装、改型发票或车管部门开具变更证明。
8. 办理车购税转出需持以下手续:
(1)行车执照;
(2)车购税凭证;
(3)交易发票;
(4)当地养路费征稽部门开具的养路费转出单。
9. 办理车购费转入需持以下手续:
(1)行车执照;
(2)车购税凭证;
(3)交易发票;
(4)车购科转籍档案袋。
10. 办理报废车辆更新优惠需持以下手续:
(1)单位介绍信;
(2)单位企业法人营业执照;
(3)更新车辆优惠证;
(4)老旧汽车报废更新补助申请表;
(5)报废车辆车购税凭证;
(6)报废汽车回收证明;
(7)更新车辆的行车执照,车购税凭证,购车发票车购税收据。

七、办理牌照

以在上海上牌为例简要介绍如下。

1．要购买标书

在指定时间或在投标当日于竞投现场办理购买《竞投拍卖卡》手续。

所需证件：根据国家规定，竞投者须是在本市注册的私营企业或年满 18 周岁的居民或外国人。办理投标卡时私营企业须持有企业营业执照原件和组织机构代码证书原件。市内外个人须持有公安机关核发的有效身份证件，本市个人另须持户口簿；外地用户另须持有效期一年以上的《暂住证》；现役军人须持军人身份证件和团以上单位出具的住所地址证明；港澳特区居民、台湾居民和外国人持上海公安机关核发的有效居留证原件。

注意：以上手续必须本人亲自办理，不得代办。所以私有车到底用哪个的名字，得事先考虑清楚，因为按照规定半年之内是不能过户的。国外人员办证前先把有效证件的复印件准备好，以备不时之需。

2．拍牌

1)现场拍牌

在规定时间、规定地点办理。

所需证件：身份证、标书卡、密码纸。

优点：可以现场打探行情，确保在安全中标的情况下尽可能的少花钱。

缺点：地点远，往来不方便。

方式：经过身份证审证后，确认是本人亲自来办理手续的，即可进入拍牌大厅，在大厅的任意一台电脑上，按照电脑提示输入身份证号码和密码卡上的密码以及你心目中的理想价位。按下回车键后，可就不能后悔了哦！录入之前可千万要想好。确认后请取走打印机输出的竞投凭条，成功与否，就等最后的结果了。

提醒：输入的竞投金额，必须为 100 的整数倍。另外根据规定，同等价位上，谁录入的时候早，谁就会被优先拍中，所以在行情掌握得差不多的情况下，请提早录入。

2)网上拍牌

在规定时间、在家中或办公室进行(最好不要在网吧)。

所需证件：投标卡上的号码、密码和身份证号码。

优点：地点任选，方便快捷，自己可以深思熟虑，不受外界影响。

缺点：对行情不是第一线资料。

方式：登录指定网站，进入网上竞拍的主页。按同意后进入竞投页面：在“八位竞投号”栏中输入竞投号；在“竞投号密码”栏中输入密码凭条上的四位密码；在“竞投金额”栏中输入您的竞投金额(竞投金额必须为 100 的整数倍)；在“再一次输入竞投金额”栏中输入您确认的竞投金额(竞投金额必须为 100 的整数倍)；在“请输入附加码”栏中输入屏幕显示的四位附加码；输入相应信息并核对后点击“确认”按钮；若发现信息输入错误，则点击“重填”按钮，重新填写信息。按“确认”后，显示成功页面，此次竞拍完成。竞拍结束以后，可以登录到相同网站，进行竞标结果查询。

当网页出现“……错误”或者“该页无法显示……”时，按刷新按钮，或者重新登录网站进行竞投操作。

按确认后是不能后悔的，事前一定要先想好。

3)电话拍牌

在规定时间、有电话的地方进行。

所需证件：投标卡上的号码、密码和身份证号码。

优点:地点任选,方便快捷,自己可以深思熟虑,不受外界影响。

缺点:对行情不是第一线资料。

方式:打指定电话,进行电话投标,按照电话中的语音提示,一步步来就行。竞标结束以后,可以再次拨打这个电话,进行结果查询。

注意:当出现电话信号中断的突发情况,您可以拨打竞投电话号码查询竞投结果,判断竞投是否完成,或者重新电话竞投。

3. 付费或退费

付费或退费应在中标后尽快办理。付费或退费的价格是你所投标的价格。

所需证件:标书、密码卡、身份证。

投标已中的当事人,可以在公告规定的付款日期内去指定单位付费。没有中标的,也可以带上上述证件,去国拍中心领回押金 2000 元。

第四章　汽车发展史

第一节　汽车的由来

汽车是指本身具有动力装置,可以单独行驶并完成运载任务的无轨轮式车辆。现代汽车的概念中,动力装置通常是指内燃机或电动机,而不包括蒸汽机。

汽车作为重要的陆路交通工具,问世百余年来,取得了惊人的发展。目前全世界有几亿辆汽车在陆地上行驶,并且以每年几千万辆的速度增长。汽车已成为人类最常用的交通工具,全世界有一半以上的客货运输是由汽车完成的。人们最早发明汽车时,肯定没有想到日后它会对人类产生如此重大的影响。

早在几千年前,人类就知道使用车辆来运输人和重物,见图4-1。到公元前一世纪时,人们开始设想利用蒸汽作动力来代替人力和畜力,但直到17世纪,随着蒸汽机的出现,人们的这一设想才变成现实。

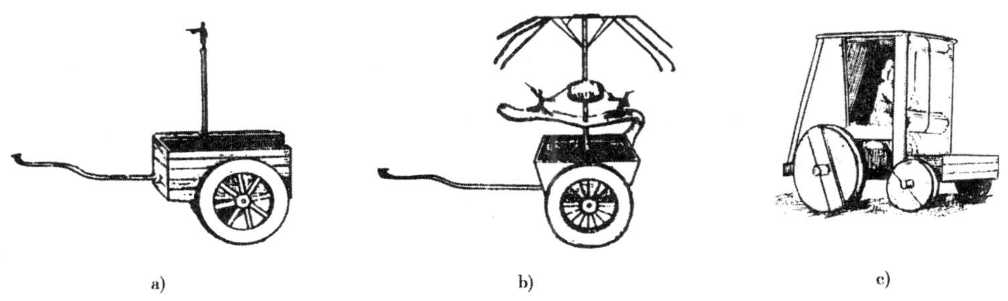

图4-1　早期的车辆

a)三国时期的指南车;b)燕肃发明的记里鼓车;c)英国人发明的滑轮车

一、蒸汽机的发明

大家都知道,发动机分为内燃机和外燃机两种。现在的汽车上装用的都是内燃机,但最早的汽车上装用的却是外燃机——蒸汽机。1712年,英国发明家纽科门研制出世界上第一台蒸汽机,见图4-2。这种蒸汽机用煤来烧开水,使水变成蒸汽,然后推动活塞产生动力。当时这种蒸汽机还很不完善,有许多问题没有解决,但毕竟可以代替人们一部分体力劳动,因此在欧洲流行了近60年,主要用在煤及其他矿石的开采上。

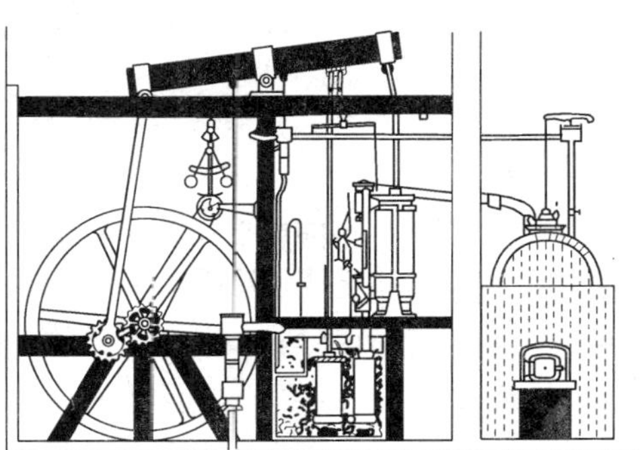

图4-2　早期的蒸汽机

二、蒸汽汽车的出现

1769年,法国军官库尼奥研制出世界上第一辆装用蒸汽机的三轮汽车，见图4-3。这辆车的车轮、车架均为木制，没有转向装置，只能直线行驶，时速仅有4km/h左右。“汽车”由此而得名(也有人认为汽车的得名是因现代汽车大都使用汽油)，这是汽车发展史上的第一个里程碑。

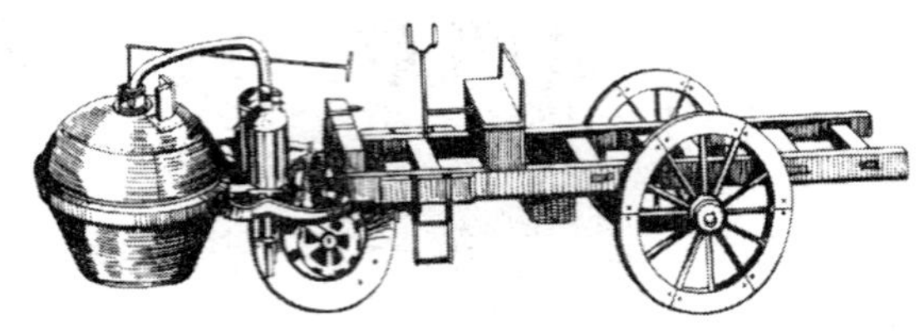

图4-3 库尼奥和他的蒸汽汽车

1781年，英国人瓦特对纽科门发明的蒸汽机进行了改进，使其热效率提高，可靠性增加，从而使得蒸汽机进入实用阶段，在各行各业中得到广泛应用。在此后的100年，欧洲各国和英国的发明家，制造出了多种不同用途的蒸汽汽车，如英国人嘉内制成的蒸汽公共汽车，见图4-4，美国人艾文思发明的水陆两用汽车，法国人佩夸尔研制的蒸汽牵引汽车等。

蒸汽汽车由于速度慢、体积大、污染严重，随着内燃机汽车的出现，便逐渐退出了历史舞台。

三、内燃机汽车的问世

蒸汽机的燃料是在气缸外面燃烧的，因此其热量很容易散失，热效率很低。为了从根本上解决这一问题，人们便开始积极研究使燃料直接在气缸内燃烧的动力装置，即内燃机。

1860年，法国发明家勒努瓦成功地研制出了一台使用煤气作燃料的单缸二行程内燃机，这是世界上最早的内燃机。

1876年，德国人奥托制成了第一台往复式四行程内燃机，见图4-5。这种内燃机利用活塞往复运动的四个行程，将吸入的煤气和空气的混合气压缩后，再点火燃烧，大大提高了内燃机的热效率。

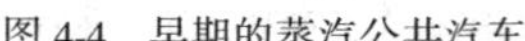

图4-4 早期的蒸汽公共汽车

图4-5 奥托研制的内燃机

1885年，德国人卡尔·本茨设计制造出了世界上第一辆装用汽油内燃机的三轮汽车，见图4-6。这辆三轮汽车采用钢管焊接车架，辐条式车轮，发动机为单缸四行程，工作容积1687mL，转速200 r/min，功率1.103kW，最高时速18 km/h。1886年1月26日，卡尔·本茨以这辆三轮汽车获得了汽车制造专利权，并正式注册。在世界汽车史上，这一天被公认为首辆汽车诞生日。卡尔·本茨也被公认为汽车发明人。

1886年，德国人哥德里普·戴姆勒成功地发明了世界上第一辆四轮汽车，见图4-7。该车发动机为单缸四行程汽油机、水冷、转速750r/min，时速15 km/h。

由于装用汽油内燃机的汽车轻便、快速、舒适，并且一次加油行驶的路程较长，因此它一问世，便受到人们的普遍欢迎，同时也标志着汽车的真正诞生。

图 4-6　卡尔·本茨和他发明的三轮汽车

图 4-7　戴姆勒和他发明的四轮汽车

第二节　汽车工业发展概况

一、汽车发明和开发试验时期

从德国造出第一辆内燃机汽车开始，法国于 1890 年，美国于 1893 年，英国于 1896 年，日本于 1907 年，俄罗斯于 1910 年，相继造出汽车，使世界汽车工业有了日新月异的变化。虽然德国人发明了汽车，但是法国人却促进汽车的最初发展。1891 年，法国人阿尔芒·标致首次采用前置发动机后驱动形式，奠定了汽车传动系的基本构造。1898 年，法国人路易斯·雷诺将万向节首先应用在汽车传动系中，并发明了锥齿轮式主减速器。

从 19 世纪末到第一次世界大战爆发的 20 多年间，是发达国家汽车工业的初步形成时期，其中具代表性的是德国和美国。德国从 1886 年开始，汽车工业迅速发展，到 1901 年，已有 12 家汽车制造厂，年产汽车 884 辆。7 年以后，汽车制造厂猛增到 53 家，年产汽车 5547 辆，不仅能供应国内市场，而且有大量的产品销往世界各地。到 1914 年，德国汽车年产量已达到 2 万辆，汽车保有量达到 10 万辆。

在德国的汽车制造厂家中，最大、最有名的是奔驰汽车公司和戴姆勒发动机公司。奔驰汽车公司从 1894 年开始成批生产“维洛”牌小汽车，见图 4-8。该车首先采用了橡胶充气轮胎。其结构形式类似于现在的自行车轮胎。到 1899 年时，这种车的年产量已达 570 辆。戴姆勒发动机公司于 1900 年设计的双座汽车，采用双缸发动机前置后轴驱动的总体布置形式，四档变速器，方向杆置于转向盘上，并首次采用了踏板式油门，最高时速达 40km。1901 年

图 4-8　“维洛”牌小汽车

戴姆勒发动机公司首先应用了喷嘴式化油器和磁电机点火装置，使发动机的性能大为改善。1926年，这两家公司合并，成立了戴姆勒—奔驰公司。直到今天，这家公司仍然是世界上最著名的汽车制造厂商。

美国的第一辆汽车是由杜瑞亚兄弟制造的，这辆车为电起动，装用单缸四行程化油器式发动机，采用脚踏式轮胎。1896年，亨利·福特制造出自己的第一辆汽车。1903年，福特(FORD)汽车公司成立，同年推出福特A型车。1908年，著名的福特T型车问世(见图4-9)，该车采用直列四缸发动机，功率14.1kW，结构紧凑，设计简单，容易驾驶，价格低廉。

图4-9 福特T型汽车

二、汽车史上的三次重大变革

1. 第一次变革——流水线大批量生产

1913年，福特汽车公司在底特律建成了世界上第一条汽车装配流水线，首次实现了汽车的批量生产。T型车的组装时间由12.5h缩短到1.5h，使生产成本大大降低。T型车在1914年时，年产30万辆；到1926年停产时，达200万辆。每辆售价从850美元开始，到最后仅售360美元。福特汽车以其坚固耐用和价格低廉占据美国70%～80%的市场，成为当时世界上年产量最大的汽车制造商。但福特公司所采用的“全能厂”模式最终还是没有竞争过美国通用(GM)汽车公司所实行的“专业化”生产模式。1927年，通用汽车公司胜过福特而成为世界上产量最大的汽车制造厂家。

2. 第二次变革——汽车产品多样化

第二次世界大战以前，欧洲人就已经开始对美国汽车的一统天下不满。但是，由于当时欧洲的汽车公司尚不能以大批量生产、降低售价与美国汽车公司竞争。于是，以新颖的汽车产品，例如发动机前置前驱动、发动机后置后驱动、承载式车身、微型节油车等，尽量适应不同的道路条件和国民爱好等要求，与美国汽车公司抗衡。因此，形成了由汽车产品单一到多样化的变革。针对美国车型单一、体积庞大等弱点，欧洲开发了多姿多彩的新车型。例如：严谨规范的奔驰、宝马；轻盈典雅的法拉利、雪铁龙；雍容华贵的劳斯莱斯、美洲虎；神奇的甲壳虫；风靡全球的“迷你”等车型纷纷亮相。多样化的产品成为最大优势，规模效益也得以实现。到1966年，欧洲汽车产量突破1000万辆，比1955年产量增长5倍，年均增长率为10.6%，超过北美汽车产量，成为世界第二个汽车工业发展中心。到1973年，欧洲汽车产量又提高到1500万辆。世界汽车工业又由美国转回欧洲。

3. 第三次变革——精益的生产方式

在20世纪50年代，日本的汽车工业仍然发展缓慢。进入20世纪60年代以后，经济型轿车的生产在日本逐年增加。1966年日本人均国民生产总值突破了1000美元，为汽车普及创造了条件。同时，日本各汽车公司及时推出物美价廉的汽车，其售价与20世纪50年代中期相比下降了30%～50%，于是日本出现了普及汽车的高潮。日本称1966年为普及私人汽车的元年。

由于以丰田汽车公司为代表的几家汽车公司，将“全面质量管理”和“及时生产系统”两种新型的管理机制应用于汽车生产，前者要求工人承担更多的责任，把产品质量放在首要位置；后者要求做好技术服务，推行精益生产方式，两者紧密结合，相辅相成，推动了日本汽车工业的高速发展。

1973年因中东战争引发了全球石油危机，各国对汽车的需求立即由豪华型转向轻小节油型。日本汽车工业抓着良机，使生产的小型节油车成为全世界的畅销产品。日本汽车1973年出口量达到200万辆；1980年出口量猛增到600万辆。

由于日本实现了汽车国内销售量和出口量双高速增长，迎来了日本汽车工业的发展，创造世界汽车工业发展的奇迹。1960年，日本汽车产量仅为16万辆，远远低于当时美国和西欧各主要汽车生产国的水平。但到1967年，汽车产量达300万辆，超过欧洲各主要汽车生产国的产量，居世界第二位。到1980年，汽车产量达到1100万辆，超过美国汽车产量，跃居世界第一位，日本成为继美国、欧洲之后的世界上第三个汽车工业发展中心，即世界汽车工业又发生了从欧洲到日本的第三次转移。

三、世界汽车工业的发展趋势

1. 世界汽车工业全球化趋势步伐加快

汽车工业是国际性产业，各大汽车集团向跨国集团发展，即全球化。全球化包括汽车开发的全球化、销售战略的全球化和销售服务的全球化。

进入20世纪90年代以来，由于世界汽车生产能力过剩，汽车安全、排放、节能法规日趋严格，产品开发成本、销售成本大幅度提高，促使汽车工业全球性结构调整步伐明显加快，汽车跨国联盟已成为世界汽车工业发展的潮流。戴姆勒与克莱斯勒合并，雷诺和日产合并，福特收购沃尔沃轿车部，通用控制日本五十铃、铃木和富士重工等，基本形成了年产400万辆以上六大汽车集团，其产量已占世界汽车产量的80%以上。强强联手使汽车技术、产品和企业国际化更具实力和竞争力。

目前国际主要汽车生产厂家形成“6+3”态势，即6家大跨国汽车集团及3家中等汽车集团。6家大集团指：通用汽车（包括欧宝、大宇、铃木、五十铃、菲亚特、富士重工）、福特汽车（包括马自达、沃尔沃、捷豹、陆虎、阿斯顿·马丁等）、戴姆勒—克莱斯勒（包括戴姆勒—奔驰、克莱斯勒、三菱、现代、起亚）、丰田汽车（包括大发）、大众汽车（包括大众、奥迪、西特、斯柯达）和雷诺—日产（包括雷诺和日产）。3家中等集团指：本田、宝马、标致—雪铁龙。

2. 世界汽车工业进行新的技术革命

汽车市场的竞争实质上是现代科技的较量，是技术创新的竞争。世界各大汽车公司以安全、环保、节能为目标，广泛应用电子技术，见图4-10，采用新能源、新材料、新工艺开发研制新

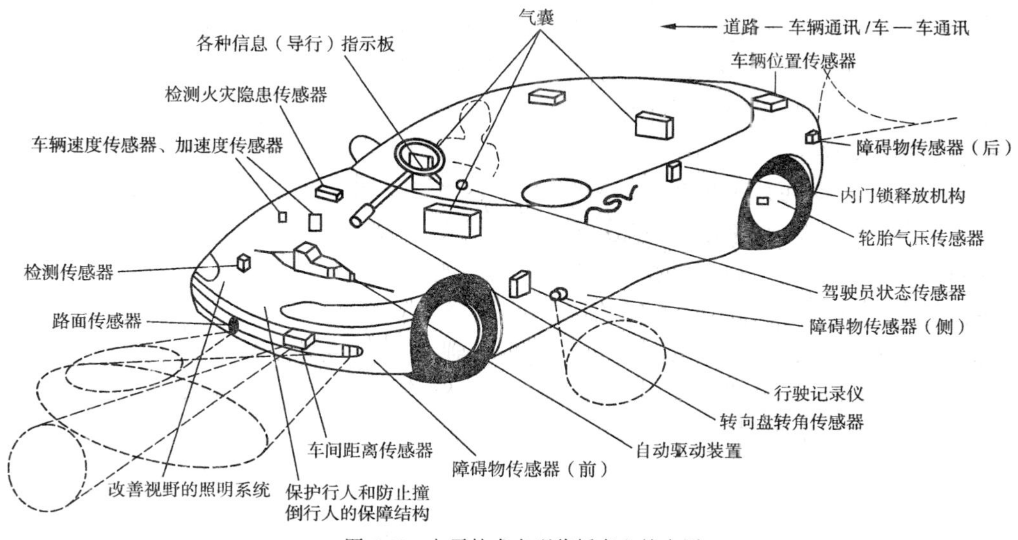

图4-10 电子技术在现代轿车上的应用

车型,占领技术制高点。汽车工业正在进行着一场由量变到质变的新的技术革命。目前,世界上集中研究的新技术是:应用小型柴油机,发展混合动力汽车,加紧开发燃料电池,研制智能汽车,开发太阳能汽车等。柴油机的热效率比汽油机高 30%,而且柴油机的排放污染小。小排量、增压、直喷,包括中冷的新型柴油机技术上已完全成熟,已经进入推广应用阶段。美国、日本和欧洲努力开发燃料电池。电动汽车、混合动力汽车技术取得突破性进展,正在走向实用阶段。智能汽车发展很快,太阳能汽车正在积极攻克技术难题。

第三节　中国的汽车工业

旧中国没有自己的汽车工业,新中国成立后,汽车工业才迅速建立和发展起来。

一、旧中国制造汽车梦

1901 年,一个叫李恩思的匈牙利人将两辆美国生产的奥兹莫比尔汽车从香港运到上海,从此中国开始出现汽车,见图 4-11a)。

中国人拥有的第一辆汽车(图 4-11b)是 1902 年作为送给慈禧的礼物漂洋过海来到中国的。慈禧将它打入冷宫,实际上代表了垂死的封建王朝对现代文明的一种本能式的抗拒。

a)

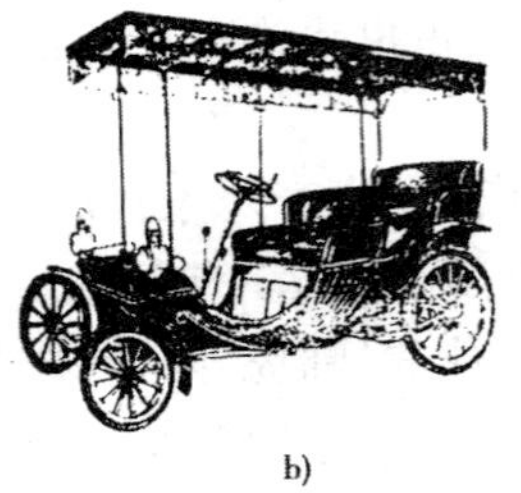

b)

图 4-11　最早出现在中国的汽车

a)1901 年输入上海的汽车;b)慈禧太后乘坐的汽车

1. 最早提出要建立中国汽车工业的是孙中山

在孙中山先生 1920 年发表的《建国方略》一书中讲到:“……最初用小规模,而后逐渐扩大,以供四万万人之需要。所造之车当合于各种用途,为农用车、商用车、旅行用车、运输用车等。一切车以大规模制造,实可较今更廉,欲用者皆可得之。”

2. 张学良是第一个组织生产国产汽车的人

1928 年,张学良在东北辽宁民生工厂试制汽车。中国人当时还没有生产汽车的经验,于是聘请了美国人迈尔斯为总工程师。1929 年 3 月,民生工厂引进了一辆美国瑞雷号汽车进行装配试验,并以该车为样板,于 1931 年 5 月试制成功了一辆命名为民生牌 75 型汽车,它开辟了中国人自制汽车的先河。可惜的是第二辆汽车没制造出来,“九·一八”事变发生了,东北三省被日军占领。

继民生牌汽车之后,20 世纪 30 年代国产汽车试制工作在国内许多地方进行过,但均以失败而告终。旧中国的造车梦毁于统治者的腐败无能,毁于帝国主义的硝烟战火。新中国成立以后,才建立和发展了中国的汽车工业。

二、新中国汽车工业的崛起

中华人民共和国的成立,为中国汽车工业开辟了新的道路。经过半个世纪的艰苦努力,形成了一个产品种类齐全、生产能力较大的汽车工业体系。在 2003 年我国达到了年产汽车 444 万辆,居世界汽车年产量第五位。我国汽车工业的发展可概括为初创、成长和全面发展三个阶段。

1. 初创阶段(1949～1965 年)

初创阶段的特征是:首先建成了中国第一汽车制造厂,实现了中国汽车工业零的突破;接着形成了五个汽车生产基地。

(1)第一汽车制造厂的建立

我国从 1953 年开始建立第一汽车制造厂,三年后便生产出国产“解放牌”中型载货汽车,见图 4-12。这表明中国不能制造汽车的历史从此结束,为中国汽车工业竖起了里程碑,圆了几代人的汽车梦。

1958 年 5 月 5 日,第一汽车制造厂生产出第一辆东风 CA71 型轿车(图 4-13),是中国人制造的第一辆轿车,迈出了中国人自制轿车的第一步。东风轿车前端的发动机罩上装饰了一个金龙腾飞的车标。

1958 年 7 月,第一汽车制造厂又试制出红旗 CA72 型高级轿车,见图 4-14。红旗牌高级轿车的散热器罩窗孔采用中国传统扇子造型,后灯采用大红宫灯,发动机罩上方标志是三面红旗。它是国产高级轿车的先驱,作为国家主要领导人乘坐用车。

图 4-12　解放 CA10 型载货汽车

图 4-13　东风 CA71 型轿车

图 4-14　红旗 CA72 型轿车

(2)五个汽车生产基地的形成

从 20 世纪 50 年代末至 60 年代中期,我国汽车工业在原汽车修理厂的基础上建成了南京汽车制造厂(生产轻型载货汽车)、上海汽车制造厂(生产公务用的轿车)、济南汽车制造厂(生产重型载货汽车)、北京汽车制造厂(生产轻型越野汽车)。连第一汽车制造厂,形成了五个汽车生产基地,生产能力近 6 万辆,有 9 个品种,基本填补了汽车类空白,如图 4-15 所示。

图 4-15　国内几家汽车制造厂生产的汽车

a)跃进 NJ130 型轻型载货汽车;b)上海 SH760 型轿车;c)黄河 JN150 型重型载货汽车;d)北京 BJ212 越野汽车

2．成长阶段(1966～1980年)

成长阶段的特征是:先后兴建了第二汽车制造厂、四川汽车制造厂和陕西汽车制造厂三个主要生产军用越野汽车的三线汽车制造厂;开发矿用自卸汽车和重型汽车;五个老汽车生产基地为包干建设和支援二汽、川汽、陕汽做出了巨大贡献,其自身也得到一定发展。

20世纪60年代后期,中央提出了调动地方积极性,建设地方工业体系的方针。从1969年开始,全国各省、自治区(除西藏外)均建设汽车制造厂。这些工厂规模小、技术水平低,汽车生产的分散局面开始形成。

至1980年,汽车制造厂为56家,我国的汽车年产量为22万辆。

3．全面发展阶段(1981年至今)

1978年12月召开的党的十一届三中全会以后,确立了改革开放的路线,中国汽车工业也随之揭开了新的一页。这一阶段的特征是:党和政府提出要把汽车工业发展成为支柱产业;在产量不断提高的同时,加快进行产品结构调整,形成比较完整的汽车产品系列;改变过去那种封闭的发展模式,引进国外先进技术和资本;轿车工业迅猛发展,由此也拉开了汽车进入家庭的序幕。

目前国内轿车主要汽车生产厂家形成“3＋9”态势,即3家大汽车集团及9家中等汽车集团。3家大集团指:上汽、一汽和东风。9家中等汽车集团指:广州、长安、华晨、南汽、奇瑞、吉利、北汽、昌河和哈飞。

我国50多年的汽车发展也遭遇了各种坎坷,但坎坷中又孕育着希望,我们有了生机勃勃的中国汽车工业,我国还会成为21世纪的汽车工业强国。

第五章　汽车分类和识别

第一节　汽 车 分 类

汽车的类型较多,分类方法也很多。比较典型的分类是根据国家标准《汽车和挂车的术语及其定义》(GB/T3130.1—2001)规定,汽车可分为乘用车和商用车两大类型。

一、按汽车术语分类

1. 乘用车

乘用车指在其设计和技术特征上主要用于载运乘客及其随身行李和/或临时物品的汽车,包括驾驶员座位在内最多不超过9个座位。它也可以牵引一辆挂车。

(1)普通乘用车(图5-1)。车身:封闭式,侧窗中柱有或无。车顶(顶盖):固定式,硬顶,有的顶盖一部分可以开启。座位:4个或4个以上座位,至少两排,后座椅可折叠或移动,以形成装载空间。车门:2个或4个侧门,可有一后开启门。

(2)活顶乘用车(图5-2)。车身:具有固定侧围框架的可开启式车身,可开启式车身可以通过使用一个或数个硬顶部件和/或合拢软顶将开启的车身关闭。车顶:车顶为硬顶或软顶,至少有两个位置,①封闭;②开启或拆除。座位:4个或4个以上座位,至少两排。车门:2个或4个侧门。车窗:4个或4个以上侧窗。

图5-1　普通乘用车

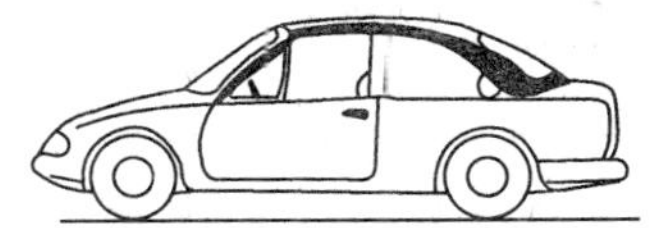

图5-2　活顶乘用车

(3)高级乘用车(图5-3)。车身:封闭式。前后座之间可以设有隔板。车顶(顶盖):固定式,硬顶,有的顶盖一部分可以开启。座位:4个或4个以上座位,至少两排,后排座椅前可安装折叠式座椅。车门:4个或6个侧门,也可有一个后开启门。车窗:6个或6个以上侧窗。

(4)小型乘用车(图5-4)。车身:封闭式,通常后部空间较小。车顶(顶盖):固定式,硬顶,有的顶盖一部分可以开启。座位:2个或2个以上的座位,至少一排。车门:2个侧门,也可有一个后开启门。车窗:2个或2个以上侧窗。

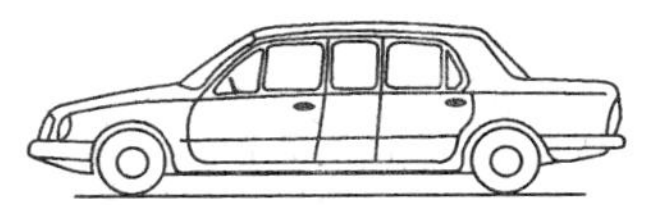

图5-3　高级乘用车

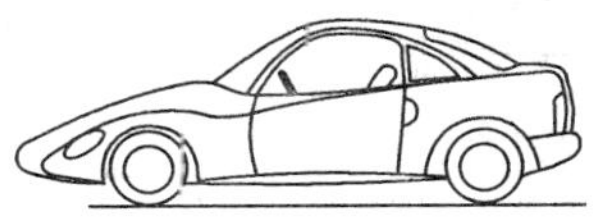

图5-4　小型乘用车

(5)敞篷车(图5-5)。车身:可开启式。车顶(顶盖):车顶可为软顶或硬顶,至少有两个位置:第一个位置遮覆车身;第二个位置车顶卷收或可拆除。座位:2个或2个以上的座位,至少一排。车门:2 个或 4 个以上侧门。车窗:2 个或 2 个以上侧窗。

(6)仓背乘用车。车身:封闭式,侧窗中柱可有可无。车顶(顶盖):固定式,硬顶,有的顶盖一部分可以开启。座位:4 个或 4 个以上座位,至少两排,后座椅可折叠或可移动,以形成一个装载空间。车门:2 个或 4 个以上侧门,车身后部有一仓门。

以上 6 种乘用车也可俗称轿车。

(7)旅行车(图 5-6)。车身:封闭式。车尾外形可提供较大的内部空间。车顶(顶盖):固定式,硬顶,有的顶盖一部分可以开启。座位:4 个或 4 个以上座位,至少两排。座椅的一排或多排可拆除,或装有向前翻倒的座椅靠背,以提供装载平台。车门:2 个或 4 个侧门,并有一后开启门。车窗:4 个或 4 个以上侧窗。

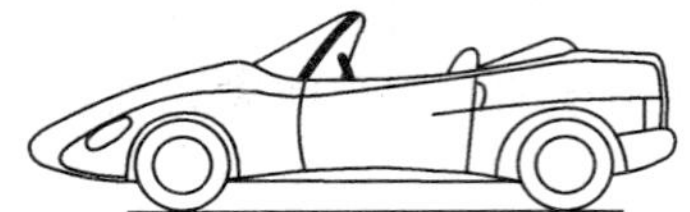

图 5-5　敞篷车

图 5-6　旅行车

(8)多用途乘用车(图 5-7)。上述 7 种车辆以外的,只有单一车室载运乘客及其行李或物品的乘用车。但是,如果这种车辆同时具有下列两个条件,则不属于乘用车而属于货车:①除驾驶员以外的座位数不超过 6 个;只要车辆具有可使用的座椅安装点,就应算“座位”存在。② $P-(M+N\times 68)>N\times 68$(式中:$P$——最大设计总质量;$M$——整车整备质量与 1 位驾驶员质量之和;$N$——除驾驶员以外的座位数)。

(9)短头乘用车(图 5-8)。一种乘用车,它一半以上的发动机长度位于车辆前挡风玻璃最前点以后,并且转向盘的中心位于车辆总长的前 1/4 部分内。

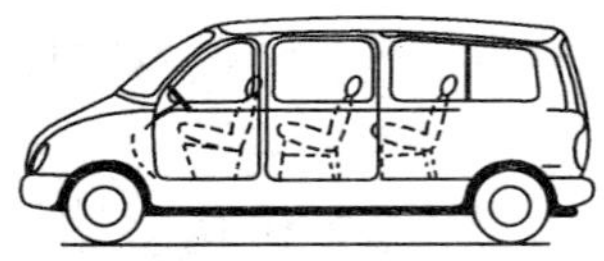

图 5-7　多用途乘用车

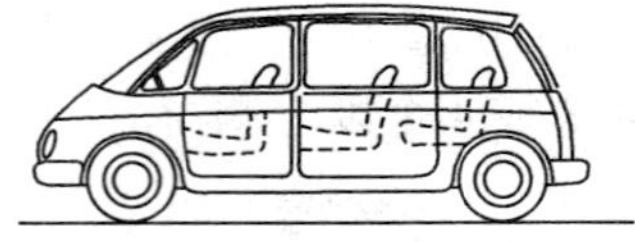

图 5-8　短头乘用车

(10)越野乘用车(图 5-9)。在其设计上所有车轮驱动(包括一个驱动轴可以脱开的车辆),或其几何特性(接近角、离去角、纵向通过角,最小离地间隙)、技术特性(驱动轴数、差速锁止机构或其他形式机构)和它的性能(爬坡度)允许在非道路上行驶的一种乘用车。

(11)专用乘用车。运载乘员或物品并完成特定功能的乘用车,它具备完成特定功能所需的特殊车身和/或装备。例如:旅行车、防弹车、救护车(图 5-10)、殡仪车(图 5-11)等。

图 5-9　越野乘用车

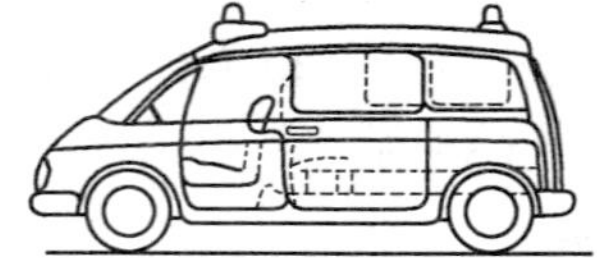

图 5-10　救护车

图 5-11　殡仪车

2. 商用车

商用车辆指在设计上和技术特性上用于运送人员和货物的汽车,并且可以牵引挂车。

1)客车

客车指在设计和技术特性上主要用于载运乘客及其随身行李的商用车辆,包括驾驶员座位在内座位数超过 9 个座。客车有单层的或双层的，也可牵引一挂车。

(1)小型客车(图 5-12)：用于载运乘客，除驾驶员座位外，座位数不超过 16 座的客车。

(2)城市客车(图 5-13)：一种为城市内运输而设计和装备的客车。这种车辆设有座椅及站立乘客的位置，并有足够的空间供频繁停站时乘客上下车走动用。

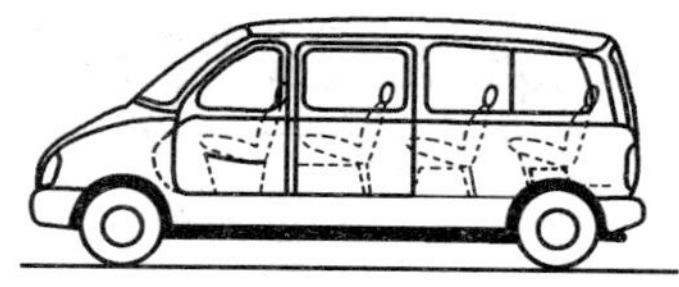

图 5-12　小型客车

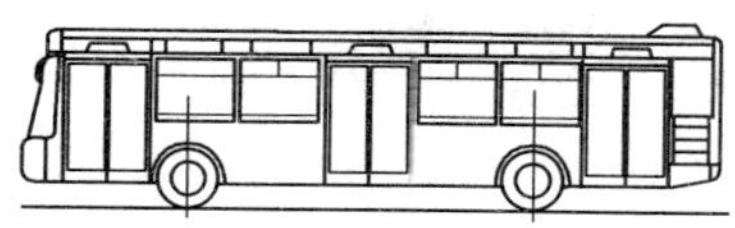

图 5-13　城市客车

(3)长途客车(图 5-14)：一种为城间运输而设计和装备的客车。这种车辆没有专供乘客站立的位置，但在其通道内可载运短途站立的乘客。

(4)旅游客车(图 5-15)：一种为旅游而设计和装备的客车。这种车辆布置要确保乘客的舒适性，不载运站立的乘客。

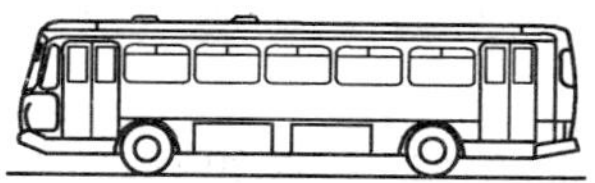

图 5-14　长途客车

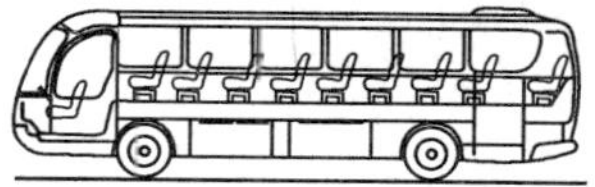

图 5-15　旅游客车

(5)铰接客车(图 5-16)：一种由两节刚性车厢铰接组成的客车。在这种车辆上，两节车厢是相通的，乘客可通过铰接部分在两节车厢之间自由走动。这种车辆可以按以上的第 2、3、4 种客车进行装备。两节刚性车厢永久联结，只有在工厂车间使用专用的设施才能将其拆开。

(6)无轨客车(图 5-17)：一种经架线由电力驱动的客车。这种电车可指定用作多种用途，并按以上的第 2、3 和 5 种客车进行装备。

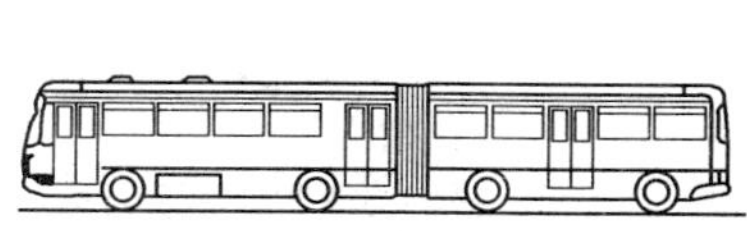

图 5-16　铰接客车

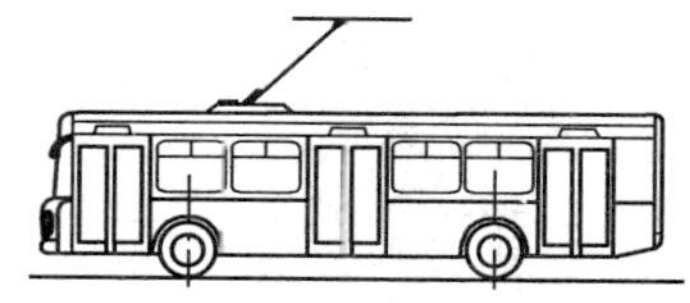

图 5-17　无轨客车

(7)越野客车：在其设计上所有车轮同时驱动(包括一个驱动轴可以脱开的车辆)或其几何特性(接近角、离去角、纵向通过角，最小离地间隙)、技术特性(驱动轴数、差速锁止机构或其他形式机构)和它的性能(爬坡度)允许在非道路上行驶的一种车辆。

(8)专用客车：在其设计和技术特性上只适用于需经特殊布置安排后才能载运人员的车辆。

2)半挂牵引车(图 5-18)

装备有特殊装置用于牵引半挂车的商用车辆。

3)货车

一种主要为载运货物而设计和装备的商用车辆，它能否牵引一挂车均可。

(1)普通货车(图 5-19)：一种在敞开(平板式)或封闭(厢式)载货空间内载运货物的货车。

(2)多用途货车(图 5-20)：在其设计和结构上主要有利于载运货物，但在驾驶员座椅后带有固定或折叠式座椅，可运载 3 个以上乘客的货车。

(3)全挂牵引车(图 5-21)：一种牵引牵引杆式挂车的货车。它本身可在附属的载运平台上运载货物。

图 5-18　半挂牵引车

图 5-19　普通货车

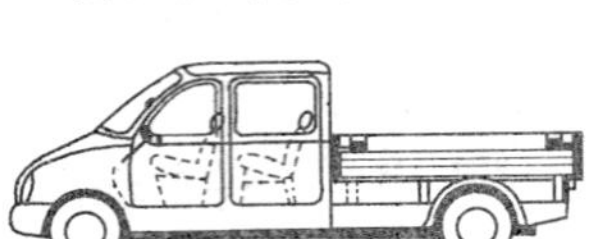
图 5-20　多用途货车

图 5-21　全挂牵引车

(4)越野货车(图 5-22)：在其设计上所有车轮同时驱动(包括一个驱动可以脱开的车辆)或其几何特性(驱动轴数、差速锁止机构或其他形式的机构)和它的性能(爬坡度)允许在非道路上行驶的一种货车。

(5)专用作业车：在其设计和技术特性上用于特殊工作的货车。例如：消防车(图 5-23)、救险车、垃圾车、应急车、街道清洗车、扫雪车(图 5-24)、清洁车等。

图 5-22　越野货车

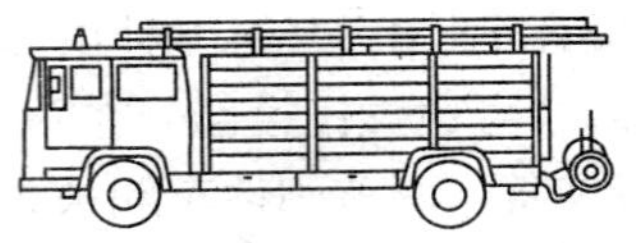
图 5-23　消防车

(6)专用货车：在其设计和技术特性上用于运输特殊物品的货车。例如：罐式车(图 5-25)、乘用车运输车、集装箱运输车等。

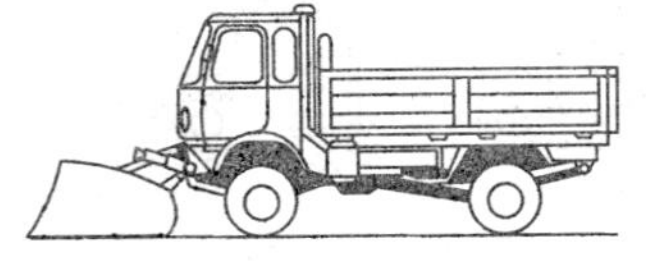
图 5-24　扫雪车

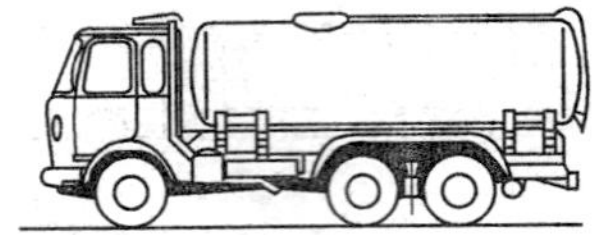
图 5-25　罐式车

二、按形式分类

1．轿车

1)按发动机排量分类

按发动机的排量，轿车可分为微型轿车、普通级轿车、中级轿车、中高级轿车及高级轿车，见表 5-1。

轿车按发动机排量分类表　　表 5-1

轿车类型	微型	普通级	中级	中高级	高级
发动机排量(L)	≤1.0	>1.0～1.6	>1.6～2.5	>2.5～4.0	>4.0

2)按发动机位置及驱动形式分类(图 5-26)

按发动机位置及驱动形式，轿车可分为前置发动机前轮驱动轿车(FF)、前置发动机后轮驱动轿车(FR)、中置发动机后轮驱动轿车(MR)、后置发动机后轮驱动轿车(RR)和四轮驱动轿车(4WD)。

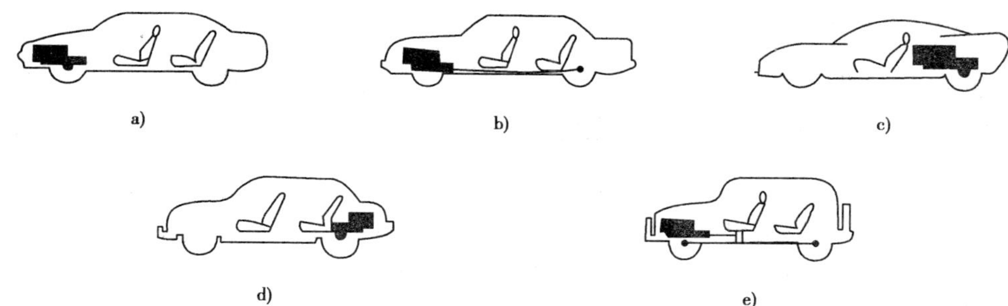

图 5-26 按发动机位置及驱动形式分类的轿车

a)前置前轮驱动;b)前置后轮驱动;c)中置后轮驱动;d)后置后轮驱动;e)四轮驱动

3)按车门与厢体结构分类(图 5-27)

按车门与厢体结构,轿车可分为 2 门三厢轿车、2 门(或 3 门)二厢轿车、4 门二厢轿车、4 门三厢轿车和 5 门二厢轿车。

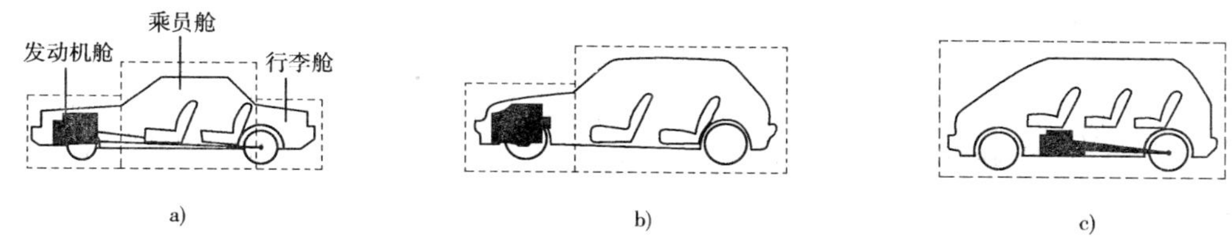

图 5-27 几种厢式的轿车

a)三厢式;b)二厢式;c)单厢式

2. 客车

1)按车身形式分类(图 5-28)

按车身形式,客车可分为长头客车、短头客车、箱形客车和双层客车。

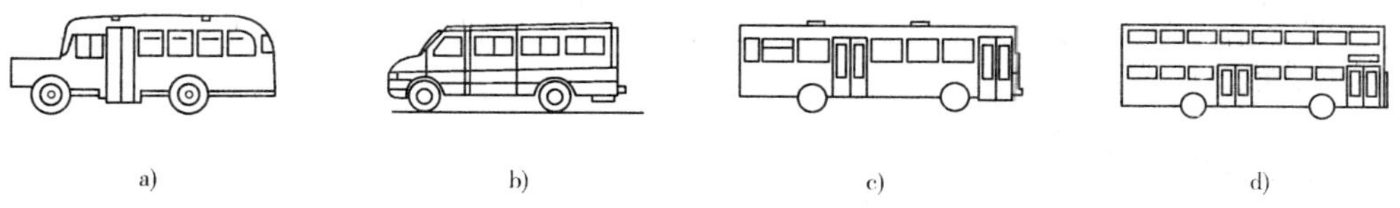

图 5-28 各种形式的客车

a)长头客车;b)短头客车;c)箱形客车;d)双层客车

2)按客车总长分类

按客车总长,客车分为小型客车、中型客车、大型客车。大型客车包括铰接客车和双层客车。

3)按发动机在客车上的位置分类

按发动机在客车上的位置,可分为前置发动机(后轮驱动)客车、中置发动机(后轮驱动)客车、后置发动机(后轮驱动)客车。

3. 货车

1)按驾驶室总成结构形式分类(图 5-29)

按驾驶室总成结构形式,载货汽车可分为长头车、短头车、平头车。

2)按货箱形式分类(图 5-30)

按货箱形式,载货汽车可分为拦板式货车、自卸式货车、厢式货车、罐式货车、平台式货车、篷式货车和牵引—半挂车式货车。

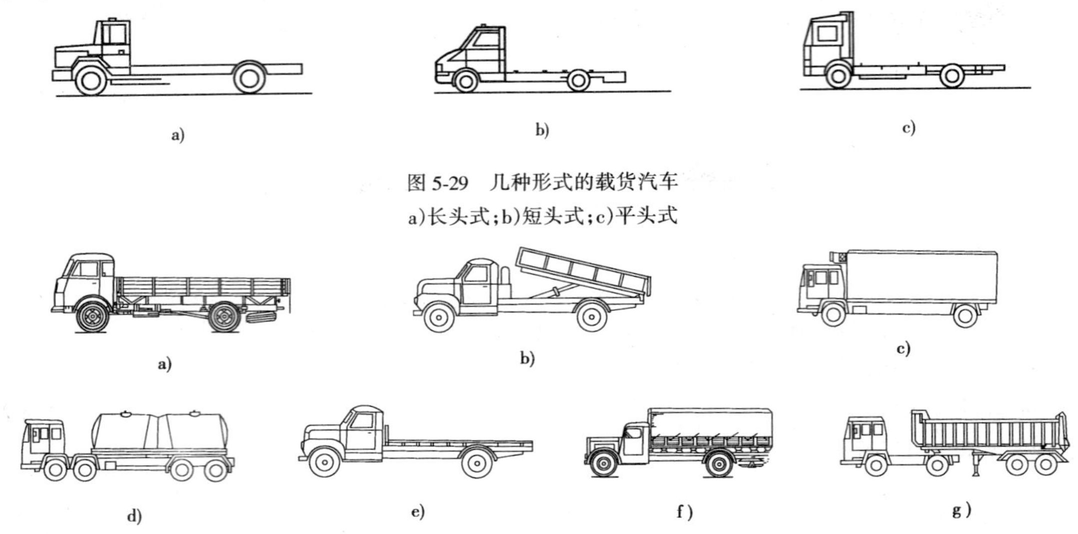

图 5-29 几种形式的载货汽车

a)长头式;b)短头式;c)平头式

图 5-30 各种形式的载货汽车

a)拦板式;b)自卸式;c)平头式;d)罐式;e)平台式;f)篷式;g)半挂车式

3)按汽车质量分类

按汽车制造厂标定的汽车最大总质量,载货汽车分为微型货车、轻型货车、中型货车和重型货车,见表 5-2。

货车按质量分类表 表 5-2

载货汽车类型	微 型	轻 型	中 型	重 型
厂定汽车最大总质量 *(t)	≤1.8	>1.8~6	>6~14	>14

* 公路行驶时。

三、按照动力装置的类型分类

1. 内燃机汽车

当代汽车几乎都采用往复活塞式内燃机为其动力装置。按照燃料的不同,内燃机汽车又分汽油机汽车、柴油机汽车和代用燃料(液化石油气、甲醇、乙醇、煤油、煤气、天然气、木炭)汽车。极少数的汽车采用了转子发动机或燃气轮机为动力装置而成为转子发动机汽车或燃气轮机汽车。

2. 电动汽车

为消除内燃机汽车产生的废气污染,当前许多国家都在研制电动汽车。它多以化学蓄电池和电动机为动力装置,还有采用化学蓄电池与电动机并加装内燃机的复合动力电动汽车。后者既考虑了在城市市区行驶时的环保要求,又照顾到汽车在城外公路上行驶时有足够的行驶里程。

美、日、欧正在开展一项研制机械式蓄电池(在真空密封条件下的飞轮储能)的电动汽车的高科技计划。在现代技术条件下，新型高强度复合材料和无摩擦磁浮轴承的出现，电机技术、控制技术和真空密封技术的发展，使实现以飞轮储能为动力的电动汽车成为可能。

3. 其他动力装置汽车

早期曾出现过以蒸汽机为动力的蒸汽机汽车，现代新研制的有氢气燃料汽车、太阳能汽车等。

四、按乘客座位数及汽车总质量分类

根据国标 GB/T 15089—1994，按乘客座位数及汽车总质量对汽车进行分类，见表 5-3。

汽车按乘客座位数及汽车总质量分类表 表 5-3

汽车类型			乘客座位数*	厂定汽车最大总质量(t)	说明
M类	至少有四个车轮或有三个车轮且厂定最大总质量超过 1t 的载客机动车辆	M1 类	≤8		除驾驶员座位外，乘客座位不超过 8 个的载客车辆
		M1(a)类	≤8	≤3.5	驾驶座椅后有 3 个或 5 个车门和侧窗，折叠或拆除驾驶座后面的座位后也可全部或部分用于载货
		M1(b)类	≤8	≤3.5	为载货设计的能乘坐超过 3 人的厢式车辆，或为提供旅居条件设计的车辆
		M2 类	> 8	≤5	载客车辆
		M3 类	> 8	> 5	载客车辆
N类	至少有四个车轮或有三个车轮且厂定最大总质量超过 1t 的载货机动车辆	N1 类	—	≤3.5	厂定最大总质量为≤3.5t 的载货车辆
		N2 类	—	> 3.5 ~ 12	厂定最大总质量为 > 3.5 ~ 12t 的载货车辆
		N3 类	—	> 12	厂定最大总质量为 > 12t 的载货车辆

* 不包括驾驶员的座位。

五、按汽车的轴数及驱动形式分类

汽车的轴又称汽车的桥。按轴数汽车分为二轴汽车、三轴汽车和四轴汽车。轿车、轻型及以下的车辆均采用二轴形式。根据汽车的用途、总质量、使用条件、公路车辆法规及轮胎最大标定负荷，中型及重型以上的汽车多采用三轴，少数采用四轴。

驱动形式常用 4×2、4×4、6×2、6×4、6×6、8×8 等代号表示。其中第一个数字为汽车的车轮总数，第二个数字为驱动车轮数。双胎车轮按一个车轮计。

六、一些俗称的汽车类型

1. 面包车(VAN)

面包车就是平头厢式客车，由于车身浑然一体呈长方形，外形很像面包，所以称之为面包车。整辆汽车只有一个乘客舱，发动机布置在车厢内驾驶员的座位下方。面包车有中型、微型和轻型之分。这类车基本把后两侧门设计为推拉式，宽大且不占用道路宽度，上下车较安全，座位宽大，甚至还能把座位转动。微型面包车，由于价格低廉，油耗低，实用性强，外形尺寸小而广受欢迎。

汽车刚刚开始进入中国家庭，和欧美一家有多辆车相反，几家才有一辆，一辆车要承担多种用途，既拉人又载物，有时又需要坐几位客人，面包车刚好能适应这些需求，因此有着极大的发展空间。目前国内汽车市场常见的面包车型主要有：丰田海狮、金杯锐驰、福田风景、长安之星和昌河等。

2．多用途车(MPV)

MPV 的全称是 Multi-Purpose Vehicle，意为多用途汽车。它集轿车、旅行车和厢式货车的功能于一身，车内每个座椅都可调整，并有多种组合的方式，例如可将中排座椅靠背翻下即可变为桌台，前排座椅可作 180°旋转。这种车的雏形是雷诺公司 1984 年推出的 Espace 车型，在受到市场欢迎后被各大汽车厂效仿，成为近十几年来最流行的车型之一。

国内汽车市场常见的 MPV 车型主要有：欧宝赛飞利、福特风之星、起亚嘉华、雷诺风景、别克 GL8、广州本田奥德赛、江淮瑞风、东风风行、海南普利马、神龙毕加索、昌河北斗星、天汽集团“幸福使者”和上汽通用五菱的“五菱之光”。

3．运动型多用途车(SUV)

SUV 的全称是 Sport Utility Vehicle，中文意思是运动型多用途汽车。现在主要是指那些设计前卫、造型新颖的 4 轮驱动越野车。随着人们生活水平的提高，SUV 不再局限于越野，还广泛用于城市休闲生活等多种用途。SUV 的特点是动力强劲、越野性高、宽敞舒适及良好的载物和载客功能，在一定程度上既有轿车的舒适性又有越野车的越野性能。第一代 SUV 是克莱斯勒于 20 世纪 80 年代生产的切诺基。

国内汽车市场常见的 SUV 车型有：丰田陆地巡洋舰系列、凌志 RX 系列、宝马 X 系列、奔驰 M 系列、三菱帕杰罗、日产奇骏、现代桑塔福、起亚凌骏、北京吉普、切诺基、长丰猎豹、郑州日产帕拉丁、东南富利卡等。

4．休闲车(RV)

RV 的全称是 Recreation Vehicle，中文意思是休闲车，是一种适用于娱乐、休闲和旅行的汽车。首先提出 RV 汽车概念的国家是日本，我国第一个引进并推出 RV 汽车的厂家是福建东南汽车有限公司。

RV 的覆盖范围比较广泛，从广义上讲，除了轿车和跑车外的轻型乘用车，都可归属于 RV。MPV 及 SUV 也同属 RV。从外形上看，RV 汽车与传统的三厢式轿车不一样，有的 RV 像两厢式轿车，有的 RV 像越野车。但从技术的角度来说，RV 汽车又包罗万象，五花八门，如有的 RV 采用轿车底盘，在城市及良好公路上行驶，着重于车厢座椅布置的多样化组合，例如本田时韵(Stream)；有些 RV 采用微型车底盘，体现了一种趣味、实用与经济性的结合，例如铃木 Kei；有的 RV 则是越野汽车一类，采用四轮驱动，可以遨游四方。

5．皮卡车

皮卡(PICK-UP)是一种外形介于轿车与货车之间的汽车品种。采用轿车车头和驾驶室，同时又有货车车厢的车型。这类车在美国的拥有量与轿车不相上下。其显著的特点是既有轿车的舒适性，且比轿车的载货和适应不良路面的能力强，又有动力强劲的特征。目前市场上可见到的有：双排座皮卡、一排半皮卡、单排皮卡、厢式皮卡等。

国内常见的皮卡车主要有：丰田海拉克斯、金杯通用 S10 皮卡、田野皮卡、中兴皮卡、长城皮卡、福达皮卡、郑州日产皮卡、江铃皮卡和东风皮卡等。

第二节　汽车产品型号

一、国家标准

我国最早于1959年颁布了汽车专业标准《汽车产品型号编制规则》。1988年我国又颁布了国标GB 9417—1988《汽车产品型号编制规则》。该标准规定自1989年1月1日起,新设计的汽车及半挂车的型号一律按新标准来确定,并规定汽车的产品型号由企业名称代号、车辆类别代号、主要参数代号、产品序号组成,必要时可附加企业自定代号如图5-31所示。对于专用汽车及专用半挂车还应增加专用汽车分类代号。

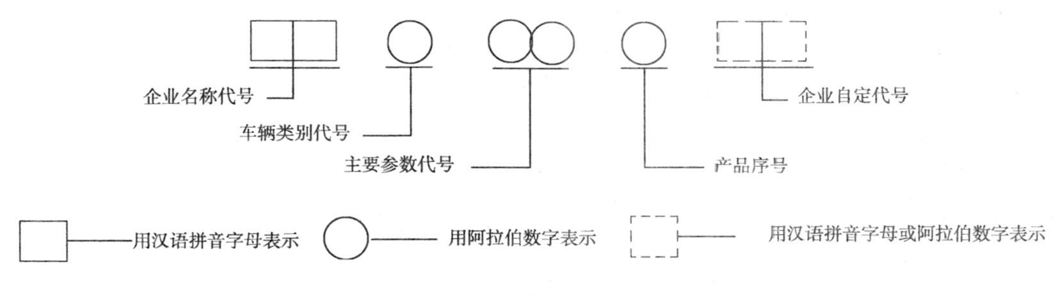

图5-31　汽车产品型号

二、汽车产品型号说明

1．企业名称代号

企业名称代号一般为汽车制造厂的拼音缩写,例如,BJ(北京)、NJ(南京)、JN(济南)、SX(陕西)、CQ(川汽)、EQ(二汽)等。CA(一汽)和SU(上海)为特殊标志。

2．车辆类别代号(表5-4)

车辆类别代号表　　表5-4

车辆类别代号	车辆种类	车辆类别代号	车辆种类	车辆类别代号	车辆种类
1	载货汽车	4	牵引汽车	7	轿车
2	越野汽车	5	专用汽车	8	
3	自卸汽车	6	客车	9	半挂车及专用半挂车

3．主参数代号

主参数代号用两位阿拉伯数字表示。载货汽车、越野汽车、自卸汽车、牵引汽车、专用汽车与半挂车的主参数代号以车辆的总质量(t)表示。牵引汽车的总质量包括牵引座上的最大质量,当总质量为100t及以上时,可用三位数表示。客车的主参数代号用车辆长度(m)表示,当长度小于10m时,应精确到小数点后一位,并以其值的10倍数表示。轿车的主参数代号以其发动机排量(L)表示,其数值应精确到小数点后一位,并以其值的10倍表示。

4．产品序号

产品序号指企业发展该产品的顺序号。

5．企业自定代号

企业自定代号用汉语拼音字母或阿拉伯数字表示，位数由企业自定，表示同一种汽车但结构略有变化而需要区别时。例如汽油机与柴油机，长、短轴距，单、双排座驾驶室，左、右转向盘等。

6．专用汽车分类代号

专用汽车分类代号用三个汉语拼音字母表示，第一个字母反映车辆结构特征，后两个字母表示用途特征。结构特征代号用X表示厢式汽车，G表示罐式汽车，Z表示专用汽车，T表示特种结构汽车，J表示起重举升汽车，C表示仓栅式汽车。用途特征代号用专用汽车具体用途的两个汉字的第一个汉语拼音字母表示。

7．举例

CAl281P2K2表示第一汽车集团公司生产的总质量约28t（实为27950kg）、第二代、第二种平头驾驶室、第二种形式柴油机（CA6DL1）的载货汽车。

EQ2080表示东风汽车公司（二汽）生产的总质量约8t（实为7720kg）的第一代越野汽车。

TJ7131表示天津汽车工业（集团）有限公司生产的发动机排量为1.3L第二代轿车。

值得注意的是，国内汽车厂也开始注重为自身的产品冠以其他一些更响亮的名字。如上海大众的桑塔纳2000GSi“时代超人”，神龙富康的“领导者”，一汽大众“新捷达王”等等。这些名字并不代表汽车的型号，只是商家为了提高产品的知名度而采取的商业措施。

第三节　车辆识别代号

一、车辆识别代号的起源与意义

车辆识别代号（VIN）是制造厂为了识别而给一辆车指定的一组字码。VIN码由17位字符组成，它包含了车辆的生产厂家、年代、车型、车身形式及代码、发动机代码及组装地点等信息。

1938年美国的几家汽车制造厂开始在协会中提出车辆识别代号，但一直未得到很好的应用。直到20世纪60年代，随着汽车工业的迅猛发展，车辆保有量的迅速增加，交通事故、车辆被盗等案件不断出现以及计算机技术的快速发展，促发了建立车辆识别系统的计划，研究出了一套可行的车辆识别代号（VIN）方案。1963年发布了关于车辆识别代号的SAE标准。到了70年代中期，国际标准化组织将车辆识别方案推向世界，并制定了完善的车辆识别代号系列标准，使世界各国的车辆识别代号建立在统一的理论基础上。我国于1996年颁布了相关的车辆识别代号（VIN）管理规则，并于1999年开始在全国强制实施。为指导和配合该标准的实施，制定了以下四项相关的国家标准：GB/T 16735—1997《道路车辆 VIN（车辆识别代号）位置与固定》；GB/T 16736—1997《道路车辆 VIN（车辆识别代号）内容与构成》；GB/T 16737—1997《道路车辆 世界制造厂识别代号（WMI）》；GB/T 16738—1997《道路车辆 世界零件制造厂识别代号（WPMI）》。它们均等同采用了国际ISO标准。

经过几十年的发展，现代的车辆识别技术已经成为一个极其完善的系统。随着计算机技术的引入、精益化生产方式的推广，现代汽车厂商已经可以建立起完善的产品配置数据库。举例来说，通过该数据库可以查到某台发动机是装在某年某月某日生产的某车上，是由某人组装，某人检验的，该车发动机是由某配套厂于某年某月某日生产的等等信息。这个数据库的广泛使用，可以很好的指导汽车销售、配件供应、维修保养、车辆保险、车辆管理等汽车相关行业和部门的工作。要保证该数据库存储的汽车产品配置数据的惟一性和准确性，该数据库惟一有效的索引就只能是车辆识别代号（VIN）。

二、车辆识别代号的基本内容

为了建立世界统一的道路车辆识别系统，车辆识别代号必须具有能保证惟一性的结构特征，车辆识别代号由三部分组成(图 5-32)：第一部分，世界制造厂识别代号(WMI)；第二部分，车辆说明部分(VDS)；第三部分，车辆指示部分(VIS)。

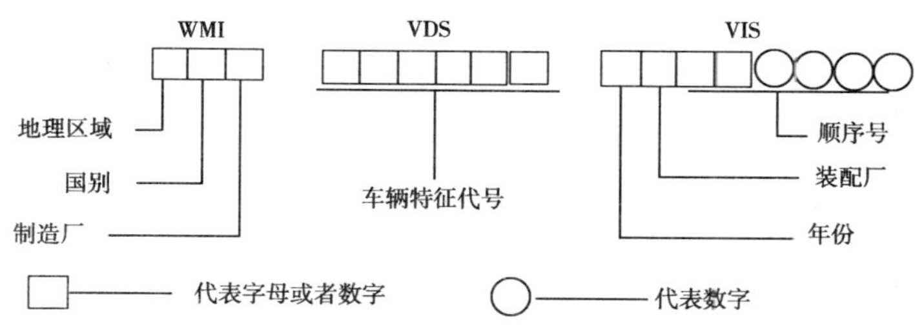

图 5-32　车辆识别代号

1．世界制造厂识别代号(WMI)

该代码由三位字符组成，它包含了以下信息：第一个字符是标明一个地理区域的字母或数字，如非洲、亚洲、欧洲、大洋洲、北美洲和南美洲；第二个字符是标明一个特定地区内的一个国家的字母或数字，由美国汽车工程师协会(SAE)负责分配国家代码；第三个字符是标明某个特定的制造厂的字母或数字，由各国的授权机构负责分配。当制造厂的年产量少于 500 辆的时候，世界制造厂识别代码的第三个字符就是 9 ，而需要在车辆指示部分(VIS)中另加三位制造厂识别代号。

中国的 WMI 前两位区段为 LA ~ LO，它规定了所有在中国境内生产的汽车产品的 WMI 编号必须在该区段内。

国内常见汽车制造厂家的 WMI 编号：

LSV 上海大众；LFV 一汽大众；LDC 神龙富康；LEN 北京吉普；LHG 广州本田；LHB 北汽福田；LKD 哈飞汽车；LS5 长安汽车；LSG 上海通用。

2．车辆说明部分(VDS)

车辆说明部分由六位字码组成，如果制造厂不用其中的一位或几位字码位置，应在该位置填入制造厂选定的字母或数字占位。该部分可以充分反映一种形式车辆的结构特征、技术特征及商业特征，包括品牌、种类。例如，车身类型、底盘类型、发动机类型等。除此之外，还可以说明乘用车的约束系统、载货车和客车的制动系统，额定总量等技术特征，其代码及顺序由制造厂决定 。因此，这部分也可叫做“车辆特征代码”。由于各国及各厂家对此部分尚无统一的规定，因此在识别这一部分时，应查阅有关手册。

3．车辆指示部分(VIS)

车辆指示部分由 8 位字码组成，其最后 4 位字码应是数字。该部分担负着准确指示某一辆车的个性特征，包括制造年份、产地和出厂序号等。其中第 1 位字码应指示年份(表 5-5)；第 2 位字码可用来指示装配厂。若无装配厂，制造厂可规定其他的内容。如果制造厂生产的某种类型的车辆年产量≥500 辆，该部分的第 3 ~ 8 位字码表示生产序号；如果制造厂的年产量<500 辆，则该部分第 3、4、5 位字码应与第一部分的 3 位字码一起来表示一个车辆制造厂。

标示年份的代码表 表 5-5

年份	代码	年份	代码	年份	代码	年份	代码
1971	1	1981	B	1991	M	2001	1
1972	2	1982	C	1992	N	2002	2
1973	3	1983	D	1993	P	2003	3
1974	4	1984	E	1994	R	2004	4
1975	5	1985	F	1995	S	2005	5
1976	6	1986	G	1996	T	2006	6
1977	7	1987	H	1997	V	2007	7
1978	8	1988	J	1998	W	2008	8
1979	9	1989	K	1999	X	2009	9
1980	A	1990	L	2000	Y	2010	A

三、车辆识别代号的位置

车辆识别代号的位置，见图 5-33。

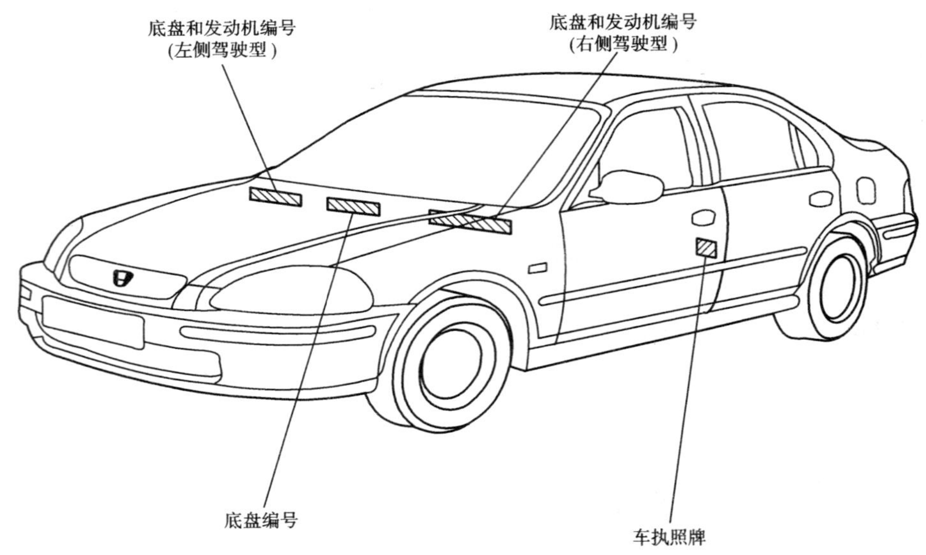

图 5-33 车辆识别代号的位置

(1)车辆识别代号应尽量位于车辆的前半部分，易于看到且能防止磨损或替换的部位。

(2)9 人座或 9 人座以下的车辆和最大总质量小于或等于 3.5t 的载货汽车的车辆识别代号应位于仪表板上，在白天日光照射下，观察者不需移动任一部件从车外即可分辨出车辆识别代号。

(3)每辆车的车辆识别代号应表示在车辆部件上(玻璃除外)，该部件除修理以外是不可拆的，也可表示在永久性地固定在上述车辆部件上的一块标牌上，此标牌不损坏则不能拆掉。

四、举例：一汽大众轿车的车辆识别代号

一汽大众生产的轿车的车辆识别代号(VIN)，在车上有两处标示：仪表板左侧和发动机舱

内流水槽上部(图 5-34)。一汽大众轿车 VIN 适用年代为 1998 ~ 2003 年。

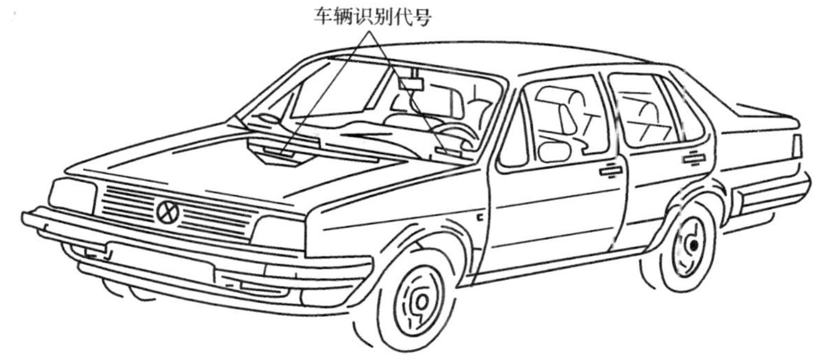

图 5-34　一汽大众生产的轿车

第① ~ ③位　世界制造厂识别代码 LFV 为一汽大众汽车有限公司

第④位　安全保护装置代码

A:安全带

B:安全带和安全气囊

第⑤位　车身类型代码

A:四门折背式

B:四门溜背式

C:四门方背式(旅行车)

第⑥位　发动机和变速器代码

1:汽油发动机,手动变速器

2:汽油发动机,自动变速器

3:柴油发动机,手动变速器

4:柴油发动机,自动变速器

5:双燃料发动机,手动变速器

6:双燃料发动机,自动变速器

第⑦ ~ ⑧位　车型代码

1G:捷达

1J:宝来

4B:奥迪 A6

第⑨位　校验位代码

注:1998 年 7 月以前为占位号

第⑩位　年份代码

第⑪位　装配厂代码

3:长春一汽大众汽车有限公司

第⑫ ~ ⑰位　车辆制造顺序号

第六章　汽车生产厂家

第一节　国际著名汽车厂家

一、通用汽车公司(美国)

通用汽车公司是世界上最大的汽车公司,汽车产量占世界汽车产量的20%,公司标志为"GM"。公司总部设在美国底特律市,在全球各地共有员工70多万人。通用汽车公司成立于1908年,创始人是威廉·杜兰特。该公司主要从事制造和销售轿车、载货车、客车及汽车零配件。通用汽车公司在世界53个国家和地区,共设有60多家制造和装配工厂。

通用汽车公司有6个轿车部。分别为凯迪拉克部,有汽车品牌:帝威(Devill)、赛威(Sevlle)、弗利特伍德(Fleetwood)等;别克部,有汽车品牌:世纪(Century)、林荫大道(Park Avenue)、云雀(Skylark)等;旁蒂克部,有汽车品牌:火鸟(Firebird)、太阳火(Sunfire)、太阳鸟(Sunbird)等;奥兹莫比尔部,有汽车品牌:阿勒奴(Alero)、剪影(Silhouette)、鲁莽(Bravada)等;雪佛兰部,有汽车品牌:开拓者(Blazer)、骑士(Cavalier)、S10等;土星部,有汽车品牌:跑车(SC)、轿车(SL)、旅行轿车(SW)等车型。其他还有专门生产皮卡车、大中轻型货车的GMC部,以及生产悍马越野车部。

通用汽车公司拥有以下各国一些汽车厂家的股份:

欧宝(OPEL,德国),主要有欧美佳(Omega)、雅特(Astra)、威达(Vectra)等车型;绅宝(SAAB,瑞典),主要有9-3、9-5系列车型;大宇(DAEWOO,韩国)主要有旅行家(Nubiry)、蓝龙(Lanos)、典雅(Leganza)等车型;铃木(SUZUKI,日本),主要有Lgnis、Liana等车型;五十铃(ISUZU,日本),主要生产载重汽车、越野车和客车;菲亚特(FIAT,意大利),主要有蒂波(Tipo)、乌诺(Uno)、熊猫(Panda)等车型;富士重工(Fuji Heavy Industries Ltd,日本),主要有速波(Impreza)、翼豹(Tubro)、森林人(Forester)等车型。

通用汽车公司在中国拥有2家汽车整车制造的合资企业,即上海通用汽车有限公司,以及生产雪佛兰开拓者越野车、雪佛兰S10皮卡的金杯通用汽车有限公司。

二、福特汽车公司(美国)

福特(FORD)汽车公司由享利·福特创建于1903年,是美国第二大汽车公司。福特汽车公司在美国本土拥有44个制造厂、18个装配厂、13个工程研究机构及两个汽车试验场,在国外6个国家和地区设有25个制造厂和装配厂等。公司总部设在底特律市,拥有职工总数达37万人。

福特汽车公司的生产厂家主要有:福特部,有汽车品牌:皇冠维多利亚(Crown Victoria)、野马(Mustang)、金牛座(Taurus)等;林肯部,有汽车品牌:大陆(Continental)、城市(Town car)、马克八(Mark Ⅷ)等;水星部,有汽车品牌:美洲豹(Cougar)、大侯爵(Marquis)、田园(Villager)等。

福特汽车公司拥有以下各国一些汽车厂家的股份:

马自达(MAZDA,日本),主要有626、323、RX-8等车型;沃尔沃(VOLVO,瑞典),主要有S80、V70、XC90等车型;捷豹(JAGUAR,英国),主要有戴姆勒(Daimler)、S-Type、XK等车型;陆虎(LAND ROVER,英国),主要有览胜(Rang Rover)、发现(Discovery)、自由人(Freelander)等车型;阿斯顿·马丁(ASTON MARTIN,英国),主要有DB9、方塔奇(Vantage)、征服者(Vanquish)等车型。

福特汽车公司在中国与重庆长安汽车集团公司共同组建了长安福特汽车有限公司,另外还占有江西江铃汽车股份有限公司约30%股份。

三、戴姆勒—克莱斯勒汽车公司(德国—美国)

1998年德国的戴姆勒—奔驰(DAIMLER-BENZ)汽车公司和美国的克莱斯勒(CHRYSLER)汽车公司合并,组成戴姆勒—克莱斯勒(DAIMLER-CHRYSLER)汽车公司。戴姆勒—奔驰汽车公司占57%股份,克莱斯勒汽车公司占43%股份。

1.戴姆勒—奔驰公司(德国)

戴姆勒—奔驰公司是德国最大的工业集团和跨国公司。集团内生产汽车的部门是梅塞德斯—奔驰(Merceddes-Benz),生产轿车叫梅塞德斯,生产货车和客车叫奔驰。公司总部设在德国斯图加特,雇员总数近20万人。自建厂以来,奔驰汽车公司经营风格始终如一,不追求汽车产量的扩大,而只追求生产出高质量、高性能和高级别汽车产品。目前主要生产车型有:单厢轿车(A级)、小型轿车(C级)、中级轿车(E级)、高级轿车(S级)、高级轿跑车(CL)、小型跑车(SLK)、中型跑车(CLK)、高级跑车(SL)、SUV(M)、迈巴赫(Maybach)等系列。奔驰公司还是世界上最著名的大客车和重型载重汽车的生产厂家。

奔驰汽车公司在中国与江苏扬州亚星客车集团合资组建了亚星—奔驰客车有限公司生产奔驰客车。另外,北京汽车控股有限公司与戴—克签订了合作框架协议,双方准备生产奔驰C级和E级轿车。

2.克莱斯勒汽车公司

克莱斯勒汽车公司创立于1920年,是美国第三大汽车公司。该公司在全世界许多国家设有子公司,是一个跨国汽车公司,公司总部设在美国底特律,雇员约13万人,在美国有8家汽车装配厂、36家整车及零部件厂。

克莱斯勒的生产厂家主要有:克莱斯勒部,有汽车品牌:君王(Concorde)、PT漫游者(PT Cruiser)、赛百灵(Sebring)等;道奇部,有汽车品牌:捷龙(Caravan)、层云(Stratus)、蝰蛇(Viper)等;顺风部,有汽车品牌:神行者(Prowler)、微风(Breeze)、彩虹(Neon)等;吉普部,有汽车品牌:切诺基(Cherokee)、牧马人(Wrangler)、自由(Liberty)等。

克莱斯勒汽车公司拥有各国一些汽车厂家的股份:

三菱(日本),主要有蓝瑟(Lancer)、帕杰罗(Pajero)、3000GT等车型;现代(韩国),主要有雅绅(Accent)、百年(Centennial)、索纳塔(Sonata)等车型;起亚(韩国),主要有赛菲亚(Sephi-a)、舒马(Shuma)、嘉年华(Camival)等车型。

克莱斯勒汽车公司在中国与北京汽车工业控股有限责任公司合资建立北京吉普汽车有限公司,生产切诺基等车型。

四、丰田汽车公司(日本)

丰田(TOYOTA)汽车公司是日本最大的汽车公司,也是世界十大汽车公司之一。丰田汽车公司生产有轿车、货车、公共汽车、汽车零部件等产品。总部在日本东京,2003 年汽车产量世界排名第二。目前丰田汽车公司在日本国内设有 12 家工厂，在 34 个国家和地区设有子公司，在 26 个国家和地区生产汽车，员工约 7 万人。

丰田公司创造了著名的丰田生产管理模式,大大提高了工厂生产效率和产品质量,降低了产品成本。丰田汽车公司有很强的技术开发能力,而且十分注重研究顾客对汽车的需求,因而在它发展的各个不同历史阶段创出了不同的名牌产品,而且以快速的产品换型击败美欧竞争对手。

丰田汽车公司主要有:世纪（Century)、佳美（Camry)、皇冠（Crown)、亚洲龙（Avalon)、光冠（Corona)、陆地巡洋舰（Land Cruiser)、大霸王（Previa)、海狮（Hiace)等车型品牌。1989 年丰田汽车公司成立凌志部,专门生产高级豪华汽车,使用凌志（Lexus)品牌。

丰田汽车公司拥有大发汽车公司(日本)的股份。

丰田汽车公司在中国与一汽合资在天津生产轿车、与四川合资生产轻型客车(柯斯达)、与广州合资生产发动机，并在天津和沈阳设有丰田汽车技术中心。

五、大众汽车公司(德国)

德国大众(VOLKSWAGEN)汽车公司是德国汽车产量最高的汽车公司,名列世界十大汽车公司之一。公司总部在沃尔夫斯堡,目前有雇员近 30 万人,整个汽车集团产销能力在 500 万辆左右。在欧洲、美洲、亚洲、非洲、大洋洲设有生产厂、总装厂和销售服务机构。

20 世纪 30 年代大众“甲壳虫”汽车问世,由于价格低廉,很快风靡德国和欧洲,到 1981 年“甲壳虫”汽车停产时,已经累计生产 2000 万辆,打破了福特 T 型车的世界纪录。

大众汽车公司旗下的大众品牌主要有高尔夫（Golf)、新甲壳虫（New Beetle)、辉腾(Phaeton)等车型;奥迪品牌主要有 A6、A8、TT 等车型;西亚特品牌主要有科多巴（Cordoba)、伊比萨（Ibiza)、阿尔提（Altea)等车型;斯柯达品牌主要有法比亚（Fabia)、欧亚（Octavia)、苏波比(Superb)等车型。

大众汽车公司 1985 年与我国上海汽车集团公司合资建立“上海大众”公司，1990 年又与我国第一汽车集团合资建立“一汽大众”公司。

六、雷诺—日产汽车公司(法国—日本)

1999 年法国雷诺汽车公司收购日本日产汽车公司 36.8%的股份,组成“雷诺—日产”汽车集团,成为世界第五大汽车集团。

1. 雷诺(RENAULT)汽车公司(法国)

雷诺汽车公司是法国第二大汽车公司,公司创立于 1898 年,现在的雷诺汽车公司已被收归国有,是法国最大的国有企业。雷诺汽车除了轿车外,还有货车、客车以及各种改装车、特种车等产品。公司总部在法国比杨古。雷诺汽车公司在世界各地拥有 45 个汽车生产厂和组装厂,雇员人数 15 万,年产汽车 240 多万辆,主要有梅甘娜（Megane)、风景（Scenic)、拉古娜（Laguna）等车型品牌。

1995 年,雷诺汽车公司与中国三江航天工业集团合资，在湖北省孝感市建立了三江雷诺汽车有限公司,生产塔菲克系列轻型客车。

2. 日产汽车公司

日产(NISSAN)汽车公司是日本第二大汽车公司,公司总部设在日本东京市。主要产品有轿车、货车、公共汽车和特种汽车。在世界上的20多个国家和地区建立了装配厂和子公司。日产主要品牌有：无限（Infiniti）、桂冠（Laurel）、风度（Cefiro）、西玛（Cina）、公爵（Cedric）、途乐（patrol）等车型。

日产汽车公司在中国与东风汽车公司全面合作生产全系列卡车、客车、轻型商用车及乘用车产品。

七、本田汽车公司（日本）

本田（HONDA）汽车公司的全称是本田技术研究工业有限责任公司，是日本最年轻的汽车公司，目前是日本第三大汽车公司。公司总部设在日本东京。

本田自创建50年以来，由一个名不见经传的小公司发展成为跨国公司，由不知名的摩托车公司发展成为世界第一流摩托车公司。60年代起步生产汽车，短短的20年时间已跻身于世界知名汽车厂商的行列，真是名副其实的汽车工业后起之秀。本田汽车以省油、环保著称，是第一个达到美国低排放标准的日本汽车。

本田汽车公司主要有：里程（Legend）、雅阁（Accord）、思域（Civic）、序曲（Prelude）、思韵（Stream）等车型品牌。

本田汽车公司在中国合资建立广州本田汽车有限公司和东风本田（武汉）汽车公司，生产轿车和MPV等车型。

八、宝马汽车公司（德国）

宝马（BMW）汽车公司是全球高级轿车领域惟一能和奔驰并驾齐驱的王牌公司，有雇员5万人，汽车年产量接近100万辆，名列世界汽车公司前20名。公司始创于1916年，总部设在德国慕尼黑。

宝马轿车追求"驾驶乐趣"，所以世上一向有"开宝马、坐奔驰"之说。

宝马汽车公司主要生产中档轿车（3系列）、高档轿车（5系列）、中档跑车（6系列）、高档豪华轿车（7系列）、高档双门跑车（8系列）、轻便跑车（Z系列）、越野车（X系列）。

宝马汽车公司在中国与华晨集团合作生产轿车。

九、PSA标致—雪铁龙汽车集团（法国）

1976年法国的标致公司和雪铁龙公司合并，组成标致—雪铁龙集团。1978年该集团买下欧洲三家（法国、英国、西班牙）克莱斯勒欧洲公司，把它改组成塔尔伯特汽车公司。同时，由标致公司、雪铁龙公司、塔尔伯特公司共同组成PSA标致—雪铁龙汽车集团。PSA集团总部设在法国巴黎。

1. 标致（PEUGEOT）汽车公司

标致汽车公司是法国最早、最主要的汽车生产厂家之一，其产品从微型到豪华型都有。主要生产206、307、406、407、607等系列车型。

2. 雪铁龙（CITROEN）汽车公司

雪铁龙汽车是前轮驱动汽车的先驱，素以技术先进而著称。主要生产C3、C5、C8、毕加索（Picasso）等系列车型。

标致—雪铁龙汽车公司在中国与东风汽车集团合作生产轿车。

第二节　国内著名汽车厂家

一、第一汽车集团

第一汽车集团是中国汽车工业的大型企业集团,创建于1953年,中国汽车工业从这里起步,毛泽东主席亲自命名并题写"第一汽车制造厂奠基纪念"。50年来,经历了建厂创业、产品换型和工厂改造、上轻型车和轿车三次大规模发展阶段,产品生产由单一4t货车向轻、中、重型商用车和轿车方面发展,形成以轿车生产为主的新格局。

第一汽车集团公司总部设在长春。生产基地布局有东北基地、天津基地、山东基地、华东基地、西南基地、海南和深圳窗口企业。拥有全资子公司29家,控股子公司14家,其中包括"一汽轿车"、"一汽夏利"、"一汽四环"3家股份上市公司,员工12.6万人。

第一汽车集团主要品牌有:一汽轿车的红旗、马自达6等;一汽大众的捷达、宝来、高尔夫、奥迪A4和A6等;一汽丰田的威驰、花冠等;天津一汽的夏利、雅酷、威姿、威乐等;一汽海南的福美来、普利马等;解放商用车系列(含重型、中型、轻型货车、越野车、专用车、客车等)。

二、东风汽车公司

创立于1969年的东风汽车公司(原二汽),是中国三大汽车集团之一。东风汽车公司经过三十余年的建设和发展,目前拥有子公司120多个,员工12万余人,产品系列涵盖了重型、中型、轻型货车、客车及乘用车。有控股、参股的子公司主要包括:东风汽车有限公司、东风商用车公司、风神汽车有限公司、神龙汽车有限公司、东风本田(武汉)汽车公司、东风悦达起亚汽车公司和"东风汽车"、"东风科技"2家股份上市公司。相继建成了十堰、襄樊、武汉和广州四大汽车生产基地。

在2003年,东风汽车公司与日产汽车公司携手组建的新公司——东风汽车有限公司是中国首家拥有全系列货车、客车、轻型商用车及乘用车产品的中外合资企业。公司总部设在武汉市。

东风汽车公司主要品牌有:神龙汽车的富康、爱丽舍、赛纳、毕加索、标致307等;风神汽车的蓝鸟、阳光;东风本田的CR-V;东风悦达起亚的千里马;东风柳州风行MPV;东风商用车系列(含重型、中型、轻型货车、越野车、专用车、客车等)。

三、上海汽车工业(集团)总公司

上海汽车工业(集团)总公司(简称"上汽集团"),是中国三大汽车集团之一。主要从事轿车、客车、货车、拖拉机、摩托车等整车及配套零部件的生产、研发、贸易和金融服务。目前,集团下属二层次企业55家,员工总数约6万人。现形成上海通用、上海大众、五菱、仪征四大乘用车基地。1997年还独家发起设立了上海汽车股份有限公司,开通了资本市场的融资渠道。2003年上汽集团整车产销近80万辆,其中主导产品轿车销售达到59.7万辆。

上汽集团主要品牌有:上海大众的高尔、波罗、桑塔纳、帕萨特等;上海通用的赛欧、凯越、君威、GL8等;上汽通用五菱的雪佛兰乐驰、五菱之光、都市清风等;上海仪征的赛宝;申沃的客车系列。

四、南京汽车集团公司

南京汽车集团有限公司是造出我国第一辆轻型载货汽车的大型汽车骨干生产企业。现拥有4家全资子公司,24家控股子公司(其中8家中外合资),13家参股公司(其中4家中外合资),400余家关联企业。公司目前已形成三大汽车生产基地,生产跃进、南京依维柯、南京菲亚特三大品牌系列400多个品种汽车,年综合生产能力20万辆。

南京菲亚特公司生产轿车,其品牌有:周末风、派力奥、西耶那等。

五、北京汽车工业控股有限责任公司

北京汽车工业控股有限责任公司(简称北汽控股公司)是中国轻型汽车主要生产基地。拥有了一批如北京吉普汽车有限公司、北京福田汽车股份有限公司和北京现代汽车有限公司等知名企业和名牌产品。现在产品结构上初步确立了“三大板块”,即以现代轿车为代表的轿车板块,以切诺基为代表的越野乘用车板块,以福田汽车为代表的商用车板块。另外,北汽与奔驰汽车公司已达成合作生产奔驰轿车协议。北汽控股公司旗下的北汽福田轻型载货车2002年产量位居全国第一,总销量达15万辆。

北汽控股公司主要品牌有:轿车的索塔纳、伊兰特;越野乘用车的大切诺基、帕杰罗·速跑、欧蓝德、北吉2500等;商用车的福田欧曼、福田奥铃、福田风景、时代汽车等。

六、广州本田汽车有限公司

广州本田汽车有限公司成立于1998年,由广州汽车集团和日本本田工业技研株式会社各出资50%建成。2003年广州本田的轿车产量达11.7万辆,排行全国轿车产量第四位。创造了投入少,能高速滚动发展的广州本田奇迹。

广州本田生产品牌有:新一代本田雅阁、飞度轿车和多功能轿车奥德赛。

七、长安汽车(集团)有限责任公司

长安汽车(集团)有限责任公司由原长安机器制造厂和江陵机器厂合并而成,具有140余年的建厂历史。公司总部在重庆,是全国最大的微型汽车及发动机生产厂家之一。长安目前拥有七大汽车制造企业:“长安汽车股份有限公司”、“长安福特汽车有限公司”、“长安铃木汽车有限公司”、“南京长安汽车有限公司”、“河北长安胜利有限公司”、“河北长安汽车有限公司”和“长安跨越车辆有限公司”。

长安汽车产品有轿车、微型客车、厢式货车、微型货车、微型专用车共计五大系列。主要品牌有:微型客车的长安镭蒙、长安星韵、长安雪虎等;轿车的长安福特嘉年华、长安福特蒙迪欧、长安羚羊、长安奥拓等。

八、华晨中国汽车控股有限公司

华晨中国汽车控股有限公司是中国第一家海外上市公司,生产基地在沈阳。旗下拥有的中华轿车是中国第一款拥有整车自主产权的轿车品牌,而金杯海狮轻型客车在国内同类车型中市场占有率接近60%。2003年华晨中国汽车控股有限公司与宝马汽车公司合作生产宝马轿车。

华晨生产的汽车品牌有中华轿车(中华晨风);金杯客车(金杯海狮锐驰、金杯海狮勤务兵、金杯阁瑞斯);华晨宝马(325i、530i) 轿车。

九、吉利控股集团

吉利控股集团创建于 1986 年,是民营汽车生产企业。吉利以生产经济型家庭用车为主,拥有临海、宁波、台州、上海四大整车制造基地,生产七个汽车品种。有吉利·豪情、吉利·美日系列经济车型,美人豹,华普三大子品牌。

2003 年吉利生产的中国第一辆自产跑车——美人豹在台州(吉利)汽车工业城正式下线,从此打破了中国没有国产跑车的历史。

十、哈飞汽车制造有限公司

哈飞汽车制造有限公司属哈尔滨飞机工业(集团)有限责任公司控股的子公司,是中国微型汽车大型骨干生产企业。公司总部在哈尔滨市。

哈飞生产有轿车、微型客车、厢式货车、单排座及双排座微型货车共计五大系列 130 多个品种。以松花江品牌的有赛马、中意、百利等车型。

第七章　汽车技术数据和装备

当人们评价或购买汽车时，往往考虑其“性价比”。顾名思义，“价”指的是汽车的价格；“性”指的是汽车的性能。“性价比”就是性能与价格之比值。“性价比”高，人们就认为好或予以选购。换句话说，同等的价位，人们选择性能好的汽车；而相同性能的汽车，人们则会选择价格低的。汽车的性能反映其安全、高效、经济、舒适、无害的程度，是人们评价某种汽车的依据。只有了解了某种汽车的各种性能，才能真正地评价某种汽车，也才能与其他汽车进行比较。而汽车的性能则由技术数据和基本配置来体现。概而言之，汽车的技术数据和基本配置包括四个方面：主要的尺寸参数、质量参数、性能参数和主要装备。

第一节　汽车的主要尺寸参数

整车尺寸——汽车的整车尺寸，主要包括汽车的外廓尺寸（汽车的长、宽、高）、轴距、轮距、前悬、后悬、最小离地间隙等，见图 7-1。这些尺寸直接影响到汽车的机动性、轴荷分配、操纵性、平顺性等性能，因此都是重要的技术参数。在汽车的使用说明书上，一般都有这些尺寸的详细数据。

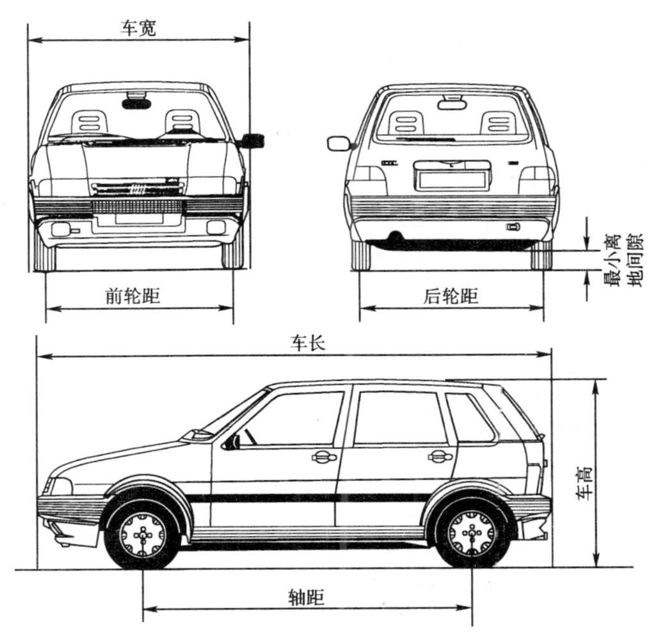

图 7-1　汽车的外形尺寸参数

车长——垂直于车辆纵向对称平面，并分别抵靠在车辆前、后最外端突出部位的两平面间的距离（单位：mm；以下各尺寸单位相同）。简单地说，就是沿着汽车前进的方向，最前端到最后端的距离，见图 7-2。按我国现行规定，汽车总长的极限尺寸是：载货汽车及整体式客车不大于 12m,单铰接式客车不大于 18m,半挂汽车列车不大于 16.5m,全挂汽车列车不大于 20m。

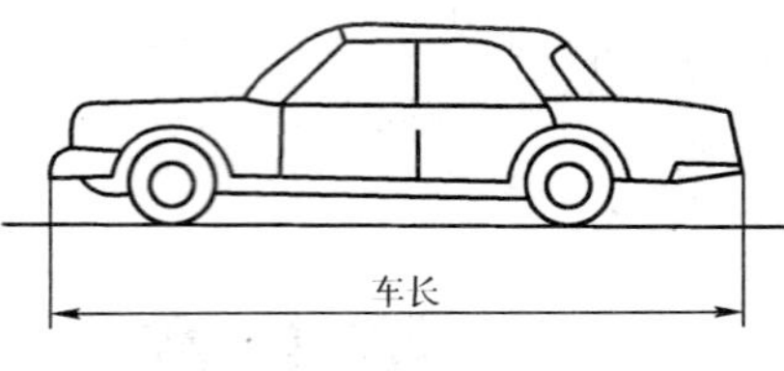

图 7-2 汽车长

车宽——平行于车辆纵向对称平面,并分别抵靠在车辆两侧最外刚性固定突出部位(除后视镜、侧面标志灯、方位灯、转向指示灯等)的平面之间的距离。简单地说,就是汽车最左端到最右端的距离,见图 7-3。按我国现行规定,汽车总宽的极限尺寸不大于 2.5m。

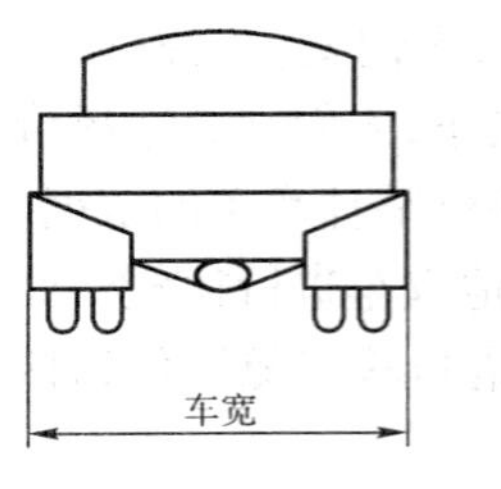

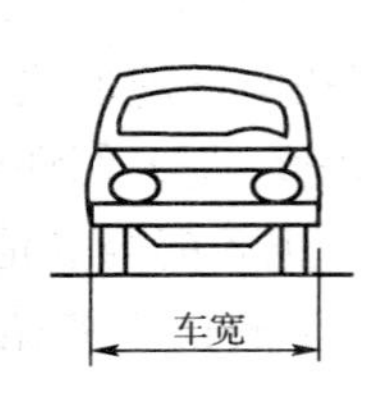

图 7-3 汽车宽

车高——车辆支撑平面与车辆最高突出部位相抵靠的水平面之间的距离。简单地说,就是从地面到汽车最高点的距离,见图 7-4。车高通常是指汽车在空载、但可运行(加满燃料和冷却液)的情况下的高度。按我国现行规定,汽车总高的极限尺寸是:定线行驶的双层客车不大于 4.2m,其他车辆不大于 4m。

轴距——车辆在直线行驶位置时,同侧相邻两轴的车轮落地中心点到车辆纵向对称平面的两条垂线之间的距离,见图 7-5a)。简单地说,就是汽车前轴中心到后轴中心的距离。对于三轴以上的汽车,其轴距由从前到后的相邻两车轮之间的轴距分别表示,总轴距为各轴距之和,见图 7-5b)。

轴距的长短,直接影响汽车的长度和许多使用性能。一般情况下,轴距短,汽车长度就短,质量就小,最小转弯半径和纵向通过半径也小,汽车的机动性就好。但轴距过短,则车厢长度不足,或后悬过长,行驶时纵向摆动大,制动、加速或上坡时质量转移大,操纵性和稳定性不好。

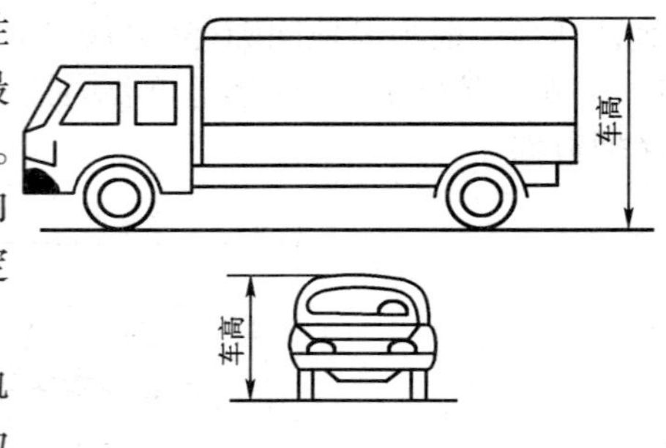

图 7-4 汽车高

轮距——在车辆的支承平面上,同轴左右车轮两轨迹的中心线之间的距离,见图 7-6a)。如果车轴两端为双车轮时,轮距是左右两条双车轮轨迹的中心线之间的距离,见图 7-6b)。车辆前轴的轮距为前轮距;最后轴的轮距为后轮距。前轮距和后轮距可以相同,也可以有所差别。

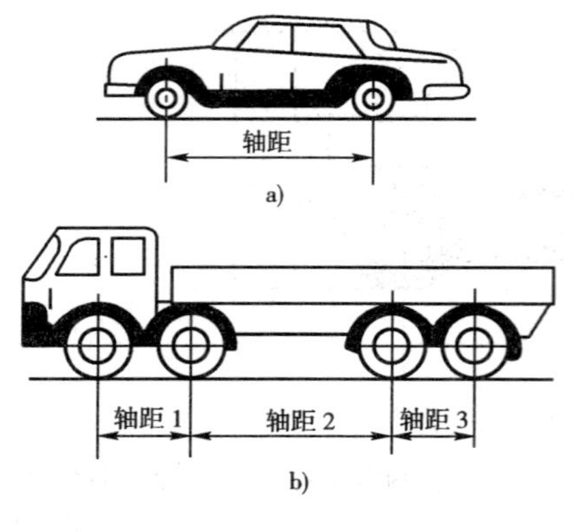

图 7-5 轴距

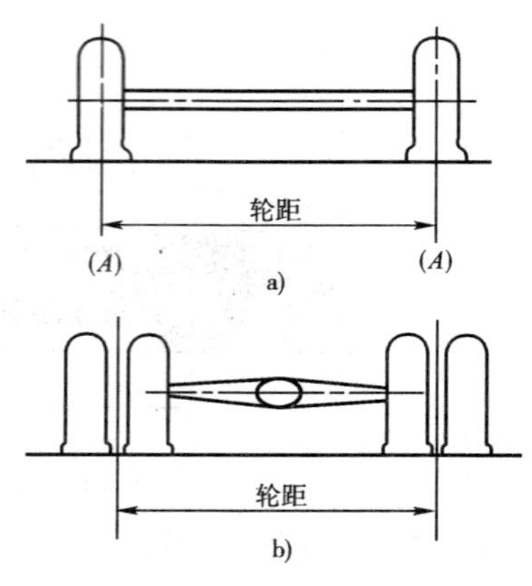

图 7-6 轮距

汽车的轮距，直接影响汽车的总宽、机动性以及横向稳定性。轮距越大，车厢的内部宽度可以增加，汽车的横向稳定性越好，但汽车的总宽也增加，对汽车的机动性不利。

前悬——通过车辆左右两前轮轴线的垂面与抵靠在车辆最前端（包括前拖钩、车牌及任何固定在车辆前部的刚性部件）并垂直于车辆纵向对称平面的垂面之间的距离（图 7-7）。简单地说，就是汽车前轮中心到汽车最前端的水平距离。

前悬的长度应足以固定和安装必须安装在汽车前部的零部件，如保险杠、散热器、转向器以及车身、发动机和前悬架的前部支撑等，但前悬过长则汽车的接近角减小，影响汽车的通过性。

后悬——通过车辆最后车轮轴线的垂面与抵靠在车辆最后端（包括牵引装置、车牌以及任何固定在车辆后部的刚性部件）并垂直于车辆纵向对称平面的垂面之间的距离，见图 7-8。简单地说，就是汽车后轮中心到汽车最后端的水平距离。

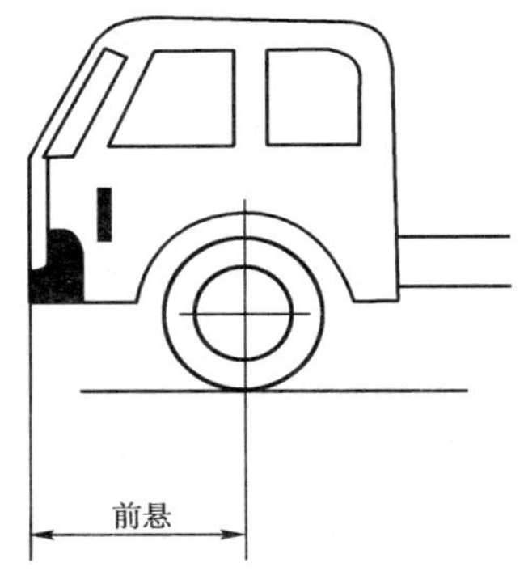

图 7-7 前悬

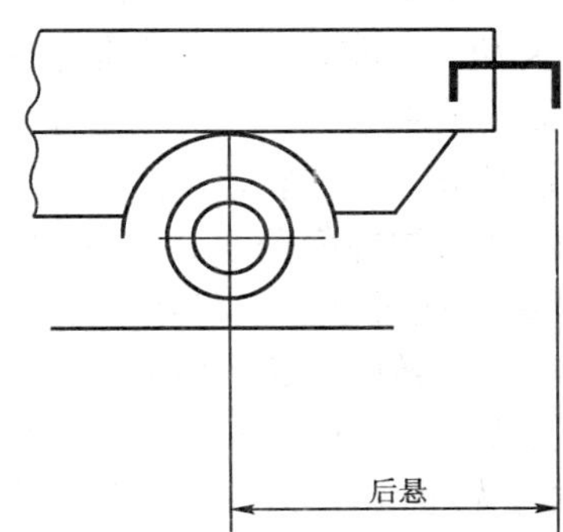

图 7-8 后悬

后悬的长度主要决定于车厢的长度、轴距和轴荷分配的情况。后悬不宜过长，否则离去角偏小，影响汽车的通过性，转弯也不灵活。所以，我国现行规定：客车及封闭式车厢车辆的后悬不得超过轴距的 65%；其他车辆的后悬不得超过轴距的 55%。

最小离地间隙——车辆满载时，车辆支承平面与车辆上中间区域内最低点之间的距离。所谓中间区域，简单地说，就是同一轴上两端车轮内缘之间靠中心 80%的区域，见图 7-9。汽车上离地间隙最小的部位通常有：后桥壳、发动机油底壳和消声器等。

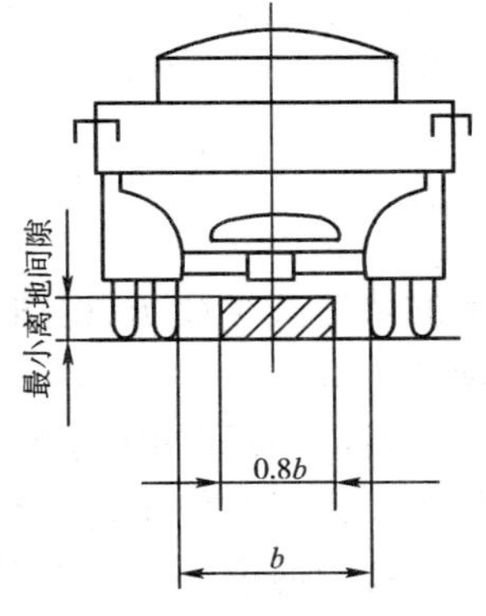

图 7-9 最小离地间隙

汽车最小离地间隙不能太小，否则行驶时容易碰到凹凸不平的地面、石块及其他障碍物，影响车辆的通过性。但最小离地间隙过大，整车的质心则相应提高，对稳定性不利。

接近角——车辆处于静载状态时，水平面与切于前轮轮胎外缘的平面之间的最大夹角 α。前轴前面任何固定在车辆上的刚性部件不得在此平面的下方，见图 7-10。

接近角越大，汽车在上下渡船、通过拱桥或进行越野行驶时就越不易发生触头事故，汽车的通过性就越好。

离去角——汽车处于静载状态时，水平面与切于车辆最后车轮轮胎外缘的平面之间的最大夹角 β。位于最后车轮后面的任何固定在车辆上的刚性部件，不得在此平面的下方，见图 7-11。

离去角越大，汽车在上下渡船、通过拱桥或进行越野行驶时，就越不易发生托尾事故，汽车的通过性就越好。

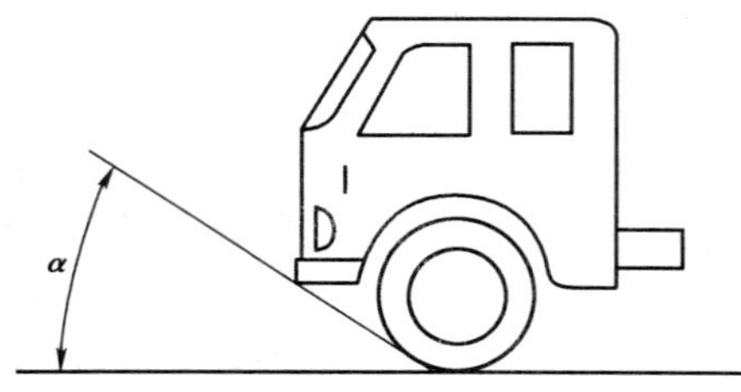

图 7-10 接近角

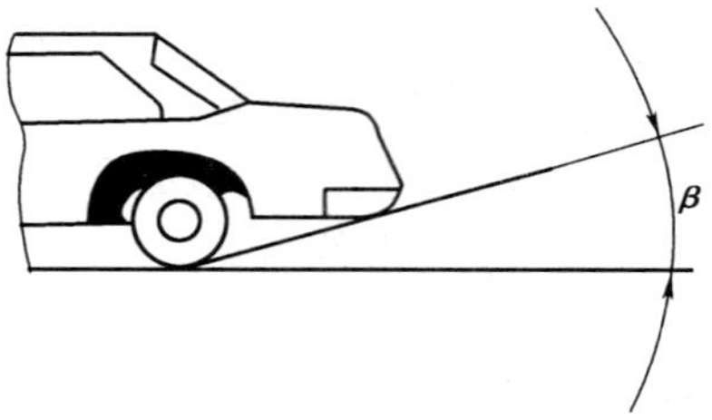

图 7-11 离去角

纵向通过角——从汽车底部的突出部位，向汽车前轮和后轮所作的两个切面之间在汽车后方形成的夹角 γ，见图 7-12。它是表示汽车纵向通过性能的技术参数。

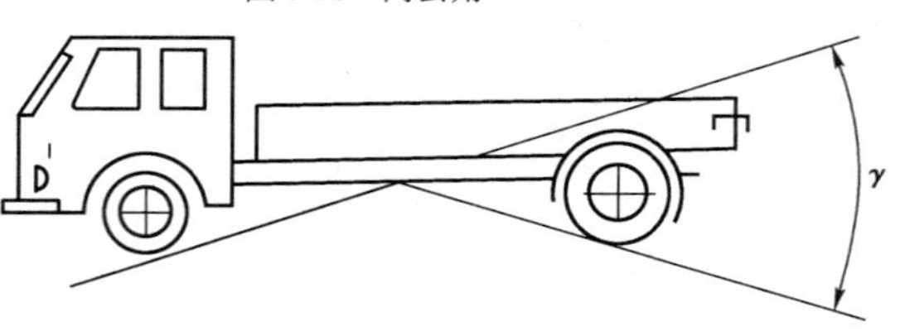

图 7-12 纵向通过角

纵向通过角越大，汽车通过起伏不平的路面、拱桥或渡船时，被地面凸起物托住的可能性越小，汽车的纵向通过性能就越好。

转弯直径——转向盘转到极限位置行驶时，汽车内、外转向轮的中心平面在车辆支承平面上的轨迹圆直径，见图 7-13。通常在汽车说明书上标明的转弯直径，是外转向轮的轨迹圆直径 D_1。由于转向轮的左右极限转角一般有所不同，因此有左转弯直径和右转弯直径。

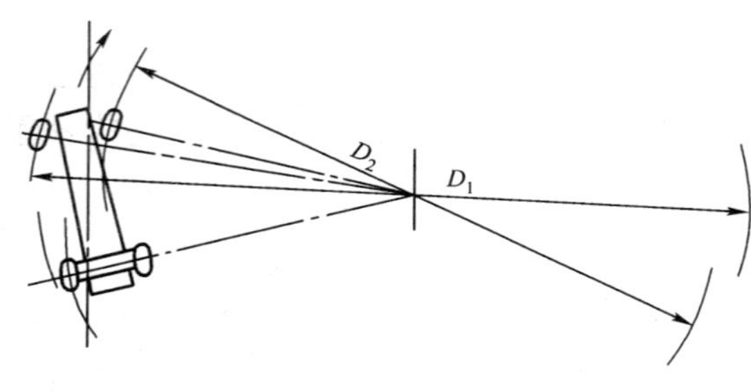

图 7-13 转弯直径

转弯直径直接影响汽车的机动性。转弯直径越小，汽车通过狭窄弯曲地带，或绕开不可越过的障碍物的能力就越强，就越灵活。转弯直径与汽车的轴距、轮距及转向轮的极限转角直接有关。轴距、轮距越大，转弯直径也越大；转向轮的极限转角越大，转弯直径就越小。

最小转弯半径——转向盘转到极限位置行驶时，汽车外转向轮的中心平面在车辆支承平面上的轨迹圆半径 R，见图 7-14。最小转弯半径越小，汽车转向时所需要的场地越小，汽车的机动性越好。

目前，我国国家标准中已经采用转弯直径，不再使用转弯半径这个名词，但由于不少国外汽车厂家仍在使用转弯半径，因此这里予以说明。

转弯通道圆——汽车转向盘转到极限位置行驶时，汽车上所有各点在车辆支承平面上的投影所形成的一个圆环，见图 7-14。它的内圆叫做转弯通道内圆。它的外圆叫做转弯通道外圆。转弯通道圆的实际含义是汽车转弯时必须占用的通道。

值得注意的是：由于汽车转弯时，汽车外侧的前端伸突在前外轮的外面，所以转弯通道外圆的直径，要大于以前外轮轨迹决定的转弯直径。也就是说，汽车转弯时所需的转弯通道外圆的直径，实际上比转弯直径要大。

转弯通道外圆半径与转弯通道内圆半径的差值叫做通道宽度，见图 7-14。显然，通道宽度越小，汽车的机动性就越好。

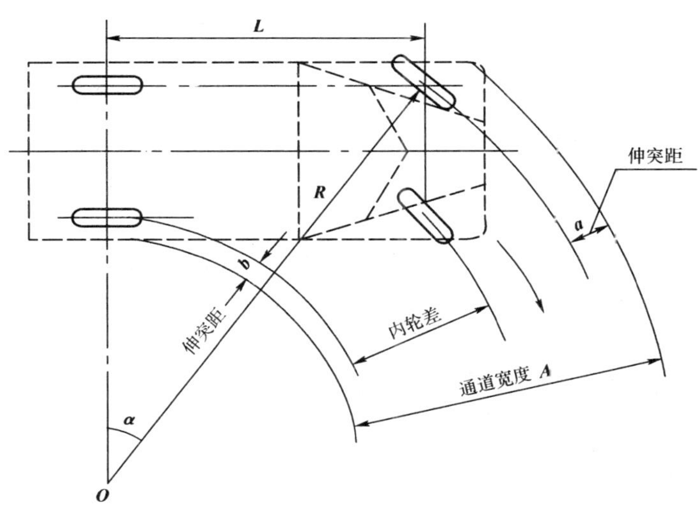

图 7-14 最小转弯半径（R）

转弯通道圆 内轮差

内轮差——车辆转弯时，内前轮转弯半径与内后轮转弯半径之差，见图 7-14。对汽车列车来说，则是牵引车的内前轮与挂车的内后轮转弯半径之差。内轮差关系到汽车（特别是汽车列车）的机动性。有时可以看到：汽车的前部虽然已经通过，但是汽车（或挂车）的后部却撞到障碍物或行人。这就是忽视内轮差的后果。

前轮前束——汽车两前轮的前端距离小于后端距离，具体地说，就是汽车两前轮轮胎最前面的中心距离与轮胎的最后面的中心距离之差，见图 7-15。前轮前束可以抵消因前轮外倾带来的不利影响，使车轮直线滚动而无横向滑拖的现象，减少轮胎磨损。前轮前束值一般不大于 8mm。

汽车正面面积——汽车在其纵向轴线的垂直平面上的投影面积。简单地说，就是汽车正面的迎风面积。它的大小，直接影响汽车行驶时的空气阻力。汽车正面面积越大，阻力就越大。所以，为了减小空气阻力，就要尽量减小汽车正面面积，如减低汽车高度、加大车身圆角等。

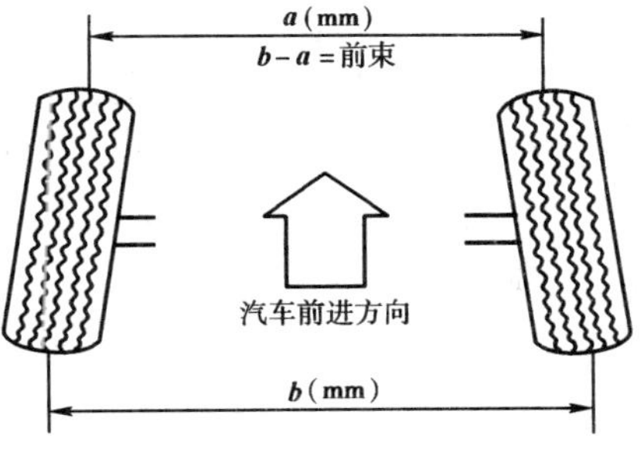

图 7-15 前轮前束

货厢面积利用系数——货厢有效面积与汽车外廓占地面积（总长 × 总宽）的比值。对于载货汽车来说，它是一个重要的技术指标。货厢面积利用系数越大，说明汽车的面积利用得越好，例如平头驾驶室的载货汽车，其货厢面积利用系数就比长头驾驶室的载货汽车要大。

油箱容积——车辆固定装备的油箱的有效容积，也就是油箱所能装盛的燃油量（L）。以车辆出厂时所标志的油箱容积为准。

行李箱容积——车辆行李箱的有效容积，即行李箱的长度 × 宽度 × 高度（L）。以车辆出厂时所标志的行李箱容积为准。

第二节　汽车的质量参数

汽车质量——就是过去所说的“汽车重量”。由于重量在地球上各地区因地心引力的不同而有微小的差别，“汽车重量”的表述在科学上不够严谨，所以现在改称“汽车质量”（单位：kg，以下各质量参数相同）。

汽车质量的大小与汽车的性能有直接的关系。在发动机功率相同的情况下，汽车质量越大，汽车动力性能就越差，油耗也会增加。所以，如何减轻汽车质量，实现“轻量化”，就成为提高汽车性能的一个重要方面。

整车装备质量——车辆完全装备好的质量。具体含义为：除装备有发动机、底盘、车身、全部电气设备和车辆正常行驶所需要的辅助设备的完整车辆及加足的润滑油、燃料、冷却液的质量外，还可以加上随车工具、备用车轮及其他备品等的质量。

汽车整备质量，实质上是汽车在正常条件下准备行驶时，尚未载人（包括驾驶员）、载物时的空车质量。它对于计算汽车的总质量、比较同类汽车的轻重程度，都是必不可少的。

汽车的总质量（满载质量）——汽车满载时的总质量。它等于汽车整备质量与汽车的载质量之和。它是由汽车制造厂根据特定的使用条件，考虑到材料强度、轮胎承载能力等因素而核定出的，叫做“厂定最大总质量”。它是一个十分重要的性能指标，直接影响到汽车的动力性、经济性等性能。

汽车的载质量——汽车的总质量与汽车整备质量之差。它表示汽车可能载人、载物的总质量，也就是汽车的有效装载能力。它对于载货汽车、客车以及各类汽车来说，都是一个重要的性能指标。对于用户具有非常实际的意义。汽车的载质量一般在说明书中都有明确的规定，用户在使用时一定不要超载。否则，将会造成车辆机件负荷过重，引起损坏，减少寿命；还会造致转向沉重，制动失效，以致发生交通事故，后果难以设想。

最大轴载质量——车辆单轴所承载的最大总质量。

整备前轴质量——车辆处于整车装备质量状态时，车辆前轴所承载的质量。

整备后轴质量——车辆处于整车装备质量状态时，车辆后轴所承载的质量。

满载前轴质量——车辆处于总质量状态时，车辆前轴所承载的质量。

满载后轴质量——车辆处于总质量状态时，车辆后轴所承载的质量。

轴荷分配——汽车的质量分配到前后各轴上的比例，以百分比来表示，如图 7-16 所示。它分为空载和满载两组数据。轴荷分配在汽车定型后就已经确定，一般可在说明书上找到其数值。

从轴荷分配可以看到，汽车质量分配得是否合理，影响到驱动桥是否有足够的驱动力，影响到轮胎是否超载及磨损的均匀性，影响到行驶的稳定性等。

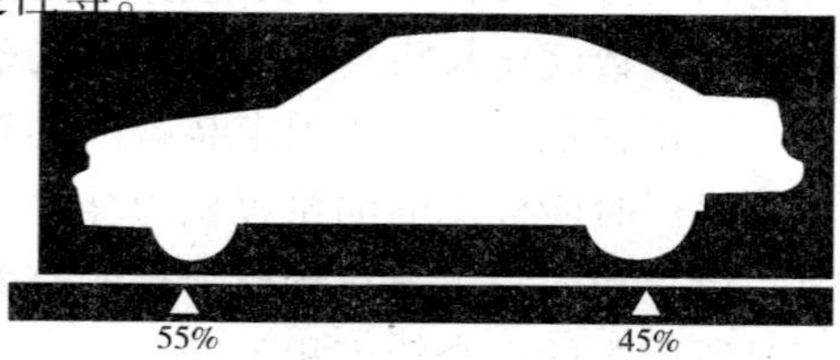

前置前驱动的轿车，前轴轴荷最好占 55% 以上，以保证上坡时有足够的驱动力。后轴为双胎的 4×2 载货汽车，共有 6 个轮胎，前、后轴轴荷应分别为总质量的 1/3 和 2/3。后置后驱动的轿车，满载时后轴轴荷不应超过总质量的 59%，以免轮胎超载和上坡时向后倾翻。

55%　45%

图 7-16　轴荷分配

按我国现行规定，座位数小于或等于9的载客汽车不论空载、满载，其转向轴的轴荷不得小于30%，以保证转向轮具有足够的附着力，使汽车保持转向的稳定性。对于重型汽车分配到每个轴上的质量，不能超过所行驶路段中公路和桥梁所限定的数值。

乘坐人数（汽车定员）——汽车说明书中所核定的乘坐人数。按我国现行国家标准，汽车的乘坐人数按以下原则核定：

1. 前排座位：驾驶室（车厢）内部宽度等于或大于1200mm的，核定2人；等于或大于1550mm的（车长小于或等于6m的汽车），以及等于或大于1650mm的（车长大于6m的汽车），核定3人。

2. 后排座位：按坐垫中间位置测量的车身内部宽度计算，每400mm核定1人。

3. 客车：按装载质量核定，每吨折合15人（长途客车折合13人）；按坐垫宽度，每400mm核定1人；按站立面积，每平方米核定8人（以上三种方法按最小值核定）。

4. 驾驶室带卧铺的货车及卧铺客车，每个铺位核定1人。

汽车的质心——过去称为“重心”，是汽车所受外力的合力的作用点。

汽车质心的位置与汽车受力的情况有密切的关系，直接影响汽车的轴荷分配、稳定性和平顺性，以及制动、驱动和坡道行驶时的前、后轴质量的转移。如某种轿车的质心接近乘客的位置，则这种轿车的平顺性就好。又如某种厢式载货汽车的质心过高，则这种汽车的稳定性就不好，转弯时容易发生侧倾。因此，汽车的质心不宜过高。在汽车使用时，也要注意合理装载，以降低质心高度。较重的货物应尽可能装在车厢的下部，而把较轻的货物装在上部。

第三节　汽车的主要性能参数

最高车速——车辆在平坦的道路上行驶时能达到的最高速度（km/h）。它直接关系到汽车的平均技术速度和运输效率。但从安全性和经济性考虑，不应盲目地追求最高车速。当前，我国高速公路限速110km/h。

最低稳定车速——也叫最小行驶速度，是指汽车满载时，用最低档（第一档）在平直良好的路面上行驶的最低稳定速度。汽车在这种速度下行驶，在传动系中不发生颤动或敲击声，且当突然踏下加速踏板使汽车加速时，发动机不出现熄火现象。最小行驶速度对于汽车在市区低速行驶以及一些特定的场合（如检阅、游行、葬礼等），具有实际的意义。

加速时间——汽车迅速增加行驶速度的能力，包括汽车原地起步加速时间和超车加速时间。它表征汽车的加速性能，加速时间越短，汽车的加速性能就越好。

原地起步加速时间——又叫原地换档加速时间。它是指汽车从静止状态下由第一档起步，并以最大的加速力度（包括节气门全开和选择最恰当的换档时机），逐步换至高速档后，达到某一预定车速或行驶距离所需要的时间。目前，常用0→96km/h所需的时间（秒数）来评价。

超车加速时间——指汽车在行驶中，由某一车速开始，用高速档或次高速档全力加速至某一较高速度，以实现超车所需要的时间。它表示汽车超车时的加速能力。目前，常用48km/h→112km/h所需的时间（秒数）来评价。

汽车的加速时间，对提高汽车的平均行驶速度有一定的影响。特别是经常在市区短途行驶的汽车，常常要在交叉路口起步，在路段中超车，其加速性能十分重要。

最大爬坡度——汽车满载时，在良好的路面上，用第一档行驶，能克服的最大坡度，见图7-17。它表征汽车的爬坡能力。爬坡度用坡度的角度值（度数），或以坡度起止点的高度差与其水平距离的比值(正切值)的百分数来表示。

对于经常在城市和良好道路上行驶的汽车,其最大爬坡度在10°左右即可。对于载货汽车,有时需要在坏路上行驶,其最大爬坡度应在30%即16.5°左右。而越野汽车有时要在无路地带行驶,其最大爬坡度应达到30°以上。

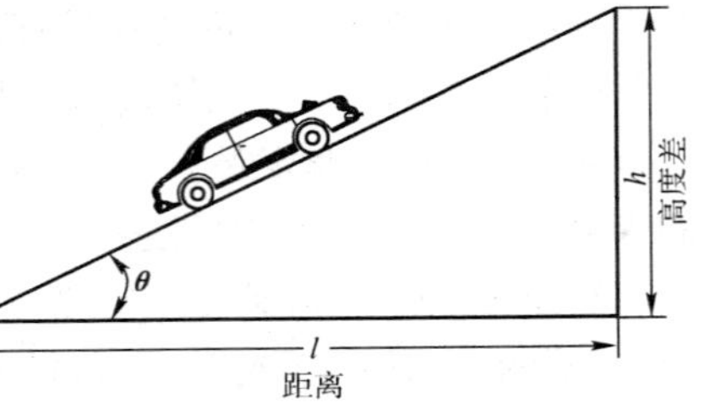

图7-17　最大爬坡度

比功率——发动机最大功率与汽车(或汽车列车)的总质量的比值。它是表示汽车动力性能的综合指标,反映单位车辆质量所占有的发动机功率的大小。显然,这个比值越大,单位车辆总质量所占有的发动机功率就越大,汽车的动力性能就越好。因此,我们可以利用比功率来大致比较不同车型的动力性能。为了保证车辆在高速公路上有足够高的行驶速度,目前,我国规定机动车的比功率应不小于4.8kW/t;农用运输车的比功率应不小于4.0kW/t。

驱动力(牵引力)——驱动(牵引)汽车行驶的力。它是这样产生的:汽车发动机产生扭矩,通过传动系统传到驱动轮上,对地面产生一个圆周力。地面也因此对驱动轮产生一个反作用力,这个力就是汽车的驱动力。

驱动力的大小,取决于发动机扭矩的大小、传动系统的速比以及车轮的半径。当驱动力大于行驶阻力时,汽车就可以起步行驶或加速;当驱动力等于行驶阻力时,汽车就等速行驶;当驱动力小于行驶阻力时,汽车就减速行驶。驾驶中通过控制加速踏板(改变发动机的扭矩)和换档(改变传动系统的速比),就可以控制汽车驱动力的大小。然而,驱动力的增加还受到轮胎和路面附着性能的限制。驱动力如果大于轮胎和路面所能提供的附着力,就会出现驱动轮打滑的现象。

附着力——汽车行驶时,轮胎附着在路面上不致打滑时,切线方向的最大静摩擦力。附着力越小,轮胎越容易打滑。附着力的大小等于附着系数与车轮法向(与路面垂直的方向)压力的乘积。因此,为了防止汽车打滑,一方面要提高附着系数,另一方面要充分利用驱动轮上车轮压力。也就是说,要让驱动轴上有足够的轴荷分配,或者把汽车的总质量都利用起来,如采用全轮驱动和减少升力等。

燃油经济性——汽车消耗一定数量的燃油完成运输工作量的能力。汽车的燃油费用约占汽车运输成本的30%,兼之世界能源问题和环境保护问题日益突出,均要求汽车降低燃油消耗。为此,汽车的燃油经济性是一个十分重要的技术指标。它可用以下方法来表示:

1. 百公里油耗——汽车行驶每百公里所消耗的燃油量,以L/100km表示。

2. 单位数量的燃油所能行驶的路程——日本等国采用km/L表示,即每升燃油能行驶多少公里;美英采用mile/gal表示,即每加仑燃油能行驶多少英里。

3. 百吨公里油耗——汽车每运输一吨货物行驶百公里所消耗的燃油量,以L/(100t×km)表示。

4. 平均燃料消耗量——车辆在道路上行驶时平均消耗燃料的数量,以L/100km表示。

实践证明,汽车在以下情况,燃油经济性较好:采用稀薄燃烧;采用柴油发动机;采用多档变速器;采用超速档;采用子午线轮胎;减少空气阻力;减少总质量;合理驾驶等。

经济车速——汽车行驶时燃油消耗最小的车速。一般来说,汽车在中速行驶时油耗最低。

续驶里程——汽车在满载时，燃料箱装满燃料，在良好平坦的道路上所能行驶的最大里程。如果汽车的油耗低，续驶里程就大。

滑行距离——车辆在平坦的道路上以一定的速度行驶时，把变速器放到空档位置，车辆所能继续行驶的路程。它反映了汽车的技术状况和燃油经济性。滑行距离越大，说明汽车各传动部位摩擦小，燃油经济性好。

制动距离——汽车在一定的初速度下，从驾驶员急踩制动踏板开始，到汽车完全停住为止所驶过的距离。制动距离越小，汽车的制动性能就越好。

我国对汽车(空载时)制动距离的要求是：

1．不超过 9 座的载客汽车，初速度 50km/h 时，制动距离不超过 19m。

2．其他总质量不超过 4.5t 的汽车，初速度 50km/h 时，制动距离不超过 21m。

3．其他汽车、汽车列车，初速度 30km/h 时，制动距离不超过 9m。

制动距离应由专业人员使用专门仪器进行测量。制动距离达不到要求时，应及时对制动系统进行检修，以防发生事故。

排放标准——控制车辆排出的尾气中有毒有害成分含量的有关法规。研究查明：汽车排气的主要成分是 CO_2 和水蒸气，但也排出了不少有毒的不完全燃烧物和燃烧中间产物，对人体和环境有害。其中主要有一氧化碳(CO)、碳氢化合物(HC)、氮氧化合物(NO_x)、二氧化硫(SO_2)、二氧化碳(CO_2)和颗粒物。鉴于汽车排气中有众多有害成分，世界各国都制定了相应的法规，对汽车排气的污染进行强行限制。1999 年，我国北京市开始超前实施地方性排放标准，大致相当于欧洲 20 世纪 90 年代初期的水平。

车辆装备发动机的主要技术参数：

发动机形式——车辆所装备的发动机的形式。

总排量——发动机各气缸在一个工作循环中排气量的总和(L)。

有效转矩(Me)——发动机对外输出的转矩(N·m)。

有效功率(Pe)——发动机在单位时间内对外所作的功(kW)。

额定功率/转速——发动机在工作中处于最大输出功率状态时的功率及相应的转速($kW/r \cdot min^{-1}$)。

最大转矩/转速——发动机在工作中处于最大输出转矩状态时的转矩及相应的转速($N \cdot m/r \cdot min^{-1}$)。

压缩比(ε)——发动机气缸总容积(气缸工作容积与燃烧室容积之和)与燃烧室容积的比值。

有效燃油消耗率(ge)——发动机每发出一千瓦的有效功率，在一小时内所消耗的燃油量($g/kW \times h$)。

第四节　汽车的主要装备

除了汽车的基本技术参数表述了汽车的基本性能以外，汽车的各种装备也体现着不同车型的特色。汽车装备也称汽车配置。它是指汽车在保证各项经济技术指标、满足基本使用性能的基础上所附加的装备。随着科学技术的迅速发展，新技术、新工艺和新材料在汽车工业上广泛应用，个性化、人格化、智能化等理念不断引入，各种车型、系列日新月异、千姿百态、纷繁争妍，展示着科学技术和文化内蕴的完美结合，满足各类人员对于汽车不同功能、不同形式的需求。于是，各汽车厂商围绕着提高汽车的动力性、经济性、安全性、越野性、舒适性、环保性和车容观赏性等，在发动机—底盘系统、车身外饰、车厢内饰、安全装备、功能组合等方面，下大工夫，创造品牌。

由于汽车厂家配置了各种装备，大大提高了汽车的性能，并呈“豪华型”趋向，形成了各车型的亮点和卖点，吸引着广大车迷和用户。不同个性和用途的用户各择所好，各得其所。

下面，联系汽车销售的实际情况，举羚羊 SC7130CDB 轿车为例以作说明。羚羊 SC7130CDB 轿车是(中日合资)重庆长安铃木汽车有限公司近年推出的新款轿车。厂家用表 7-1 和表 7-2 对其技术数据及主要装备分别作了详细的介绍。

羚羊 SC7130CDB 轿车技术参数表 表 7-1

尺寸参数	外形尺寸(长×宽×高)(mm)	4095×1590×1380
	车内尺寸(长×宽×高)(mm)	1765×1295×1140
	轴距(mm)	2365
	轮距前/后(mm)	1365/1340
质量参数	整备质量(kg)	865
	满载质量(kg)	1190
	乘员人数(人)	5
整车性能参数	最高时速(km/h)	170
	最小转弯半径(m)	<5.2
	最大爬坡度	35%
	0～100km/h 加速时间(s)	14
	最低燃油消耗量(60 km/h)(L/100 km)	4.8
	燃油箱容量(L)	40
	排放	完全达到欧 II 排放标准
	燃油类别	93 号无铅汽油
	最小离地间隙(mm)	155
	行李箱容积(L)	500
	轮胎规格	165/70R13
发动机	发动机形式	四缸直列四冲程、水冷 单顶置凸轮轴、16 气门、闭环多点电喷
	缸数	4
	排量(mL)	1301
	压缩比	9.0:1
	缸径/行程(mm)	74/75.5
	最大功率(6000r/min)(kW)	63
	最大转矩(3500～4500r/min)(N·m)	110
	变速器类型	手动 5 档机械全同步
	转向器	齿轮齿条式
	离合器形式	干式单片、膜片弹簧、常压式

注：本公司对价格、车体颜色、材料、部件、技术数据、车型配置等信息的更改，保留不事先通知的修改权。

羚羊 SC7130CDB 轿车部件名称及配置表 表 7-2

项目		普通型
款式代号		SC7130CDB
动力总成	直列四缸 16 气门电喷发动机	MPI/1.3
	变速器	5MT
	三元催化器	O
安全装置	驾驶席电子式安全器	O
	前部安全碰撞吸能区	O
	碰撞吸能式转向柱	O
	转向锁	O
车身外饰	前雾灯	O(选装雾灯盖)
	前后保险杠	车身同色
	散热器护栏	车身同色
	玻璃	白玻
	防撞条、车门外开手柄、外后视镜	黑色
车厢内饰	转向盘	四辐条
	座椅面料	普通
	地图袋	O
功能组合	环保型无氟空调	O
	扬声器	两只(后)
	组合仪表	单表式
	短途记程	O
底盘系统	前盘后鼓式制动器	O
	双回路真空助力制动系统	O
	麦弗逊式独立前悬架	O
	多连杆式独立后悬架	O
	车轮	钢车轮 + 大轮盖
	轮胎	165/70 R13

注：O 表示标准配置。

该车全新搭载日本铃木最先进的 1300cc4 缸 16 气门全铝合金多点电喷发动机，采用先进的多点顺序电子燃油喷射系统，保证发动机正时点火、精确喷油和充分燃烧，使燃油大幅度节省，百公里油耗(60km/h)仅 4.8L，最大功率达到 63kW，最高车速达到 170km/h，0→100km/h 加速时间少于 15s，反应敏捷，操纵自如。这款轿车外观新颖，并配置墨蓝、宝石蓝、银灰、米黄、超白、枣红、猩红及柠檬黄等多种颜色，供不同个性、不同用途的用户选购。该款轿车在车身结构上设计有碰撞变形吸能区、整体式车门、坚固的钢骨架乘员舱，并在驾驶席转向盘中央装备了 SRS 安全气囊，形成立体保护，最大限度避免发生人身伤害。该款轿车前悬采用了先进的麦弗逊独立悬架结构，后悬架采用多连杆式独立悬架结构，增强了操纵性和稳定性，为乘员提供了行驶舒适感。该款轿车行李箱容积达到 500L，后排座椅可分别折叠，更拓展了行李箱内的存放空间。该款轿车尾气排放达到欧Ⅱ标准，符合环保要求。为此，深受用户青睐。

第八章 汽车常用的图形与文字符号

在汽车上或在汽车技术文件和使用说明书上，常常看到一些图形和文字（英文缩略语）符号。这些图形和文字符号比较集中地标示在汽车操作部位，标志于操纵件、指示器及信号装置上，或者在操纵件的工作位置上，清楚、醒目，永久保存。按照中华人民共和国国家标准GB4094—1999《汽车操纵件、指示器及信号装置的标志》以及相关技术文件的规定，这些图文符号都有着特定的标志。弄懂它们的含义，对于正确使用、保护和维修汽车十分必要。

第一节 汽车常用的图形符号

汽车常用的图形符号及其含义列表说明如下（表8-1）：

汽车常用的图形符号　　表8-1

序号	名　称	图形符号	含　义
1	电源总开关	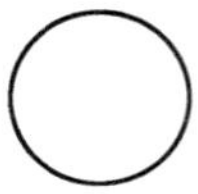	电源总开关操纵件及信号装置标志
2	灯光总开关	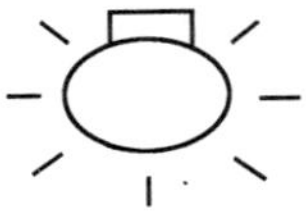	灯光总开关及信号（绿色）装置标志
3	远光灯		前照灯远光操纵件及信号（蓝色）装置标志。图形轮廓线内可涂实
4	近光灯		前照灯近光操纵件及信号（绿色）装置标志。图形轮廓线内可涂实
5	大小灯转换开关	 LIGHT	大小灯转换开关操纵件标志

续上表

序号	名　　称	图形符号	含　　义
6	前雾灯		前雾灯操纵件及信号(绿色)装置标志。图形轮廓线内可涂实
7	后雾灯		后雾灯操纵件及信号(黄色)装置标志。图形轮廓线内可涂实
8	倒车灯	R	倒车灯操纵件及信号(红色)装置标志
9	示廓灯		位置(侧)灯操纵件及信号(绿色)装置标志。图形轮廓线内可涂实
10	停车灯	P	驻车灯操纵件及信号(绿色)装置标志
11	远照灯		前照灯远照操纵件及信号装置示志
12	驾驶室顶灯		驾驶室顶灯操纵件及信号装置标志
13	客车车厢顶灯	B	客车车厢顶灯操纵件及信号装置标志
14	转向信号		转向指示灯操纵件及信号(闪烁绿色)装置标志。图形轮廓线内可涂实

续上表

序号	名　称	图形符号	含　义
15	仪表板灯开关		仪表板灯开关操纵件及信号装置
16	报警灯试验	 TEST	检查报警灯灯泡是否正常的试验开关标志
17	危急信号		危险报警灯操纵件及信号(闪烁红色)装置标志。图形轮廓线内可涂实
18	前照灯水平位置操纵机构		前照灯水平手调机构操纵件标志。图形轮廓线内可涂实
19	前照灯清洗器		前照灯清洗器操纵件标志
20	蓄电池充电状况	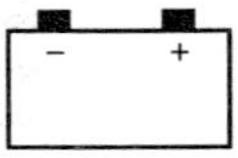 − +	蓄电池充电器信号(红色)装置标志
21	蓄电池液量报警灯	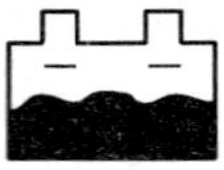	蓄电池液量警报信号(红色)装置标志
22	制动系统	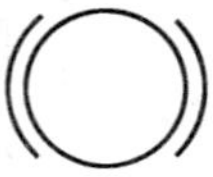	制动指示灯信号(红色)装置标志
23	驻车制动器	 (P)	驻车制动器信号(红色)装置标志

续上表

序号	名　　称	图形符号	含　　义
24	制动器故障		制动系统故障(制动防抱死系统故障除外)信号(红色)装置标志
25	风扇	 或 	风扇(暖风/冷风)操纵件标志。暖风档红色,冷风档蓝色
26	全部出风口		全部出风口(暖风/冷风)操纵件标志
27	左出风口		左出风口(暖风/冷风)操纵件标志
28	右出风口		右出风口(暖风/冷风)操纵件标志
29	腿部出风口	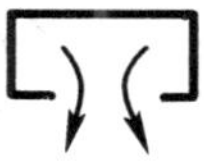	腿部出风口(暖风/冷风)操纵件标志
30	左/右出风口	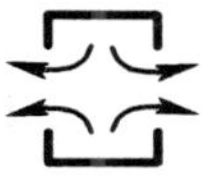	左/右出风口(暖风/冷风)操纵件标志
31	客厢暖风		客车车厢暖风操纵件标志
32	电喷发动机故障		电喷发动机故障信号(黄色)装置标志

续上表

序号	名　称	图形符号	含　义
33	发动机熄火	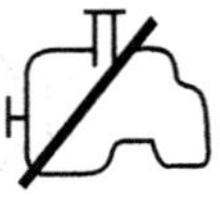	发动机熄火操纵件标志
34	发动机故障检查闪光灯	 CHECK	发动机故障信号装置标志(用于自诊断系统)
35	发动机机油温度	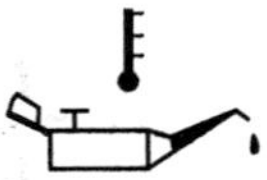	发动机机油温度指示器及警报信号装置标志
36	发动机机油压力		发动机机油压力指示器及警报信号(红色)装置标志
37	发动机冷却液温度		发动机冷却液温度指示器及警报信号(红色)装置标志
38	发动机预热	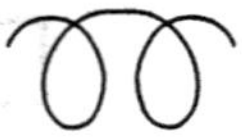	发动机预热信号(黄色)装置标志
39	阻风门		阻风门(冷起动装置)操纵件及信号(黄色)装置标志
40	燃油		燃油液面高度指示器和警报信号(黄色)装置标志。可用图形轮廓线表示
41	无铅汽油		无铅汽油标志

续上表

序号	名　称	图形符号	含　义
42	前挡风玻璃除雾和除霜		前挡风玻璃除雾和除霜操纵件及信号(黄色)装置标志
43	前挡风玻璃洗涤器		前挡风玻璃洗涤器操纵件标志
44	前挡风玻璃刮水器	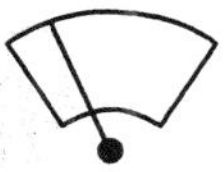	前挡风玻璃刮水器操纵件标志
45	前挡风玻璃洗涤器及刮水器	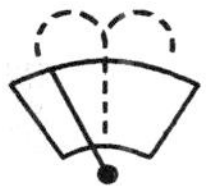	前挡风玻璃洗涤器及刮水器组合操纵件标志。洗涤器和刮水器工作同步
46	后挡风玻璃除雾和除霜	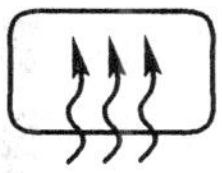	后挡风玻璃除雾和除霜操纵件及信号(黄色)装置标志
47	后挡风玻璃洗涤器	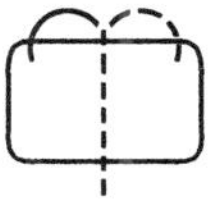	后挡风玻璃洗涤器操纵件标志
48	后挡风玻璃刮水器	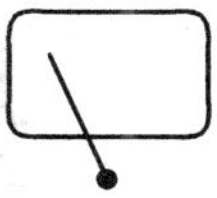	后挡风玻璃刮水器操纵件标志
49	后挡风玻璃洗涤器和刮水器		后挡风玻璃洗涤器和刮水器组合操纵件标志。洗涤器和刮水器工作同步
50	刮水器间歇工作	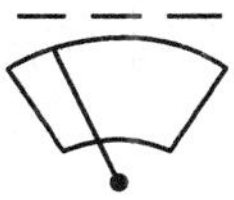	间歇性挡风玻璃刮水器操纵件标志

续上表

序号	名　称	图形符号	含　义
51	散热器百叶窗		散热器百叶窗操纵件标志
52	门开警报		车门开(未关好)警报信号装置标志
53	驾驶室锁止		驾驶室锁止操纵件标志
54	轮间差速器锁止		轮间差速器锁止操纵件及信号装置标志。可标作： 
55	轴间差速器锁止		轴间差速器锁止操纵件及信号装置标志
56	安全带		安全带操纵件及警报信号(红色)装置标志
57	点烟器		点烟器操纵件标志
58	喇叭		喇叭操纵件标志
59	冷气压缩机	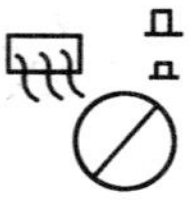	冷气压缩机操纵件标志

续上表

序号	名　称	图形符号	含　义
60	排气制动		排气制动操纵件标志
61	制冷或空调		制冷剂流量控制或空调操纵件标志
62	坐垫暖风		坐垫暖风操纵件标志
63	空气滤清器堵塞		空气滤清器堵塞警报信号装置标志
64	机油滤清器堵塞		机油滤清器堵塞警报信号装置标志
65	可调式转向盘	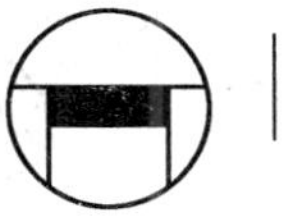	可调式转向盘操纵件标志
66	后座安全带		后座安全带操纵件及警报信号装置标志
67	前后座三点式安全带	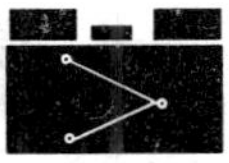	前后座三点式安全带操纵件及警报信号装置标志
68	电动车外后视镜		电动车外后视镜操纵件标志

续上表

序号	名　称	图形符号	含　义
69	电动折叠后视镜		电动折叠后视镜操纵件标志
70	倒车雷达		倒车雷达指示器及操纵件标志
71	全方位倒车雷达		全方位倒车雷达指示器及操纵件标志
72	天窗	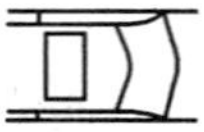	天窗操纵件标志(手动或电动)
73	铝合金轮圈		铝合金轮圈标志
74	6碟 CD	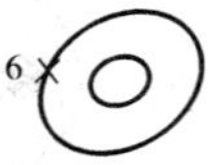 6×	具有6碟连放功能的 CD 机标志
75	8碟 CD	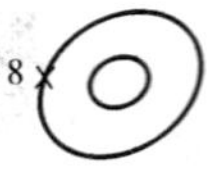 8×	具有8碟连放功能的 CD 机标志
76	转向盘音响快捷键		转向盘音响快捷键操纵件标志
77	后遮阳帘		汽车后窗户遮阳帘标志

续上表

序号	名　称	图形符号	含　义
78	车顶行李架		车顶行李架标志
79	辅助制动系统		辅助制动系统操纵件标志
80	4 幅真皮转向盘		4 幅真皮转向盘标志
81	车内喇叭×4		车内喇叭(4 个)标志
82	驾驶员安全气囊		驾驶员安全气囊标志
83	乘客座安全气囊		乘客座安全气囊标志
84	驾驶座椅电动加热		驾驶座椅电动加热操纵件标志
85	驾驶座椅高度调节		驾驶座椅高度调节操纵件标志
86	驾驶座椅 8 向电调		驾驶座椅 8 向电调操纵件标志

续上表

序号	名　称	图形符号	含　义
87	电动门窗		电动门窗操纵件标志
88	车内防炫目后视镜		车内防炫目后视镜标志
89	真皮座椅		真皮座椅标志
90	左右控制自动空调	L R	左右控制自动空调操纵件标志： L:左； R:右
91	前后排茶杯托架		前后排茶杯托架标志
92	节气门		节气门操纵件标志
93	车门玻璃升降器	UP DOWN	车门玻璃升降器操纵件标志： UP:向上； DOWN:向下
94	转向与超车信号	L PASS HI LO R	转向与超车信号操纵件标志：L:左；R:右；PASS:超车；HI:远光
95	天线		收音机天线操纵件标志

续上表

序号	名　　称	图 形 符 号	含　　义
96	音量		收音机音量操纵件标志
97	波段		收音机波段操纵件标志
98	自动注油		自动注油操纵件标志
99	车门		车门标志
100	发动机罩		发动机罩标志。可用图形轮廓线标志： 
101	行李箱罩		行李箱罩标志。可用图形轮廓线标志： 
102	车内空气循环		车内空气循环操纵件标志
103	新鲜空气吸入		新鲜空气吸入车内操纵件标志

续上表

序号	名　　称	图形符号	含　　义
104	散热器液量报警灯		散热器液量警报信号(红色)装置标志
105	上出风口		上出风口操纵件标志
106	下出风口		下出风口操纵件标志
107	上出风口/下出风口		上出风口/下出风口操纵件标志
108	排气温度报警灯	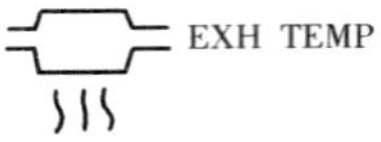 EXH TEMP	排气温度警报信号装置标志。排气温度超过规定值时亮灯
109	柴油滤清器积水报警灯		柴油滤清器积水报警信号(红色)装置标志
110	汽车翻斗设备		汽车翻斗设备标志
111	高低档选择		变速器高低档选择操纵件标志: 兔子:高档; 乌龟:低档
112	液力变矩器		液力变矩器操纵件标志

续上表

序号	名　　称	图形符号	含　　义
113	增热器		增热器操纵件标志
114	发动机停机		发动机停机操纵件标志
115	下坡缓速器		汽车下坡缓速器操纵件标志

第二节　汽车常用的文字符号(英文缩略语)

汽车常用的文字符号(英文缩略语)及其含义列表说明如下(表8-2):

汽车常用文字符号(英文缩略语)　　表8-2

序号	名　　称	文字符号	含　　义
1	转向盘	**RHD, LHD**	RHD为右转向盘, LHD为左转向盘
2	车门锁	**DOOR LOCK**	中央控制车门锁开关标志
3	手动变速器	**M/T**	手动变速器标志
4	自动变速器	**ECT**	电子控制自动变速器标志
5	自动变速器档位	**P D R N 2 L**	P为停车制动;D为前进档位;R为倒档;N为空档;2用于发动机制动位置;L用于较强发动机制动位置
6	安全带灯	**BELT**	安全带警报信号(红色)装置标志
7	超速档	**O/D**	超速行驶警报信号装置标志
8	怠速	**ISC**	怠速控制操纵件标志
9	停车制动	**PKB**	停车制动指示器和信号装置标志
10	防抱死制动	**ABS**	电子控制防抱死制动系统标志
11	仪表板灯光	**PANEL LIGHTS**	仪表板照明灯调光开关标志
12	音调	**TONE**	收音机音调操纵件标志
13	调谐	**TUNING 或 TUNE**	收音机频率调谐操纵件标志
14	平衡控制	**BAL 或 BALANCE**	收音机左右声道平衡控制操纵件标志
15	电喷	**EFI**	发动机电子控制燃油喷射系统标志

续上表

序号	名　　称	文字符号	含　　义
16	模块	ECU	电子控制组件标志
17	空气压力	AIR	制动系统气压警报信号（红色）装置标志
18	发动机超速	ENGINE O/RUN	发动机超速警报信号（红色）装置标志
19	节气门	CHOKE	节气门操纵件标志
20	暖气/冷气	HOT－COLD WARM COOL	上：冷暖转换开关； 中：暖水阀开关及暖风道档位； 下：冷气机开关及冷风道档位
21	倒车镜	MIRROR L R	倒车镜调整方向操纵件标志： L：向左；R：向右
22	粗滤器、燃油管路指示灯	FUEL	燃油粗滤器或燃油管路发生堵塞时警报信号（红色）装置标志
23	冷却水位指示灯	WATER LEVEL	冷却水位警报信号（红色）装置标志
24	过热指示灯	OVER HEAT	发动机过热警报信号（红色）装置标志
25	液面刻度	FULL 或 F LOW 或 L	用于油标尺、油杯刻度线： FULL：最高； LOW：最低
26	电压	VOLT	电压表标志，其指示值可以说明蓄电池充放电情况
27	电源控制	ON OFF	ON：接通； OFF：关断
28	起动	START 或 S	起动发动机操纵件标志
29	预热	CLOW 或 H	预热发动机操纵件标志
30	锁止	LOCK	转向盘锁止操纵件标志
31	附件	ACC	发动机工作或不工作状态下都可单独使用的装置，如收音机和点烟器等
32	电子控制悬架	TEMC	电子控制悬架系统标志
33	电子式四轮循迹控制系统	ETC	电子式四轮循迹控制系统标志
34	主动转弯增强系统	ACE	主动转弯增强系统标志
35	油压式自动车高调整系统	AHC	油压式自动车高调整系统标志
36	自动调平悬架系统	SLS	自动调平悬架系统标志
37	陡坡缓降控制系统	HDC	陡坡缓降控制系统标志

续上表

序号	名　　称	文字符号	含　　义
38	转弯制动控制系统	CBC	转弯制动控制系统标志
39	电子制动力分布系统	EBD	电子制动力分布系统标志
40	电子控制制动辅助系统	EBA	电子控制制动辅助系统标志
41	牵引力控制系统	TCS	牵引力控制系统标志
42	发动机前置前轮驱动	FF	发动机前置,前轮驱动标志
43	发动机前置后轮驱动	FR	发动机前置,后轮驱动标志
44	发动机中置后轮驱动	MR	发动机中置,后轮驱动标志
45	发动机后置后轮驱动	RR	发动机后置,后轮驱动标志
46	顶置凸轮轴	OHC	顶置凸轮轴标志
47	双顶置凸轮轴	DOHC	双顶置凸轮轴标志
48	循环球式转向器	RB	循环球式转向器标志
49	齿轮齿条式转向器	RP	齿轮齿条式转向器标志
50	车侧碰撞防护系统	SIPS	车侧碰撞防护系统标志
51	电子避震器控制系统	EDC	电子避震器控制系统标志
52	四轮驱动装置	4WD	四轮驱动装置标志
53	四轮转向系统	4WS	四轮转向系统标志
54	紧急锁紧式伸缩系统	ELR	紧急锁紧式伸缩系统标志(安全带用)
55	自动控制室内空气循环系统	AAR	自动控制室内空气循环系统标志
56	车辆稳定辅助装置	VSA	车辆稳定辅助装置标志
57	可调避震系统	ADS	可调避震系统标志
58	自动车身水平系统	ALS	自动车身水平系统标志
59	排档锁定装置	ASL	排档锁定装置标志
60	防潜滑保护系统	ASPS	防潜滑保护系统标志
61	加速防滑	ASR	加速防滑控制系统标志
62	全功能座椅系统	ASS	全功能座椅系统标志
63	高刚性车体结构	Body Rigidity	高刚性车体结构标志
64	主动悬架系统	CATS	主动悬架系统标志
65	半主动悬架系统	DSS	半主动悬架系统标志
66	数位式防盗控制系统	DATC	数位式防盗控制系统标志
67	差速器锁定系统	DLS	差速器锁定系统标志
68	动态稳定辅助系统	DSA	动态稳定辅助系统标志
69	动态稳定控制系统	DSC	动态稳定控制系统标志
70	动态稳定循迹控制系统	DSTC	动态稳定循迹控制系统标志
71	能量吸收式转向柱	ESC	能量吸收式转向柱标志
72	电子稳定程式	ESP	电子稳定程式标志

续上表

序号	名　　称	文字符号	含　　义
73	电子循迹支援系统	**ETS**	电子循迹支援系统标志
74	安全笼型车厢	**Safety Cage**	安全笼型车厢标志
75	车门防撞钢梁	**SDSB**	车门防撞钢梁标志
76	侧面撞击保护系统	**SIPS**	侧面撞击保护系统标志
77	自动锁定车轮轴心	**SLH**	自动锁定车轮轴心标志
78	速度感应式转向系统	**SSS**	速度感应式转向系统标志
79	稳定循迹控制系统	**Stabili Trak**	稳定循迹控制系统标志
80	限滑差速器	**LSD**	限滑差速器标志
81	停车距离控制系统	**PDC**	停车距离控制系统标志
82	制动侦测系统	**PTS**	制动侦测系统标志
83	循迹控制系统	**TRACS**	循迹控制系统标志
84	车辆稳定辅助装置	**VSA**	车辆稳定辅助装置标志
85	车辆稳定控制系统	**VSC**	车辆稳定控制系统标志
86	电子恒温控制系统	**ECC**	电子恒温控制系统标志
87	笼型车体概念	**ZBC**	笼型车体概念标志

第九章　汽车造型结构、品牌和商标

汽车造型结构、品牌和商标，不仅体现着汽车的使用功能，更蕴含着丰富的汽车文化。在汽车工业的发展及其销售市场的激烈竞争中，汽车的造型结构、品牌和商标也在不断发展，并形成各种经营的策略和战略。

第一节　汽车造型结构

所谓汽车造型结构，就是透过面、线的组合分割，以微妙的层次和转折，将极具个性风采和时代感的车身造型艺术与空气动力学完美糅合，是科学与美学、技术与艺术，逻辑思维与形象思维的完美结合，将技术功能与造型美感融为一体。

汽车造型结构是汽车工业发展的重要内容，也是市场竞争的重要因素，是汽车形式结构中最能影响消费选择的部分。按照认识论的规律，人们对客观事物的认知是从感性认识开始的。风格独特的汽车造型，势必吸引人们的视线；精美绝伦的汽车造型，通过首因效应，即“第一印象”的心理作用，会产生“以貌取物”的心理反应。

由于汽车造型在市场营销中的巨大作用，汽车造型的形式美历来被汽车厂商所重视。著名的汽车设计发明者美国人哈利·厄尔（1893 ~ 1969年）于 1927 年就创建了世界上第一个车型设计室。意大利汽车城都灵市更被美誉为当今世界的“造型之都”，有许多著名的汽车设计公司和世界上一流的汽车设计大师，推出的每一件作品都会对世界汽车款式的变化产生重大的影响。

对于广大的汽车消费者来说，汽车的造型结构也如同汽车的技术性能一样，越来越被重视。在各类汽车评奖活动中，汽车的造型结构与综合评价、市场表现、性价比率往往一起列为评奖的重要项目。1999 年，中国《汽车商报》举办了一次进口汽车的评奖活动，奔驰 S600（图 9-1）、林肯·城市(图 9-2)、奥迪 A6（图 9-3)分别获得“最佳造型奖”的第一、二、三名。

图 9-1　奔驰 S600 轿车

图 9-2　林肯·城市轿车

近年推出的紧凑型轿车标致 307 也以其优雅的外形赢得了消费者的喜爱，被欧洲汽车杂志记者组成的评选团授予 2002 年“欧洲最佳汽车”的桂冠(图 9-4)。

汽车造型结构主要由汽车外形、汽车内饰、汽车空间和汽车颜色四个方面组成。

图 9-3　奥迪 A6 轿车

图 9-4　标致 307 轿车

一、汽车外形

汽车外形是汽车的包装，是汽车造型结构最重要的组成部分。它以变化与统一、均衡与稳定、比例与尺度、过渡与呼应、比拟与联想、视觉与错觉等结构规律构成车身，成为人们视线最先触及的部分，是影响消费者选择的主要因素。为此，汽车厂商在汽车造型结构艺术方面往往把汽车外形放在十分突出的位置。

汽车外形与时装一样，最具有时代特色和地域、民族特色。

在时代特色方面，汽车外形构造有两个显著的特点。首先，从其发展的趋势看，是趋圆趋小、简捷明快。福特公司的汽车造型外观就是趋圆的示范。福特“特使”轿车（图 9-5）1996 年进行了一次重大的改进设计，从里到外均换成了醒目的椭圆形，个性十分鲜明，处处体现出一种美感，使该车连续多年成为全美畅销车型。法国标致 406 轿车也一改往昔棱角分明的汽车造型，表现出了浑圆有力的设计风格（图 9-6）。当今，这种趋势已成为时尚，欧美日韩各汽车公司纷纷推出精美之作。我国在引进外国先进技术的同时，也引进了浑圆流畅的外形设计，一汽大众·宝来（Bora）、上海大众·波罗（Polo）（图 9-7）、东风神龙富康 988 和悦达起亚（KIA）千里马、广州本田飞度（Fit Saloon）、天津夏利 2000、一汽马自达 6 以及南京菲亚特公司的派力奥（Palio）等都是目前市场上此类车型的代表。

图 9-5　福特“特使”轿车

图 9-6　标致 406 轿车

其次，汽车外形构造还存在着一种引人注目的现代与传统、新潮与复古的相反走向。自从《名流车与老爷车》杂志 1973 年 10 月在英国出版后，使“老爷车”的概念得以流行，而且“老爷车”的身价与日俱增。1987 年，一辆美国 1933 年款的“杜森·别格”以 100 万美元的天价创下了当时的最高纪录。在我国，一辆 20 世纪 50 年代在朝鲜战场上缴获的美制吉普，如保存完好者，其价格至少也要 100 万元人民币。

图 9-7　上海大众·波罗轿车

最贵的“老爷车”当数一辆 1931 年造的布加迪轿车。这辆 6m 长的轿车装有功率 220kW 的发动机，是专为欧洲皇室设计的，当时只生产了 6 辆。1986 年 6 月 27 日，该车以 650 万美元在美国内华达州拍卖，由一位收藏家买走。此后，于 1995 年 11 月 19 日，这辆布加迪轿车又以

984.5 万美元的高价，在英国伦敦的救世主(Christie)拍卖行易手。

汽车流行复古风，不但假冒“老爷车”者大有人在，而且一些著名汽车生产厂家也开始设计并生产仿古型“现代车”。1985 年成立的法国 PGO 公司以生产仿古车闻名于世。1999 年，该公司几经周折买下了保时捷 356 SPEEDSTER 跑车的生产专利，生产保时捷汽车公司成立之初的第一款名车(图 9-8)。该车采用大众甲壳虫的底盘，外形稍作改变，车厢外沿较高，而前挡风玻璃又十分低矮，最高时速 157km，在路面上表现轻巧，驾驶乐趣无穷。

还有一款摩根 4/4 型跑车(图 9-9)，六十多年来该车外形只有少许变化，但其内部的发动机却追求一流，看起来很像“老爷车”的复制品，却又体现出绝对现代化产品的明显特征。多少年来，发烧友求购此车，需耐心等待好几年方可如愿。

图 9-8　保时捷 356 SPEEDSTER 跑车

图 9-9　摩根 4/4 型跑车

在地域和民族特色方面，由于不同国家、不同地区、不同民族、不同种族以及不同宗教信仰的人们，有着不同的文化积淀，有着不同的生活方式，因而也有着不同的审美观念。有人曾经以拟人化的手法来概括世界各国汽车造型的特点，结果发现：美国的汽车造型显得霸气，如林肯牌轿车(图 9-10)豪华气派、宽敞舒适、设备齐全、强劲有力；英国的汽车造型显得保守，如劳斯莱斯高贵大方、温文尔雅，充满了怀旧味道和贵族气息；瑞典的汽车造型显得质朴，如沃尔沃(图 9-11)冷峻执拗、朴实无华，虽其貌不扬，却充满了高科技含量；德国的汽车造型显得严谨，无论是奔驰、宝马还是大众，刻板凝重、沉稳坚实，充满了毅力和自信；法国和意大利的汽车造型优雅、线条洗练、精致灵活、富于动感，洋溢着热情、浪漫、灵活、机敏的民族个性；日本的汽车造型显得善变，像凌志和皇冠等，既有传统的舒适华贵，又有现代的灵巧明快。

图 9-10　福特公司在“林肯·城市”轿车基础上改装的总统座车

图 9-11　沃尔沃 S60 TS 轿车

我国的汽车工业是在 20 世纪 50 年代起步的，当时主要制造客、货营运车辆，直至 80 年代改革开放以后，尤其是近十年来，轿车制造才得以较快发展。我国汽车造型的典范当数红旗轿车(图 9-12)，它曾经是典型的中国“官车”，外观简练、通体漆黑、电镀饰条、宫形尾灯，尊崇显赫、厚重气派，充满“东风浩荡、红旗飘扬”的时代气息。改革开放以来，我国汽车行业广泛引进国外先进技术，博取众长而又消化创新，形成自己的特色。在第八届上海国际汽车工业展览会上，上海大众汽车公司推出了帕萨特(Passat)轿车(图 9-13)。它在忠实继承大众帕萨特诸多优秀特性的基础上，对其外观进行了许多突破性的改进，使其造型既仪态万方而又动感十足，优雅大度，更加符合中国人的审美观念。东风汽车公司制造的全新概念的神龙富康 988 三厢型轿车(图 9-14)也显现出新时代特色,既保持了两厢富康灵巧俊秀的风格,又增添了几分大家风范和名车气派,亭亭玉立,卓尔不凡,追求者纷至沓来。

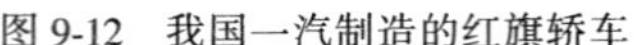

图 9-12　我国一汽制造的红旗轿车

图 9-13　上海大众帕萨特轿车

二、汽车内饰

图 9-14　神龙富康 988 轿车

汽车内饰也是汽车造型结构的重要组成部分,尤其是汽车在公务、商务上的广泛应用和逐步进入家庭,汽车内饰时尚越趋新潮。特别是轿车,车主乘坐其间,朝夕相处,其内饰是否得心应手、赏心悦目,对生理和心理都有或者积极或者消极的影响,有时还会影响工作情绪和效率。

在汽车内饰上,各种车型有着不同的特点,显示出人们对汽车内饰的不同审视和需求,也显示着汽车内饰的个性化和时尚化。就其发展趋向而言,概括起来是“五特性” 和“电子化”。所谓“五特性”即安全性、舒适性、便利性、经济性、多样性。所谓“电子化”即电子通信技术的广泛应用。

我国一汽制造的红旗(旗舰)轿车,装备高档,性能良好,安全可靠,操作稳定、乘坐舒适。该车装有前座和司机正面及两侧安全气囊、侧面防撞杆;后行李箱中的燃油切断开关可在汽车受到撞击的情况下中断燃油供给,避免引起火灾。该车还装备有巡航控制自动升降系统、ABS 系统和自动变速系统,并采用全新造型的酒柜、冰箱和彩电。车内的装饰材料全部采用国内最好的真丝面料;车座下铺的是羊毛地毯,柔软而富有弹性,且点缀着带有民族风格的图案;仪表板是福州漆器,旋钮开关是象牙浮雕,烟灰缸是景泰蓝,车把手是大珐琅,连车顶框都是用金漆螺钿镶嵌的,给人以雍容华贵之感。为此,红旗(旗舰)轿车以其独具的品牌特色与高科技含量,一举荣膺中国“2002 年度风云车——顶级豪华轿车”大奖,得到国内外许多大型企业集团、政府外事接待部门以及涉外宾馆的青睐与赞誉。

四川丰田公司是日本丰田在中国的第一家整车制造厂。其最近推出的柯斯达(Coaster)“旗舰”中型客车内饰很有特色。这款中型客车(图 9-15)只有 10 个座位,全部是高靠背、带扶手的航空型真皮座椅。第二排单座椅配备了书桌,供在行车过程中办公之用。第三排的 3 个座椅全都可以旋转 180 度面向后方,以便开会或娱乐。VCD、电视、冰箱、窗帘等为旅途提供便利。电动门下的电动辅助台阶使乘客进出无忧。后部紧凑、整洁的独立卫生间更具特色,成为这款车型的一大卖点。

随着信息技术的飞速发展, 汽车内饰在个性化和时尚化的基础上, 越来越走向电子化。根据不同档级,汽车上装备了各种不同功能的多媒体系统(图 9-16)。车内温度、湿度调节系统早已比较普遍;车用音响、影视系统如收录音机、CD、VCD 和电视机等越来越多;车用无线电话、卫星监控和导航系统以及车辆诊断系统正在逐步推广;按照公务和商务的需要,一些汽车上还安装了计算机,并上了互联网,与外界保持联系。这些装备使汽车不仅是交通工具,而且是舒适的生活空间,甚至成为了无所不能的“移动的办公室”。

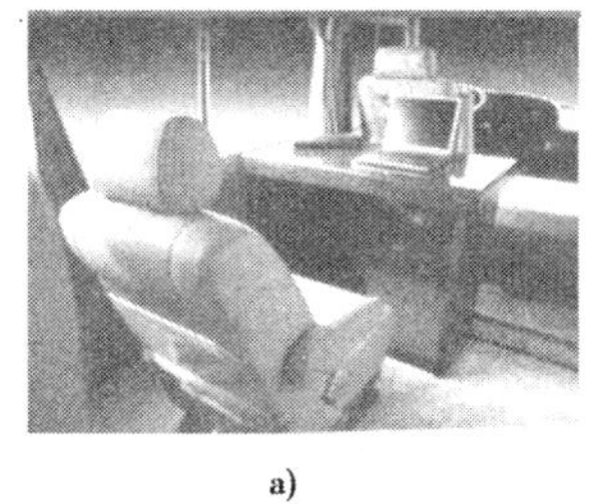
a)

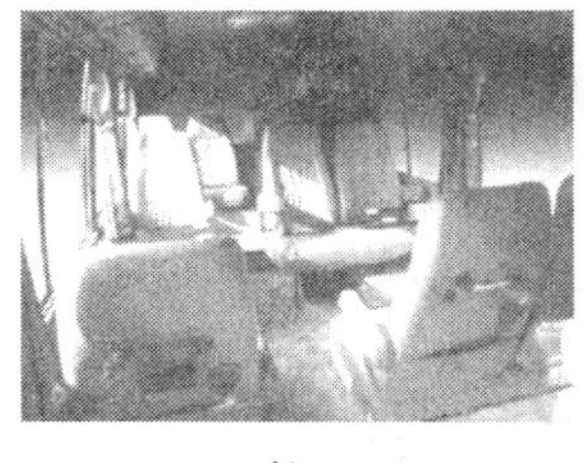
b)

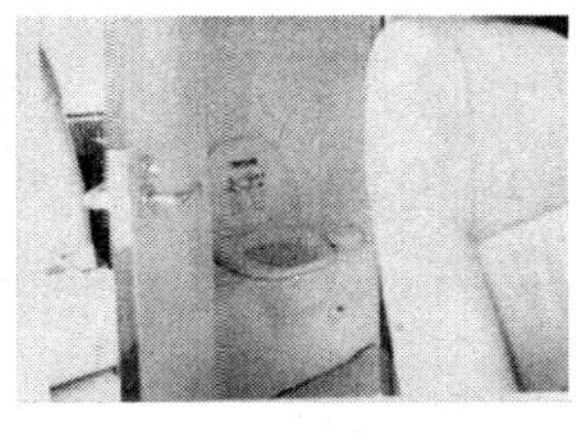
c)

图 9-15 田川丰田·柯斯达“旗舰”中客的豪华内饰

a)书桌便于途中办公;b)旋转座椅供开会或娱乐之用;c)卫生间使乘员备感方便、舒适

目前,“电子化”的装备日趋新潮,科技含量越来越高。如美国 Alpine 与 Jaguar 共同研发的新 Jaguar XJ 系列移动多媒体系统(图 9-17)就更具特色。它有多个信息源,而且每个乘员都能轻松自如地欣赏自己喜爱的节目,包括收音机、CD、MINIDISC、电视、DVD 或卫星定位系统。

图 9-16 汽车上装备多媒体系统

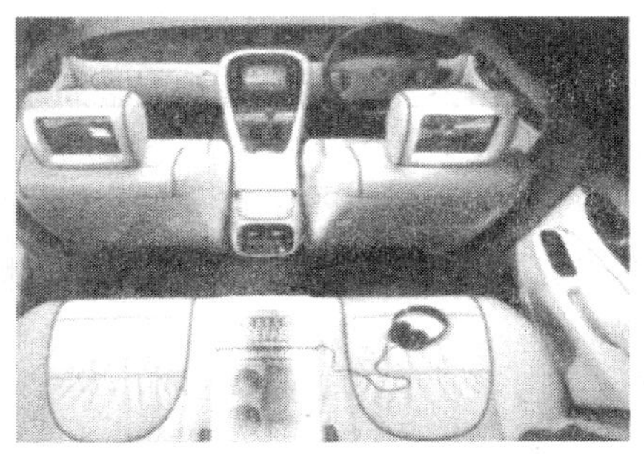
图 9-17 新 Jaguar XJ 移动多媒体系统

三、汽车空间

汽车空间是汽车造型结构最具实用意义的部分。汽车空间是司机和乘员在旅途中的活动空间,关系到人们的生理感受和心理感受。在狭窄的空间里驾车和旅行,会感到身体疲倦、心情压抑;而在宽敞的空间里,就会感到舒适愉快、心旷神怡。显然,在汽车外观和内饰一定的情况下,汽车空间是越大越好,在造型设计和制造工艺上尽量使汽车空间达到宽敞而舒适。

1. 在满足设计要求,保证行驶平稳、安全可靠的前提上,适当加大汽车的外形尺寸,从而得到宽敞、舒适的汽车空间。一般来说,汽车空间与汽车外形参数有着直接的关系,而同时又与汽车的车身形式密切相关。按照车身形式,可以把轿车划分为四门三厢型、五门掀背型、三门掀背型、四门轿跑型和单厢旅行车等五种类型。通常,不同的外形尺寸和不同的车型决定着不同的汽车空间。新近上市的欧宝·新威达中型轿车,在外形设计上全面增加了尺寸规格,使车舱内饰布局十分宽敞,从而大大提高了驾乘人员的舒适性(图 9-18)。为此,该车自 2002 年在日内瓦车展首度亮相以来,便在短短数月间,稳坐了德国以及西欧中级轿车领域的首席地位,并被《星期日画报》评选为“2002 年最佳中级轿车”。

我国安徽合肥江淮汽车厂生产的“瑞风”多功能长轴版 9 座车,是从韩国现代引进的产品。

其特点之一是车身大、内空阔，其车厢内部的长、宽、高分别达到 3100 mm、1600 mm 和 1300mm。超级宽阔的中、后排座位使乘客深感舒适。

2002 年年底问世的宝马·迈巴赫轿车，车长达到 6400mm，相当于一辆中巴车的长度（图 9-19），汽车内部空间极其宽阔，其豪华程度从外到内处处显示皇家般的尊贵和气派，此款轿车在欧洲定价 41 万欧元（约合人民币 298 万元）。

图 9-18　欧宝·新威达增大尺寸后车舱更宽敞明亮

图 9-19　宝马·迈巴赫轿车

2. 不改变外形尺寸，而采取“扩大汽车空间”的设计理念和各种内部装置技巧，改善汽车空间效果。在这方面，广州本田·飞度（Fit saloon）轿车是个典范。这款小型轿车（图 9-20）贯彻了 MM（美眉）设计理念。其含义是：Man Max——乘客享受最大空间；Mechanism Mini——机器占用最小空间。其车长 4300mm，宽 1690mm，高 1495mm，轴距 2450mm，大小介于国内紧凑型车与小型车之间。作为这种尺寸的轿车，为了赢得市场，生产厂家抓住“车内空间”这个最核心的因素，突出体现了舒适性和实用性，通过“驾驶室前移”设计和采用油箱中置结构，使它拥有同级车中较大的车内空间，前后排座椅间的距离达到了 935mm，行李箱容积达到了 500L。放倒后排座椅靠背后能放下 1740mm 长的物品。如果再放倒前座靠背，那么容纳的最大行李长度可达到 2400mm。

由江苏悦达起亚汽车有限公司制造的悦达起亚·普莱特（Pride）轿车，在设计理念上也十分注重“宽敞的空间”。可以翻倒的前排座椅靠背使前、后排座椅绝妙组合，形成一个必要时可以存放物品，困倦时可以睡眠休憩的空间（图 9-21）。

3. 利用装饰艺术创造宽敞的“心理空间”。通过采取上述各种办法创造的汽车空间，客观地有着具体的相对应的容积，我们称之为物理空间。从艺术的角度，人们还可以利用“莱伊尔错觉”原理（同一个长度的线段，横置和竖置，人们对它的长度感觉不一样，以及颜色深浅浓淡对视觉的影响），在有限的“物理空间”里创造较大的“心理空间”。此外，还可以通过内部装饰的巧妙布局来扩充“心理空间”。在 2001 年 9 月的法兰克福车展上，雪铁龙公司推出了一款名为 C3 的紧凑型轿车（图 9-22）。这款轿车的车长 3850mm，车宽 1670mm，车高 1520mm。由于采用了独特的设计模式，车内前座的肘部宽度达到了 1400mm；司机座椅可以适度提高，并且可以前后移动 230mm。转向盘的高度和前后位置都可以调整，为不同体态的司机提供方便。后排座位也适度提高，使所有乘员的平视高度比同级车高，视野格外开阔。车顶上还设置有一个巨大的玻璃天窗，可以仰望“蓝蓝的天上白云

图 9-20　广州本田·飞度轿车车内空间宽敞、实用

飘”,感受外面的新鲜空气,拉近与大自然的距离,增加了舒适感和愉悦感。

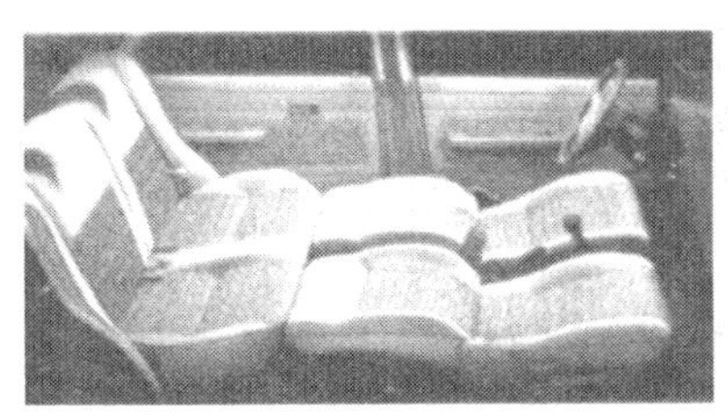

图 9-21　悦达起亚·普莱特轿车内空间

图 9-22　雪铁龙 C3 小型轿车

四、汽车颜色

汽车颜色也是汽车造型结构的重要组成部分。视觉生理学的研究发现,各种颜色虽然都有其色调、浓度、明度三种属性,但不同的颜色作用于我们的感觉器官以后,所引起的心理感受却大不相同。不同的颜色不但可以使人们产生大小、轻重、长短、宽窄、高低、冷暖的感觉,而且还可以诱发积极或者消极的情感,并经过人们的联想形成颜色的个性,如红色象征健康、热情、希望;橙色象征兴奋、喜悦、华贵;黄色象征温和、光明、快活;绿色象征青春、和平、朝气;蓝色象征秀丽、清新、宁静;紫色象征高贵、典雅、严肃;白色象征纯洁、神圣、清爽;黑色象征神秘、肃穆、悲哀;金色象征光荣、庄严、辉煌等。

从营销的角度看,颜色也是影响汽车销售价格的重要因素之一。在美国,受欢迎的颜色与不受欢迎的颜色之间,其差价可达 300 美元以上。之所以如此,是因为不同的民族风格和不同的车主个性,对颜色的价值判断和对颜色的认知选择不同,同时也因为汽车的颜色受着社会时尚和潮流的引导和影响。

就民族风格而言,在美国,消费者对颜色的重视程度甚至高于对车型的重视,色彩鲜艳而奇特,体现着开放浪漫的民风,如克莱斯勒公司制造的道奇·蝰蛇(Viper)跑车,虽然名字“恶劣”,但其通体红色加上白色线条,却十分招人喜爱(图 9-23)。英国人比较保守,因此,重红、重紫以及与此有关的枣红色和咖啡色等,如捷豹(Jaguar)、路华(Rover)等汽车都选用了此等色系。德国人比较深沉,因此,重黑、重蓝以及与此相关的银灰色和深蓝色等,如奔驰、奥迪等汽车都选用了此等色系。意大利人热情奔放,因此,重红、重黄以及与此相关的橘红色和枝叶黄色等,如法拉利和罗密欧等跑车都选用了此等色系。法拉利赛车队人着红衣、驾驶红车,是世界闻名的“红色旋风”。日本人比较明快,因此,重白,如丰田、本田等都选择白色为所产汽车的主体色调。我们中国人从古至今都重黑、重红,因此,所产汽车不黑便红。到了改革开放以后,传统观念发生了变化,汽车颜色也逐渐明快起来。

就车主个性而言,不同气质的人对某种汽车颜色会情有独钟。一般来说,气质为胆汁质,性格外向,爱好社交者喜欢红色。气质为多血质,性情活泼,动作敏捷者喜欢黄色。气质为粘液质,性格内向,循规蹈矩者喜欢蓝色。气质为抑郁质,性情缄默,好静近迂者喜欢绿色。喜欢黑色者具有与喜欢红色或者绿色者类似的性格特点。喜欢白色者则具有与喜欢蓝色者类似的性格特点。此外,人们在年龄、性别以及文化程度和社会地位等方面的差异,都可能影响他们对汽车颜色的选择。

图 9-23　道奇·蝰蛇跑车

与民族风格和车主个性相比，时尚和潮流更具有强烈的社会规范化倾向，汽车犹如时装，社会流行色往往更能影响消费者对汽车颜色的选择。诚然，汽车的流行色不但会因地而异，而且会因时而异。如在德国，1993 年有超过 25%的新车购买者选择红色，但到了 1997 年红色受欢迎的程度由第一降到了第三，到 1998 年又降到了第四。而蓝色则成为了当时最为流行的颜色。

第二节　汽车品牌和商标

汽车品牌是汽车形式结构中最能体现汽车价值的部分。品牌经过工商行政管理部门注册即为商标。汽车品牌和商标是汽车制造厂家极为宝贵的、永久性的无形资产。

一、汽车品牌结构概述

在商品经济时代，品牌具有向消费者传播产品信息和提供信誉保证的功能。品牌效应受到人们极大的关注。大凡正规厂家生产的正规产品，无不在生产之前或之后即树品牌，以示“独此一家，别无分店”。

1．汽车品牌的概念

品牌是用以识别一个或一群出售之产品，并与其他竞争者相区别的名称、名词、符号和设计，或者以上四种组合的符号系统。汽车品牌是指用来标志和识别某一或某些车型，并与其他车型相区别的名称、名词、符号和设计，或者以上四种组合的符号系统。下面，从四个方面来论述品牌的内涵。

(1)文字与图形

一般来说，用以标志并识别产品的符号系统，可以分为文字标志和图形标志两种形式。如汽车行业被国家工商局最先认定为“驰名商标”的东风汽车品牌，其文字标志为行书的“东风”；其图形标志则是抽象的燕子(图 9-24)。在习惯上，人们常常把文字标志称之为品牌，而把图形标志称之为商标。其实，这是一种误解。不但两种标志各有各的用途，而且只有两种标志的结合，才能构成一个完整的产品品牌。

(2)品牌与商标

品牌经过注册即成为商标。商标是一个法律概念，是国家对产品品牌和产品质量认可的证明。显而易见，商标不但具有品牌所具有的所有职能，而且具有品牌所不具有的特殊职能，即保护品牌积累无形资产的职能。如通用汽车公司曾经生产过一种“环美”牌轿车，但是，上市之后却遭到了美国运动车俱乐部起诉。其原因是，该俱乐部已经将“环美”注册在先。两家对簿公堂，通用旁蒂克部只得以每辆车 5 美元的代价向这家俱乐部购买“环美”品牌的使用权。

图 9-24　东风汽车品牌

由于商标具有重要的市场经济价值，所以精明的汽车生产厂家们纷纷未雨绸缪，将未来可能用到的品牌注册在先。根据档案记载，世界各国汽车制造商先后用过的汽车品牌有 3000 多种，而在日本，本田汽车公司和丰田汽车公司注册的汽车品牌就分别达到 3000 个和 4000 个之多。

(3)商标与车标

除品牌和商标之外，用来标志并识别车型的符号还有车标。车标是某一种车型的特定标志。如果说品牌和商标是一棵大树,“大树底下好乘凉”,可以容纳门类不同的汽车车型;那么车标则是一顶草帽,只是为某一种车型专门设计的。世界上最著名的罗尔斯·罗伊斯汽车公司,其品牌和商标为两个英文字母“R”相叠而成。这两个“R”分别取自该公司创始人罗尔斯(ROLLS)和罗伊斯(ROYCE)名字的第一个字母,人们称之为“劳斯莱斯”。1911年,该公司请英国著名雕塑家查尔斯·赛克斯制作了一个十分精巧而寓意深刻的标志物,即用贵重金属做成并镀铬或镀银或镀金的“女神”,置于劳斯莱斯轿车车头正中上端,光芒四射,临风起舞,富贵炫耀。这就是劳斯莱斯轿车的车标(图9-25)。

车标还有装饰功能。意大利菲亚特汽车公司著名的法拉利轿车和跑车就把“立马”车标(图9-26)作为装饰品装饰在车头、车尾和车身的两侧。1958年5月12日,我国自己制造的第一辆东风轿车,在车头正中的车标则是一条“金龙”。现在我国一汽制造的红旗轿车,其车标就是一面鲜艳的红旗。

图9-25 劳斯莱斯商标(左)和劳斯莱斯轿车车标(右)

图9-26 法拉利轿车和跑车车标

(4)主标与副标

从市场营销的角度看,企业品牌与汽车品牌应当具有统一性。只有这样才能做到“宣传企业就是宣传汽车,宣传汽车也是宣传企业”。现在,统一化已经成为一种著名的品牌策略。但是,由于市场细分和目标市场的多样性,相当多的企业还是有主标和副标之分。所谓主标就是企业名称,即不变之标,如通用(GM)、福特(FORD)、丰田(TOYOTA)、本田(HONDA)和日产(NISSAN)等;所谓副标就是汽车品牌,如别克(BUICK)、林肯(LINCOLN)、皇冠(CROWN)、市民(CIVIC)和达特桑(DATSUN)等。又如我国一汽与德国大众合资的一汽—大众汽车有限公司,其主标为“一汽—大众”,该公司制造的轿车如“宝来”、“捷达”等则是副标(图9-27)。

2. 汽车品牌的意义

(1)汽车品牌是汽车消费选择的线索

汽车品牌是汽车产品的代表。当消费者受到时间和空间的限制,不能亲自目睹某种车型,或对某种车型尚无认识的时候,往往只能根据品牌提供的信息,来选择自己所需要的汽车。而当消费者已经心仪某种品牌的时候,汽车品牌无疑就成了名副其实的导购。在当代,消费者的品牌意识已经越来越强。1997年,我国民政部有关机构曾经以问卷的形式进行了一次名为“中国城市居民轿车品牌认可度”的调查,当时就评选出国产轿车中知名度最高的品牌是上汽桑塔纳和天津夏利,而轿车进入家庭的首选品牌,24.4%的人首选捷达,之后依次为夏利、桑塔纳、富康和切诺基等。

一汽-大众

a)

BORA 宝来

b)

图 9-27

Aa)主标;b)副标

品牌还是沟通供需关系的桥梁。在互联网时代,汽车的买卖具有超越地域和疆界的特点。运用“网络广告”沟通信息,以汽车品牌为起点讨价还价,以电子货币为终点达成交易,成为了汽车经营的“直销渠道”。

(2)品牌是汽车价值的体现

品牌作为企业和产品的标志,不但代表着汽车车型,而且代表着汽车的价值和附加价值,是汽车功能、质量、信誉和形象的综合反映,是汽车生产厂家对消费者提供的价值保证。品牌知名度和认知度、品牌美誉度和忠诚度,以及其他与品牌有关的价值因素,都是构成品牌价值的重要因素。可见品牌并不只是消费者选择的线索,而且是消费者价值判断的重要依据。一个优秀品牌会赢得顾客一生的信赖,可以创造牢固的客户关系,形成稳定的市场,这就是品牌的价值所在。

品牌还是价值连城的财富。从市场营销的角度看,品牌因形象设计而获得价值,因商标注册而得到保值,因广告宣传而不断增值,因汽车消费等而持续增值。随着品牌知名度和美誉度的不断提高,文化的品牌甚至可以超过物质的汽车而成为企业价值连城的无形资产。在世界汽车行业,“通用”无疑是最有价值的品牌,价值高达上亿美元,真可谓“富可敌国”。在“中国最有价值品牌研究”的年度报告中,一汽集团以“解放”和“红旗”而名扬天下,其品牌价值 1995 年为 65.49 亿元,1996 年为 69.96 亿元,1997 年为 72.67 亿元,1998 年为 76.29 亿元,年均增长 3.62 亿元。

因此,无论是工业界还是商业界,都认识到品牌是企业最珍贵的资产。拥有市场比拥有工厂更为重要,而拥有市场的惟一途径就是首先拥有具有市场优势的品牌。

二、汽车品牌构成种类

由于汽车品牌的重要意义,世界上许多著名的汽车生产厂家,都把塑造品牌视为一项重大的价值工程,“八仙过海,各显神通”,品牌王国奇葩竞放。以人物、动物、植物、事物、性质、象征、家族、地位、神话、佳话、宗旨、地点等构成的品牌,使人赞不绝口、目不暇接。

1. 以人物命名的品牌

(1)以创始者作为汽车品牌

以企业创始人作为品牌的汽车,主要有奔驰(BENZ)、福特(FORD)、标致(PEUGEOT)、丰田(TOYOTA)、摩根(MORGAN)、马克(MACK)、雪铁龙(CITROëN)、托马索(TOMASO)等。其中,“奔驰”即“本茨”。卡尔·本茨是世界汽车史上公认的汽车发明人,也是奔驰汽车公司的创始人。以“本茨”作为品牌,其意义自不待言。至于将“本茨”译为“奔驰”,很容易使人联想到汽车的速度,则是中文翻译者的神来之笔。通用公司的凯迪拉克(Cadillac)品牌则是为了纪念一位名叫“凯迪拉克”的法国贵族,据说是他创建了名扬天下的汽车城——底特律。

(2)以合作者作为汽车品牌

以事业合作者作为品牌的汽车,最为著名者莫过于劳斯莱斯(Rolls Royce)。罗尔斯出身贵族,毕业于英国剑桥大学,获机械工程和应用科学学位。1902 年,罗尔斯成立了一家汽车销售公司,但是,他不满足于取得的销售业绩,希望经销更好的国产汽车。与罗尔斯相比,罗伊斯则是磨坊工人之子,曾在一家制铁公司当学徒,但他人穷志不短,刻苦自学,艰苦奋斗,22 岁时就与友人合伙成立了一家灯具公司。1904 年春天,罗伊斯制造出了一辆容易发动且平顺快捷的双缸汽车。罗伊斯找到罗尔斯,本为推销自己的汽车。罗尔斯却看中了罗伊斯。二人一拍即合,随即签订了合约,共同创造了劳斯莱斯这一永载史册的汽车品牌。

(3)以公众偶像作为汽车品牌

以公众偶像作为品牌的汽车，主要有林肯(Lincoln)、雪佛兰(Chevrolet)、切诺基(Cherokee)、旁蒂克(Pontiac)、阿尔法·罗密欧(Alfa·Romeo)等。林肯贵为美国总统。路易·雪佛兰是一位声名显赫的赛车英雄。而切诺基和旁蒂克都是美国印第安部落的首领，前者生于1760年，传说是他创造了切诺基部落的文字和语言；后者则是1693年击溃围攻底特律之英军的英雄。二人都以勇猛、剽悍、机智、果敢而著称。

(4)以小说人物作为汽车品牌

以小说人物作为品牌的汽车，最为著名的当数日产汽车公司生产的“公爵王”轿车(NISSANCedric)。该品牌取自巴尕特小说中的主人公赛德里克(Cedric)的名字。小说中的赛德里克是古希腊一位号称“美男子”的公爵，与公众偶像一样，小说主人公也有很高的知名度和美誉度。以此作为汽车的品牌，可以使消费者产生一种“人美车美、人贵车贵”的反射心理，也能引起人们对该品牌汽车的向往和追求。之所以把Cedric称为“公爵王”，则是中文翻译者的联想雅兴。

2. 以动物命名的品牌

(1)以飞禽作为汽车品牌

以飞禽作为品牌的汽车，既有凶猛如鹰(Eagle)、雄鹰(Tercel)、猎鹰(Falcon)、金鹰(Golden Eagle)、黑鹰(Blackhawk)、神鹰(Condor)和天鹰(Skyhawk)等，也有温柔如凤凰(Phoenix)、蓝鸟(Bluebird)、海鸟(Scout)、青鸟(Bluebird)、雷鸟(Thunderbird)、太阳鸟(Sunbird)、火鸟(Firebird)、云雀(Skylark)和通讯鸽(Homer)等。其中，日产蓝鸟之名取自比利时剧作家梅特林克的名作《蓝鸟》。在那里，蓝鸟是幸福美好的象征。通用的云雀、福特的雷鸟(图9-28)等都是著名的汽车品牌。克莱斯勒用拟人法的鸟形“纽约人”(New Yorker)作为汽车的商标(图9-29)，也是一个绝妙的创意。

图9-28 福特·雷鸟轿车的形象标志

图9-29 克莱斯勒·纽约人轿车的形象标志

(2)以走兽作为汽车品牌

以走兽作为品牌的汽车，有野马(Mustang)(图9-30)、斑马(Pinto)、狐狸(Fox)、毛驴(Moke)、小马(Colt)、小猫(Kitten)、公羊(Ram)、山猫(Bobcat)、兔子(Rabbit)等等。就勇猛者而言，美国有美洲狮(Cougar)、美洲豹(Jaguar)，法国有标致狮(Peugeot)，英国有黑豹(Panther)、花豹(Leopard)等。就温顺者而言，意大利有熊猫(Panda)，日本有牡鹿(Cervo)、羚羊(Gazelle)、快马(Clipper)、奔马(Canter)，韩国有矮马(Pony)，前苏联有吉姆鹿(Geem)、伏尔加鹿(Volga)(图9-31)，我国有羚羊、骏马、赛马、猎豹等。我国还有用神圣的“神龙”、“金龙”等作为品牌的。

图9-30 福特·野马轿车的形象标志

图9-31 伏尔加·嘎斯21型轿车商标

3. 以植物命名的品牌

图 9-32　花冠轿车商标

以植物作为品牌的汽车，多以“花”为名。有丰田公司中档轿车的代表作花冠（Corolla）（图 9-32），有日产公司的紫罗兰（Violet）、樱花（Cherry），有英国生产的运动跑车莲花（Lotus）等。据有关资料记载，花冠轿车自 20 世纪 60 年代推出以来，到 1997 年第八代花冠轿车问世，累计产量已超过 2400 万辆，从而成为世界最为畅销的车型之一。此外，日本的玫瑰（Rosa）和美国的白杨（Aspen）等也是较为知名的品牌。

4. 以事物命名的品牌

以事物作为品牌的汽车，多具有象征意义。见图 9-33，有用太阳作品牌的，如日产汽车的标志：圆表示太阳，中间的字是“日产”两字的日语拼音形式，整个图案的意思是“以人和汽车明天为目标”；有用星星作品牌的：戴姆勒·奔驰的品牌是一颗“吉祥之星”；克莱斯勒的品牌是一颗“理想之星”；富士重工的品牌是“昴宿星群”。

图 9-33　日产公司（左上）、戴姆勒·奔驰公司（右上）、克莱斯勒公司（左下）、日本富士重工公司（右下）的形象标

有用风作为汽车品牌的，如海风（Scirocco）、和风（Zephyr）、南风（Auster）、热风（Khamsin）、寒风（Bora）和东风等。其中最著名者是大众汽车公司的桑塔纳（Santana）“旋风”。它初起于美国加利福尼亚的桑塔纳山谷，以风势强劲、风速凛冽而著称。

以船命名的品牌也不少：有陆地巡洋舰（Land Cruiser）、巨型巡洋舰（Jumbocruiser）等。也有以飞机命名的：如航空班机（Skyliner）、航天班机（Spaceliner）等。

5. 以性质命名的品牌

以性质作为品牌的汽车，最为著名者当数奥迪（Audi）公司的品牌。1932 年，奥迪与霍赫、万德尔、DKW 等四家汽车厂合并为汽车联盟公司，1985 年改名为奥迪汽车公司，取“四连环”作为品牌（图 9-34），以表明奥迪汽车公司的性质：平等、互利、协作、奋进，如同四兄弟手挽着手，正雄赳赳气昂昂地走向未来。

6. 以象征命名的品牌

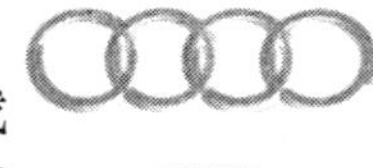

图 9-34　奥迪汽车公司品牌

以象征作为品牌的汽车，多以事物为依托来表达企业的理念和梦想。我国一汽红旗轿车的新标志：椭圆形的基座，托起一个跃跃欲试的“1”字（图 9-35），使人们联想到四川有名的方言“雄起”。我国东风汽车的标志：燕子随东风而来，应着“东风第一枝”的佳句。在国外，各种具有象征意义的品牌琳琅满目，见图 9-36，有“风驰电闪”的欧宝；有“滚滚向前”的富豪；有“车到山前必有路，有路必有丰田车”的丰田；还有“越过五大洋，奔向六大洲”的大宇等等。

图 9-35　一汽红旗轿车品牌

7. 以家族命名的品牌

以家族作为品牌的汽车，多为传统的汽车生产厂家。见图 9-37，1903 年，苏格兰人大卫·别克创建了别克汽车公司，而通用则是由别克汽车公司发展而来的，数典不忘祖，时至今日，其麾下的别克汽车部使用的仍然是别克家族的徽标；在日本，三菱公司的徽标则是由两位创始人的家族徽标综合而成：岩崎家族的徽标为三层菱形，山内家族的徽标为三片柏叶，将其合二为一，即为今天的三菱。

8. 以地位命名的品牌

以地位作为品牌的汽车，主要有福特公司的君主(Monarch)，克莱斯勒公司的男爵(Le Baron)，通用公司的上将(General)，英国利兰公司的元首(Sovereign)、元帅(Marshal)，奥斯汀公司的公主(Princess)，日产公司的总统(President)、议员(Senator)、贵夫人(Fairlady)和公子(Cedric)等。在我国，也有东风"小王子"等。显然，无论西方还是东方国家，人们对威信效应的认识都是一样的。当汽车以"君主"或者"总统"自诩的时候，那汽车的拥有者们自然也就"主以物尊"，似乎地位就"水涨船高"了。

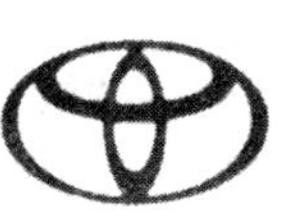

图 9-36 欧宝(左上)、大宇(右上)、丰日(左下)、富豪(右下)汽车品牌

9. 以神话命名的品牌

以神话作为品牌的汽车，最为著名者是马自达汽车公司。"马自达"系古希腊神话中的"光明之神"；在西亚传说中，也有一位象征着古代文明的神灵"阿弗拉·马自达"(Afura·Mazda)，他不但是铁器的发明者，家畜的驯养者，而且是车轮和车辆的创造者。显然，以"马自达"(图 9-38)作为品牌，具有深刻的寓意。

图 9-37 别克(左)、三菱(右)汽车品牌

图 9-38 马自达汽车品牌

10. 以佳话命名的品牌

以佳话作为品牌的汽车，最为著名的当数奔驰·梅赛德斯(Mercedes)。在 1899 年 3 月举行的"尼斯之旅"汽车大奖赛中，奥匈帝国派驻尼斯的总领事艾米尔·杰里耐克代表戴姆勒公司参赛，他以自己 10 岁爱女的名字"梅赛德斯"报名。其实，"梅赛德斯"之名源于西班牙的一位圣徒。比赛结果艾米尔大获全胜，极大地激发了他对"梅赛德斯"的兴趣，于是建议戴姆勒公司以"梅赛德斯"作为汽车的品牌。该公司欣然同意，并于 1902 年 6 月 23 日在专利办公室注册登记。1902 年 9 月 26 日，"梅赛德斯"作为戴姆勒公司的注册商标载入了史册，而这一段趣事也就此传为佳话。

图 9-39 大众汽车品牌

11. 以宗旨命名的品牌

以宗旨为品牌的汽车，最为著名的当数大众汽车公司。大众汽车公司的名称由 Volors Wagen 两个德文组成，意为"为大众生产汽车的公司"。他们将 Volors Wagen 两个单词中的首位字母 V 和 W 抽取出来，组合成了公司的品牌(图 9-39)，以昭示大众汽车公司以服务于大众为宗旨。在我国，一汽大众汽车公司和上海大众汽车公司先后生产了桑塔纳、捷达、帕萨特、宝来、波罗等多种型号的轿车，头顶"V"和"W"磊叠圆形标徽的轿车成了神州大地上一道亮丽的风景。

12. 以地名命名的品牌

以地名作为品牌的汽车，主要可分为地点和景点两种类型。见图 9-40，法国标致汽车公司那只"雄狮"取自于公司创建所在省的省徽；德国保时捷汽车公司标志的中间部分采用该公司所在的斯图加特市的盾形徽章，中央是一匹马，上方是“STUTTGART(斯图加特)”字样。在我国，有不少以地名命名的汽车品牌，如浙江、北京、广州、上海、武汉、重庆、成都、桂林、上饶、延安、泰安等；也有不少以大好河山命名的汽车品牌，如长江、黄河、汉江、黄海、扬子江、松花江以及泰山、衡山、骊山、峨嵋和少林等。以地名命名汽车品牌最为特殊的是阿斯顿·马丁(Aston Martin)。这家以生产高级轿车和运动车闻名的汽车公司，其公司名称和车名均是以其创建人故乡的名字来命名。

图 9-40　标致(左上)、保时捷(右上)、阿斯顿·马丁汽车品牌

三、汽车品牌设计原则

汽车品牌是企业的无形资产，在市场营销中具有十分重要的意义。因此，对于汽车品牌的设计和制作，各汽车公司都同有形产品一样予以高度的重视，视之为“画龙点睛”、“点石成金”的艺术。戴姆勒·奔驰(Daimler Benz)汽车公司为了精心制作奔驰·梅赛德斯三角星(图 9-41)，在莱茵兰州专门设立了一个名叫“福瑞德”的工厂，安装专门的生产线，按照严格的程序和纪律进行生产和检验，使那颗三角星成为“永远最耀眼的星星”，连同汽车一样为车迷们所心醉。

关于汽车品牌的设计原则，归纳起来有以下六个方面。

1. 突出汽车特色原则

汽车品牌作为汽车的标志，要体现汽车的特点。一般来说，汽车的特点是由汽车的市场定位决定的，而市场定位则取决于市场细分和目标市场。只有根据某种车型所针对的特殊消费群体来设计其品牌，才能起到引导和影响消费群体的作用。如我国上海汽车工业(集团)公司，近年来通过外引内联开拓了不少新品牌，其中上汽大众·波罗(Polo)是体现欧洲精美紧凑风格的中高档轿车；上汽通用·别克(Buick)是体现美国豪华气派风格的中高档轿车；而上汽通用·五菱(图 9-42)则为“引进先进技术”而提升的原柳汽五菱。诸如此类，既体现了企业“外引内联”的特色，也便于消费者“量身定做”。

图 9-41　奔驰·梅赛德斯轿车的形象标志

图 9-42　上海通用·五菱轿车商标

2. 诱发美好联想原则

汽车品牌是消费者选择的线索，应当使顾客有好感。要通过品牌的引导，由此及彼，触景生情，得到一种理想化的思维效果，并因此影响价值判断。如德国宝马汽车的形象标志由两个同心圆组成，两圆之间的“BMW”为公司名的缩写，而内圆之中蓝白相间，既如兰天白云，

又如螺旋桨在不停地旋转(图 9-43)。使人记起宝马公司在航空发动机技术方面的辉煌历史，更联想到宝马公司广阔的发展前景。

3. 顾及文化差异原则

图 9-43　宝马轿车商标

不同的文化，其价值判断标准不同。国家、地区、民族和种族之间，或者年龄、性别、职业和个性之间，都存在着一定的文化差异，汽车品牌的设计要符合各特定消费群体的心理需要和价值判断，体现国家、地区、民族和种族的特色。如美国，是“拓疆文化”以及神秘的印第安文化的组合：粗犷、开放、豪迈、勇敢。显然，在这块土地上破土而出的汽车品牌，如黑豹、野马、蒡蒂克、切诺基等等，无不具有勇猛、剽悍的特色。又如意大利，以古罗马“斗兽场”而名扬天下。在此背景下命名的汽车品牌，也或多或少地表现出争强好胜、勇于拼搏的传统。如菲亚特汽车公司属下的“兰西亚”，其形象标志就是一面盾牌(图 9-44)，盾牌中一支长矛挑起战旗，上面“LANCIA”一词在意大利语中也含“长矛”之意。

图 9-44　兰西亚轿车商标

不同的文化群体对品牌的理解不同，也会影响其价值判断。汽车品牌设计不要冲撞地区、民族的文化禁忌。原苏联伏尔加汽车厂拉达系列里，有一款名叫“日古利”(Жигули)轿车，它是伏尔加河畔的一条山脉，高山巍巍，意境恢宏。但是，“日古利”在英语中等同于“舞男”，在阿拉伯语中与“骗子”、“假货”的读音相似。于是，为了便于出口，只得以“拉达”(Lada)为品牌。我国的“东风”牌汽车，由于那句“东风压倒西风”的名言，在资本主义国家里不受欢迎。为此就把“东风”改称之为“风神”，既不失东方韵味，更多了一份神秘色彩。

4. 符合认知规律原则

汽车品牌是沟通产供销渠道的桥梁，自然就要求所设计的汽车品牌既有利于消费者注意选择，又有利于消费者记忆储存。而且，这种认知过程不是强迫的，也就是要符合无意注意规律。

去繁就简、突出重点，“万绿丛中一点红”，往往能引起人们的“无意注意”。1980 年，本田技研工业公司的创始人本田宗一郎提出：“重新设计自己的车标，让人们一眼就能认出本田公司的汽车”，并不惜重金在世界范围内征集方案，最终从 2588 个方案中确定以“HONDA”的第一个字母“H”作为公司的形象标志(图 9-45)，并在外边加上一个方框，稍加修饰，美观大方，言简意赅，极好认记。

图 9-45　本田汽车公司品牌

无独有偶，韩国现代汽车公司也看中了该公司英文名称“HYUNDAI”的第一个字母“H”，外边加上一个椭圆，并把“H”写成斜体(图 9-46)，与本田以作区别。

动静相对，静中有动，也能令人印象深刻。福特汽车公司将“Ford”艺术化，外加一个椭圆，蓝底白字(图 9-47)，就像蓝天底下一只活蹦乱跳的小白兔，活泼可爱，难以忘怀。我国东风汽车公司的形象标志也是一个成功的范例：两个艺术化的箭头首尾相接，既像燕子舞东风，又像车轮滚滚向前。这样一些“似动”的形象标志，都会在人们的脑海里打上深深的烙印。

图 9-46　现代汽车公司品牌

5. 概括性原则

汽车品牌是企业及其产品的代表。无论是企业还是汽车，都同时具有多种属性。以品牌来代表整体，惟一的途径就是概括，即通过分析、比较、抽象的思维过程，将企业或者汽车最本质的特点表现出来。而从消费者的角度，要在较短的时间里获取较多的信息，惟一的途径也是概括。这就是说，汽车品牌的文字标志应当是一个自然名词，而不是情节详尽的说明；汽车品牌的图形标志应当是一幅抽象的图案，而不是线条细腻的写生。如世界最大的汽车公司——通用(GENERAL MOTORS)汽车公司就是一个范例。见图 9-48，其公司品牌是“通用”两个单词的前面两个字母的组合：“GM”，底下加一条组合连线，十分简洁；通用汽车公司生产的“雪佛兰”多用途车，其文字标志是赛车手雪佛兰的名字(CHEVROLET)，其图形标志则是一个抽象的蝴蝶结，也显得简洁明快，超凡脱俗；还有该公司生产的“土星”牌小轿车，意取美国“土星”号月球探测卫星，其图形标志就如“土星”号卫星奔向月球的轨道，既形象又简洁，却蕴含着科学、技术、现代、未来的丰富内涵。

图 9-47 福特汽车公司品牌

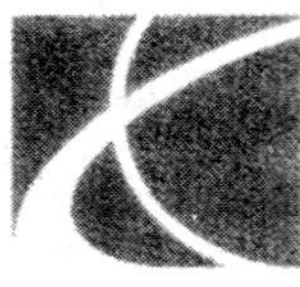
图 9-48 通用汽车公司(左)、“雪佛兰”轿车(中)、“土星”轿车(右)的品牌

6. 审美性原则

汽车品牌作为企业及其产品的代表，自然应当使人赏心悦目，产生艺术美感，从而联想其“美好”的本质。对美好事物的追求，是人们普遍的心理现象。无论从品牌认知的角度，还是从品牌评价的角度，品牌的形式美都是实现品牌功能的重要因素。品牌格调高雅，结构协调，既充满艺术美感，又蕴含深刻内涵，不但可以提升品牌自身的价值，而且可以诱发消费者的购买动机。当然，必须实现形式与内涵的统一，既不能忽视品牌的营销功能，更注重产品的优良性能。

四、汽车品牌使用策略

汽车品牌的重要性已经是不争的事实。为了创立品牌，企业家们付出了大量的心血。自然，如何使用和保护品牌，尽可能发挥其功能和效益，更是企业家们运筹帷幄的大课题。汽车品牌的使用策略，概括起来有以下 11 种。

1. 统一品牌策略

所谓统一品牌策略，即单一品牌策略，是指以同一品牌，统一标志不同的车型。从广告宣传的角度看，企业生产的所有车型均使用同一品牌，不但可以提高该品牌的展露度和出镜度，从而使企业的知名度和美誉度得以提高，而且可以借助该品牌的信誉和形象，来提携新开发的产品，产生“大树底下好乘凉”的效果。如日产汽车公司生产的轿车有公爵王、贵夫人、地平线、达特桑等多种车型，而当这些轿车用于出口时，却一律以“达特桑”牌子以冠之。又如德国大众汽车公司近年来先后与我国一汽、上汽等公司合资生产捷达、桑塔纳、帕萨特、宝莱、波罗、高尔等轿车，它们的车头上都顶着磊叠的“V·W”的标志。

2. 差异品牌策略

所谓差异品牌策略，即多品牌策略，是指以不同的品牌，分别标志不同的车型。其作用在于对不同类型、不同功能、不同级别的各型汽车的明确标示，便于消费者选购。如大众汽车集团在世界范围内已拥有奥迪、本特利、布加迪、西亚特、斯柯达、劳斯莱斯、兰博基尼、大众汽车和大众商务车等 9 个系列品牌，几乎涵盖了全部类别和级别的汽车车型。它们各有特色，各树品牌，分别吸引着不同的消费者群体。使用差异品牌策略，还有利于企业按市场细分拓展经营。

3. 品牌输出策略

所谓品牌输出策略，是指将汽车品牌提供给外国生产厂家使用的策略。通过品牌输出，不但可以提高品牌的知名度，扩大企业的影响，而且，在相当多的情况下，品牌还可以作为一种资本（无形资产），拥有合资企业的股份。在欧、美、日、韩等汽车大国里，各大汽车公司几乎都采用了这一策略。纵观我国汽车工业近年迅速发展的“洋品牌”，也非常直观地反映了世界著名汽车品牌输出策略的成功。

4. 品牌输入策略

所谓品牌输入策略，是指通过“合纵连横”或者购买国外汽车品牌来生产自己汽车的策略。这和品牌输出策略正好是一个事情的两个方面。通过名牌输入，可以有助于自身的发展，在经济全球化的当代，这也是一种无可厚非之举。为了迅速发展汽车工业，当前我国不少汽车生产厂家就采取这种策略。在输入名牌的过程中加强研发，逐步增加自己的知识产权和国产化程度。

5. 借牌销售策略

所谓借牌销售策略，是指采取移花接木之术，借用其他汽车企业的知名品牌，销售本企业所产汽车的策略。1999 年 1 月，美国福特汽车公司正式收购了瑞典沃尔沃汽车公司轿车部，巩固和扩大了其在欧洲市场的地位。此后，沃尔沃轿车成了福特旗下的一个品牌。由于地域文化的差异，在美国市场上，福特的佳格尔（Jaguar）牌轿车售价远高于沃尔沃（Volvo）轿车，而在欧洲市场上，佳格尔却低于沃尔沃。于是，福特汽车公司在不同的目标市场上，得心应手地采用了借牌销售策略，获取了十分可观的经济效益。

6. 注册铺路策略

所谓注册铺路策略，是指在汽车出口之前，将汽车品牌在目标市场国先行注册，从而为国际市场营销铺路搭桥的策略。这是按照商标法和国际惯例而为之。对此，我国东风·神龙汽车公司就有明智之举，至今已经在 25 个国家和地区注册了神龙、富康和小霸王（DCAC）等汽车商标，为走出国门、迈步世界奠定了基础。

7. 品牌专卖策略

所谓品牌专卖策略，是指以开设专卖店的形式，专门销售某一种品牌的汽车的策略。通过品牌专卖，不但可以提高品牌的知名度，而且可以降低品牌的对比度，使企业在价格定位和促进销售方面更加灵活主动。这种形式集汽车销售、配件供应、售后服务、信息反馈为一体，对厂家发展生产极为有利，也深受消费者的欢迎。

8. 名牌市场策略

所谓名牌市场策略，是指通过实施“名牌工程”，创造名牌，并以名牌产品作为旗帜招徕顾客，从而赢得市场的策略。品牌成名，一般来说质量是其突破口，文化是其生命源，宣传是其催化剂，规模是其支撑点，法律是其保护伞。名牌创造的途径主要有企业独创、合资兼并、借牌扬名、买牌自重、自居反射、提前抢注等六种。企业通过“名牌工程”树立良好的品牌形象，而名牌形象的树立将会给企业带来卓著的业绩。

9. 品牌置换策略

所谓品牌置换策略，是指当某一汽车品牌已经不具有理想的发展潜力，则当机立断，换成其他品牌进行生产和销售的策略。如美国福特汽车公司曾用了近 10 年时间努力开发一款名叫“埃德塞尔”的轿车，然而汽车销售状况却不尽人意。于是置换成其他品牌投放市场，取得了较好的效果。“埃德塞尔”这个品牌从隆重上市到悄然收场仅仅两年时间，成为了汽车工业史上最短命的品牌。

10．另立门户策略

所谓另立门户策略，是指某一企业品牌已经不具有理想的发展潜力，则大胆地另辟蹊径，另立门户的策略。我国广州标致汽车公司曾是与法国标致合资的产物，不久就中止了合作。广州标致的品牌由此声名狼藉。在广州市政府的支持下，他们痛定思痛，经过认真考察和慎重选择，最终决定与本田汽车公司合作，生产广州本田·雅阁(Accord)、飞度(Fit)、奥德赛(Odyssey)等型轿车。原广州标致汽车公司也更名为广州本田汽车有限公司。企业的形象标志也由“雄狮”改成了带方框的大写“H”。

11．目标市场定位策略

所谓目标市场定位策略，是指通过市场细分，对特定的消费群体确定目标市场的策略。由于不同消费者群在社会地位、经济条件、心理倾向、个性特征及文化差异等方面各不相同，因此，他们对品牌的认知选择和价值判断也千差万别。显然，无论是品牌的命名还是品牌的使用，都必须根据目标市场的特点进行定位。如德国大众汽车公司风靡全世界60多年的“甲壳虫”。形象乖巧、招人喜爱，尽管随社会的前进其技术性能及配置已经落伍，但人们对“甲壳虫”感情依旧，尤其是在北美很受欢迎，于是大众汽车公司1999年又推出新款“甲壳虫”(图9-49)，结果获“北美最佳汽车奖”。直至2003年7月份，最后一辆老“甲壳虫”在巴西下线，这款名垂青史的车型，才在人们恋恋不舍之中退出历史舞台。

图9-49　新款“甲壳虫”轿车

正是出自于目标市场定位策略，汽车工业不断开发新产品，朝着多车型、多等级、多品牌的方向发展，以满足人们的不同需求。就是级别相同的品牌，如通用旗下的卡迪拉克和绅宝，英国的“美洲虎”和“戴姆勒”，德国的双“B”(宝马和奔驰)等等，它们同属豪华轿车品牌，但它们在不同的地域拥有不同的客户群。因此，它们长此以往，独树一帜，各领风骚。

第十章　汽 车 评 价

第一节　汽车评价参考要素

懂得恰如其分地进行汽车评价，是做好汽车推介的关键。汽车评价的依据有以下几个参考要素：汽车品牌、汽车主要参数和配置、价格、评价指标。

1. 汽车品牌

汽车品牌的形象植根于百姓之中，靠的是生产厂家、销售总公司、分销中心和经销商的共同努力，全面地打技术战、服务战、质量战、诚信战的结果，是多年孜孜不倦、锲而不舍追求的结果。

不同品牌的汽车都有它的品牌特征和营销对象定位。品牌特征中有的品牌汽车注重稳定，注重完善的售后服务（维修网点密布）；有的品牌汽车在国内外市场享有安全性能好的美誉和优势（良好的碰撞测试结果和各个部位的安全设计）；有的品牌汽车更贴近中国文化（这是对中国文化认同的结果，对中国文化接近的结果）；有的品牌汽车具有耗油低的特点。品牌的汽车中还存在地域特点：欧洲汽车个性明显；美国汽车以大为美；日本汽车以小见长；韩国汽车新潮价廉。营销对象定位有工薪大众、年轻一族、白领阶层、公司经理和企业家，以及家庭用车、旅游用车、市区用车、商务用车、公务用车等等。

2. 汽车主要参数和配置

汽车车型不同，其主要参数也不同，但相同车系的车型可有数种不同的发动机或变速器来匹配。而汽车的各种配置不同可反映出汽车的档次不同。

3. 价格

汽车的价格固然不能脱离其价值而孤立存在，但其价格高低却不仅取决于汽车产品的价值，而且是由市场的需求关系以及企业的定价目的等多种因素共同作用的结果。

一般来说，价格不同也反映汽车的车型和档次不同及营销对象定位不同。以轿车在2004年初的价格为例，反映汽车的车型和档次不同及营销对象定位不同：

(1)车价在7万元以下的档次，通常都是一些基本型的微型轿车，旨在满足人们基本的对“行”的要求。车型有哈飞路宝；昌河爱迪尔；奇瑞QQ；上海通用五菱乐驰；吉利豪情和优利欧；长安奥拓和羚羊；天津一汽夏利；上海华普飚风；比亚迪福莱尔；一汽华利幸福使者等。

(2)车价在7至15万元的档次是普通级轿车。这一档次车型已经能在一定程度上满足年轻购车者的个性要求，也能满足家庭的日常使用需要。其车型大都新颖时尚，兼具较好的品牌背景，产品本身的安全舒适和操控性也都比较突出，且配置相当完备。该档次车型众多，有一汽大众捷达和高尔夫；一汽丰田威驰；天津一汽夏利2000、雅酷和威姿；上海通用赛欧和凯越；上海大众高尔、波罗和桑塔纳；东风神龙富康和爱丽舍；东风悦达起亚千里马；广州本田飞度；南京菲亚特派力奥和西耶那；奇瑞风云和旗云；北京现代伊兰特；长安福特嘉年华；东南菱帅；哈飞赛马；海南马自达福美来；吉利美人豹；上海华普M203等。

(3)车价在15至25万元的档次是中级轿车。它是家用和商用轿车的主力军，设备比较齐全,工艺相对比较精良,操控性也相当不俗。这一消费市场也是生产商近年来最关注的重点市场。该档次车型较多,有一汽大众宝来;一汽红旗明仕和世纪星;一汽马自达 M6;一汽丰田花冠;上海通用君威;上海大众帕萨特;东风神龙毕加索和赛纳;东风风神阳光和蓝鸟;广州本田雅阁;北京现代索纳塔;奇瑞东方之子;长安福特蒙迪欧;华晨中华晨风;斯柯达法比亚和欧雅;大宇蓝龙等。

(4)车价在 25 至 40 万元的档次是中高级轿车。其车型不得不面临消费者对品牌、性能、外观、配置以及舒适性等方面的"苛刻"要求。在商用和家用兼而有之的用途,则决定了不具备出色竞争力的产品,成不了"成功者"眼中的座驾。该档次车型有:上海通用君威(3.0 L);上海大众帕萨特(2.8 L);广州本田雅阁(3.0 L);现代酷派;日产风度(2.0);马自达 323;三菱戈蓝;欧宝威达;标致 206 和 406 等。

(5)车价在 40 至 60 万元的档次是以进口轿车挑选为主的中高级轿车。能上到这个档次的轿车都不是平庸之辈,其安全、质量、技术先进、品牌都已经是无可挑剔,消费得起这一档次车型的消费者们更多考虑的是在比较外形,豪华程度,自己的驾驶和品牌偏向性。该档次车型有:一汽奥迪 A4 和 A6;华晨宝马 325i;斯柯达速派;大众新甲壳虫;绅宝 9-3;沃尔沃 S40 和 S60;雪铁龙 C5;丰田佳美等。

(6)车价在 60 万元以上的档次是高级轿车。其车大多出自名门,从头到尾都显示出豪华、尊贵,不管动力性还是舒适性都无可挑剔。能拥有一辆这一档次的轿车,不仅是乘坐的享受,更是身份的象征。该档次车型有:华晨宝马 530i;奔驰 C200 和 E240;阿尔法罗米欧 166;绅宝 9-5;雷诺威赛帝;捷豹 XJ;奥迪 A8;丰田凌志 GS300 和 LS430;日产西玛;本田里程;双龙新主席;凯迪拉克赛威等。

4. 评价指标

汽车的评价指标目前国内还未有统一的标准,一般由外观造型、内部装饰、车内空间、动力、操纵、安全、静音、装备配置、舒适、实用、经济、环保以及维修和配件等方面评定。

第二节　各类车型评价

一、国外轿车

1. 奔驰 S600

1)主要参数:

(1)类别:

型　　号:奔驰 S600(图 10-1)

生产厂商:戴姆勒-克莱斯勒、奔驰汽车公司(德国)

车　　型:4 门 5 座三厢式

驱动形式:前置后驱

图 10-1　奔驰 S600

(2)主要技术参数:

长/宽/高(mm)	5158/1856/1445	耗油量(L/100km)	13.3
轴距(mm)	3086	装备质量(kg)	2035
发动机	V 型 12 缸 24 气门多点式电喷汽油机	最小转弯半径(m)	—

续上表

发动机排量(L)	5.987	油箱容量(L)	—
最大功率(kW/r·min^{-1})	270/5500	变速器形式	5档自动变速器
最大转矩(N·m/r·min^{-1})	530/4250	制动系统(前/后)	盘/盘
最高时速(km/h)	250	轮胎型号	225/55R 17W
加速性(s)(0~100km/h)	6.5	排放标准	欧洲Ⅳ号

(3)配置:

动力转向	有	ABS	有
可调转向盘	有	电动车窗	有
定速巡航系统	有	电动外后视镜	有
电子门锁	有	音响系统	有
安全气囊	有	电动前排座椅	有

2)评价:

奔驰S600轿车是奔驰S系列的顶级型号,它装备的是新型V12发动机。为了保持传统,厂商依然用“600”来标注车型,而且S600只供应长轴距型。

这款新型V12发动机除了保留传统的60°气缸夹角外,与其前身无任何相同之处。每个气缸不是4个气门,而是3个气门,靠单顶置凸轮轴驱动,并且其排放标准符合欧Ⅳ标准。S600轿车运用了许多梅赛德斯—奔驰所独有的更深层次标准创新技术。这些技术最大亮点是手动悬挂系统。该系统可在极短时间内从减速状态转入通常的驾驶状态,从而大大减少车体震动。由于采用了手动悬挂系统,S600车型遇到高低不平的路况时大大降低了车身摇晃,即使在高速避让时也能确保车子完全平稳。同时,配有手动悬挂系统的S600豪华轿车与任何装有气浮式悬挂装置的S级车型一样有足够的悬挂舒适性能。

奔驰车的舒适性向来是有口皆碑,S600与其他S级车型不同,它用的不是空气弹簧,而是常规的螺旋弹簧,同时辅以主动式车身控制系统ABC。这与奔驰CL600双门跑车完全相同,它可以在高速通过弯道时,让你感觉不到车身的侧倾;在通过较差路面时,将车身震动减至最小限度,做到舒适性与运动性完美地结合。这种技术目前在世界上居领先地位。

S600还装备了许多高科技的设备,如电子控制稳定系统(ESP),它是集制动防抱死系统,牵引力控制系统和制动辅助装置于一体的主动安全设备。它在弯道上也可以精确地控制制动,其操控的反应令人信心倍增。

S600的豪华配置超过了S级的其他车型,带有车距雷达装置的自动驾驶系统,后排座椅独立空调系统、高雅的真皮座椅和木制装饰等都已成为标准的配置。

该车总共有6个催化器,还有6个传感器,从而保证了排放废气的转化。由于催化器可在冷启动数秒内达到正常运转温度,这意味着S600已满足了将于2005年实施的欧洲Ⅳ号(EU-4)规定的尾气排放限制。

2. 奥迪A8

1)主要参数:

(1)类别:

型　　号:奥迪 A8 4.2Quattro(图 10-2)

生产厂商:大众汽车公司奥迪厂(德国)

车　　型:4 门 5 座三厢式

驱动形式:前置四驱

图 10-2　奥迪 A8

(2)主要技术参数:

长/宽/高(mm)	5164/1880/1440	耗油量(L/100km)	12.9
轴距(mm)	2882	装备质量(kg)	1790
发动机	V 型 8 缸 40 气门多点式电喷汽油机	最小转弯半径(m)	—
发动机排量(L)	4.172	油箱容量(L)	—
最大功率(kW/r·min⁻¹)	231/6200	变速器形式	5 档自动变速器
最大转矩(N·m/r·min⁻¹)	410/3000	制动系统(前/后)	盘/鼓
最高时速(km/h)	250	轮胎型号	225/60R16W
加速性(s)(0~100km/h)	6.9	排放标准	欧洲Ⅲ号

(3)配置:

动力转向	有	ABS	有
可调转向盘	有	电动车窗	有
定速巡航系统	有	电动外后视镜	有
电子门锁	有	音响系统	有
安全气囊	有	电动前排座椅	有

2)评价:

德国大众奥迪旗舰产品——全新奥迪 A8 将奥迪品牌豪华、动感和技术领先的传统发挥到了一个前所未有的高度,集奥迪独有的领先技术和其他世界顶尖技术于一身,使激情澎湃的动力性、灵活方便的操控性与豪华舒适性无与伦比地融合在一起,从而确立了新世纪顶级运动型豪华轿车的全新基准,进而为那些充满激情活力的各界精英人士提供了一种足以超越以往的理想选择。

新奥迪 A8 秉承奥迪一贯的"技术领先"理念,集中了各项奥迪首创的领先技术,而每项技术都能使车辆两种以上的性能得到突出的优化,从而领先于竞争对手。

舒适、精致而素雅的格调是这款动力最大、风格最独特的奥迪轿车的内饰特征。车内的设计既充满动感又显得素雅而不张扬,既有跑车的特色又讲究幽雅风度,这些品质浑然一体,没有显露丝毫的不协调。奥迪 A8 轿车的标准配置创造了个性与典雅完美结合的氛围。

多媒体互交系统(MMI)是新奥迪 A8 中一项革命性的突出技术。通过中控台进行步骤简单的操作,驾驶者可以轻松进行娱乐、通讯、导航及车辆状态设定等 85 项操作。这种操作方便的 MMI 系统涵盖各种操作功能,使用极其简便,被公认为是同级别车型中最好的用户操作系统。

新一代奥迪全铝车身框架结构(ASF)大大减轻新奥迪 A8 车身自重,使其具有其他豪华轿车难以比拟的灵活性和安全操控性,同时在舒适、动感,安全方面也有极大的提高。

奥迪独有的全新可调空气悬架系统可以根据路面情况，自动调节车身高度和悬挂的刚性，使操控灵活性与乘座舒适性完美结合，驾驶者可以自由选择 4 种行驶方式，或动感十足，或轻松舒适。

在动力方面，有 330 马力 4.2L V8 款的新型发动机；在动力传动方面，新奥迪 A8 采用了全新 5 速自动/手动一体式变速器；在操控性方面，新奥迪 A8 是豪华品牌高档轿车中惟一将 quattro 永久四驱系统作为标准配置的车型。其四驱系统在运动性和安全性上都有巨大的贡献，它使轿车在任何道路情况下都具有最佳牵引力，即使在高速行驶下拐弯或在湿滑、结冰的路面上行驶，也都可保持平稳驾驶。这些世界顶尖技术的结合将动力性、操控性、舒适性和安全性在一款轿车上空前完美地融合在一起。

正是由于这些突出的优势，由德国权威的汽车杂志《汽车与运动》举办的 2003 年最佳汽车评比中，新奥迪 A8 首次参赛便领先于其他竞争对手，获得顶级轿车级别的桂冠。全球各权威专业媒体试车报道对新奥迪 A8 亦是好评如潮。

3. 卡迪拉克·帝威

1)主要参数：

(1)类别：

型　　号：帝威(Deville)(图 10-3)

生产厂商：通用汽车公司卡迪拉克部(美国)

车　　型：4 门 5 座三厢式

驱动形式：前置后驱

图 10-3　卡迪拉克·帝威

(2)主要技术参数：

长/宽/高(mm)	5329/1943/1422	耗油量(L/100km)	14.2
轴距(mm)	2891	装备质量(kg)	1843
发动机	V 型 8 缸 32 气门多点式电喷汽油机	最小转弯半径(m)	—
发动机排量(L)	4.565	油箱容量(L)	—
最大功率($kW/r \cdot min^{-1}$)	226/6000	变速器形式	自动变速器
最大转矩($N \cdot m/r \cdot min^{-1}$)	401/4400	制动系统(前/后)	盘/盘
最高时速(km/h)	240	轮胎型号	235/55R17
加速性(s)(0～100km/h)	6.8	排放标准	欧洲Ⅳ号

(3)配置：

动力转向	有	ABS	有
可调转向盘	有	电动车窗	有
定速巡航系统	有	电动外后视镜	有
电子门锁	有	音响系统	有
安全气囊	有	电动前排座椅	有

2)评价：

连续 14 年在美国最畅销的豪华轿车——卡迪拉克帝威的最新车型，应用了 2.0 版车身稳定控制系统，北极星引擎系统等一系列创新技术。

该车的内饰典雅华贵、气派不凡，空调设备等诸多功能均可按照驾驶者的要求而量身定制。帝威轿车采用三区域空调系统、前排设置可调的按摩座椅，以及双座椅记忆装置。按摩座椅通过一个电动调节系统，启动连续按摩装置，以10分钟为一循环，充分缓解驾乘人员的疲劳，并采用了加热座椅，四向可调头枕，以及电动腰部调节系统。剧院式后座布局比前座稍高一些，为乘客提供绝佳的前视角度，体验无与伦比的舒适感。

帝威采用了屡获殊荣的卡迪拉克"北极星"发动机。4.6L铝制、双顶置凸轮轴、32气门V8发动机采用了最新的设计，可以延长车辆的保养时间，提高了平顺性，降低了噪声，并达到低排放清洁车型的标准。帝威同时配备了四轮盘式制动，在"北极星"发动机系统中还整合了高级防抱死制动系统、全速电子牵引力控制系统，四轮独立悬挂，以及速度感应式动力转向系统。

StabiliTrak2.0是卡迪拉克新一代世界级的车身稳定控制系统，它改善了各种驾驶状态和路面情况下的可控性。该系统采用了新型的主动转向补充装置，可以在突发性的移动中少量地增加转向力度；当帝威的电脑系统开始感觉到车轮开始打滑或车身在制动中失控制时，2.0版车身稳定系统中的侧滑率控制装置可以在四轮失控的情况下，通过对两个前制动闸施加轻微的力量，帮助驾驶者重新控制车辆。这个系统有效地加强了帝威轿车的操纵性。

帝威加强了防盗配置，新功能包括PASS－KeyⅢ防盗探测系统和遥控无匙开关系统。PASS－KeyⅢ系统中的点火器与动力控制模块中的安全密码相匹配。如果电子系统探测到不匹配的情形，燃料和启动系统则会关闭。遥控无匙开启系统可以在9m以内锁定或打开车门。同时，它还可以从外部打开车内照明灯和车外的指示灯。

4. 日产·风度

1)主要参数：

(1)类别：

型　　号：日产·风度(图10-4)

生产厂商：日产汽车公司(日本)

车　　型：4门5座三厢式

驱动形式：前置后驱

图10-4　日产·风度

(2)主要技术参数：

长/宽/高(mm)	4930/1780/1435	耗油量(L/100km)	10.5
轴距(mm)	2750	装备质量(kg)	1470
发动机形式	V6，DOHC，24气门电喷汽油机	最小转弯半径(m)	5.4
发动机排量(L)	2.988	油箱容量(L)	70
最大功率(kW/r·min^{-1})	147/6400	变速器形式	4档自动变速器
最大转矩(N·m/r·min^{-1})	271/3600	制动系统(前/后)	盘/盘
最高时速(km/h)	212	轮胎型号	215/55R17
加速性(s)(0～100km/h)	—	排放标准	欧洲Ⅲ号

(3)配置：

动力转向	有	ABS	有
可调转向盘	有	电动车窗	有
定速巡航系统	有	电动外后视镜	有
电子门锁	有	音响系统	有
安全气囊	有	电动前排座椅	有

2)评价:

在日产的车系里,风度是一款比较特殊的车型。特殊在哪里呢?一是尺寸:虽然是中型轿车,但它的长度达到了4930mm,比日本和欧洲的同级别车长出一大截,几乎达到了美国车的水平。二是造型:与雷诺合并后,日产大部分车型的设计风格都因受了雷诺的影响而变得有些怪异,惟有风度依然保持着圆润、憨厚的外形。三是价格:6缸的风度3.0在中国市场的售价约为44万元,而同属这一级别的丰田·佳美2.4(4缸发动机)售价竟也达到了这一水平。长期以来,风度优异的性价比一直为人称道。

风度的设计非常平凡,有些甚至可以称为平庸。它的造型比较圆润而缺少锋芒,属于比较中性的一类,既不过分强调稳重也不刻意突出动感。橄榄叶形的散热器格栅很多年前就是这个样子。风度的轴距只有2750mm,与当今流行的车轮移向车身四角的设计理念似乎背道而驰。日产对此的解释是,2750mm的轴距对于室内空间已经足够了。保留一定的前后悬不仅使发动机布置起来更宽松,行李箱尺寸更大,还能在前后预留出足够的变形缓冲区。况且这一级别车型的用户大多是些观念相对保守的中年人,过于前卫的设计他们反而难以接受。

过分注重前排的舒适性而忽略了后排是很多欧洲乃至日本中型车常见的问题。中型轿车在国外是典型的家用车,因此这样设计无可非议。但在中国中型车多作为公务和商务用途,特别关照后排乘员。风度则不存在这一问题,它的前后排座椅空间几乎相等,前后门的宽度也相差无几。后侧窗虽然保留了一小块三角玻璃,但侧窗实际面积比很多车上的"全景玻璃"还要大!前门开度只有65°,后门却达到70°;后排乘客的前方和上方都有扶手,而前排乘客只有一个。如此重视后排乘客的舒适性,难怪中国的客户对它青睐有加。不求先进、新颖,但求豪华、实用。风度的内饰和装备挺合中国人的口味。

在装备和内饰方面,别人都有的东西,风度肯定不会落后。真皮、桃木、天窗、电动座椅、电动遮阳帘和Hi-Fi音响肯定是必不可少的,2003款车型还可选装液晶电视和DVD。但一些新鲜东西,在风度上却难觅踪影。它的大灯至今仍在采用卤素灯泡。ESP、EBD、紧急制动增力和气帘等高科技装备也没有采用。其实日产完全有能力开发这些东西。比如CIMA轿车就装备了号称当今量产车中最亮的多点氙气大灯。在实用第一和降低成本的指导思想下,风度只提供必须的装备。

不过,风度还是有几项装备颇值得称道。一是主动防护头枕,在发生追尾事故时,它能自动向前上方移动,使乘员的颈椎免受伤害;再就是后轮的随动转向装置,它虽然简单,但却能有效地提高车辆的弯道行驶性能。另外,风度3.0还采用了这一级别车上比较少见的17in轮毂和扁平比为55的宽胎。

先进而耐用的VQ发动机是风度的另一大卖点,日产的VQ发动机从一推出就屡获殊荣。它从1995年开始连续7年在美国入选10佳发动机。VQ30DE是一款典型的大缸径、短行程高速发动机。它采用全铝机体。VQ发动机在低速时的爆发力并不算强,但当转速超过3000r/min之后,持续而均匀的动力输出才让人真正体会到这种6缸机的优势。VQ发动机的噪声水平一般,之所以坐在车里觉得安静,是因为车身的隔音做得比较出色。风度3.0的百公里综合油耗为10.5L,排放水平已超越欧Ⅲ而直逼欧Ⅳ。

日本车一向以换型迅速而著称,而目前这款风度已经两年多"容颜未改"了。不过,凭借它在中国多年来积攒下的良好口碑以及它众多适合国内消费者口味的设计,这位暮年壮士应该还有机会再火一把。

5. 丰田·佳美

1)主要参数:

(1)类别:

图 10-5　丰田·佳美

型　　号:丰田·佳美(2.4)(图 10-5)

生产厂商:丰田汽车公司(日本)

车　　型:4 门 5 座三厢式

驱动形式:前置前驱

(2)主要技术参数:

长/宽/高(mm)	4775/1981/1422	耗油量(L/100km)	9.7
轴距(mm)	2720	装备质量(kg)	1936
发动机形式	直列 4 缸,DOHC16 气门电喷汽油机	最小转弯半径(m)	6.0
发动机排量(L)	2.362	油箱容量(L)	70
最大功率($kW/r \cdot min^{-1}$)	112/5600	变速器形式	4 档自动变速器
最大转矩($N \cdot m/r \cdot min^{-1}$)	218/4000	制动系统(前/后)	盘/盘
最高时速(km/h)	200	轮胎型号	215/60R16
加速性(s)(0～100km/h)	10.5	排放标准	欧洲Ⅲ号

(3)配置:

动力转向	有	ABS	有
可调转向盘	有	电动车窗	有
定速巡航系统	有	电动外后视镜	有
电子门锁	有	音响系统	有
安全气囊	有	电动前排座椅	有

2)评价:

丰田佳美这款于 1992 年诞生的车型一度曾是丰田的代名词,作为最畅销的车型,为丰田公司赢得了“全美最受尊重的汽车公司”的荣誉。

佳美非常符合空气动力学原理,0.28 的风阻系数使它的行驶风驰电掣。外观最抢眼的莫过于它那时尚的 HID(高亮度照射)前照灯了,完全占据了车头转角的位置,炯炯有神地很是神气,颇具运动感。

佳美内部设计采用了“人体工程学”技术,使它就像一件量身定做的衣服一样切合您的身体。它的中控台位置安排得很好,按键也非常顺手,不会影响您观察路面情况。精心设计的车窗,车顶立柱以及车镜,使您的视线能够环顾车身的四周。

佳美车厢内部着重于细节和高品质的设备,这使其成为一款匠心独具的轿车。和任何一款同类型轿车相比,佳美给乘员以更大的活动空间,包括身体前方,头部和腿部,使你能够最大程度地享受豪华轿车的舒适性,5 名乘员尽可以随意放松和舒展身体,享受旅行的惬意。车内座椅的臀部位置升高,使前后乘客更容易相互交流。除了乘坐空间宽敞,连后备厢都拥有 587L 的容积,足以容纳众多的行李及运动器材。车边缘也按照人体工程学原理进行精确设计,使你装卸物品更为便捷,后排座椅还可以拆下,这样可以承载像雪橇或家具那样的大体积物品。

在动力性方面，佳美采用了更高效力的四缸 VVT－i 发动机，它分为两款：2.4L 及 2.0L。由于采用了 VVTi 技术，使得佳美不仅具有赛车的性能，还可以降低油耗。另外，燃料在较高的温度下燃烧更充分，从而降低了有害物质的排放。所谓 VVTi 技术，就是"智能正时可变气门控制系统"的简称，它是丰田研制的先进计算机技术，可根据行驶状况及发动机负载改变进气量，并通过调整从排气门关到进气门开的重叠时间，使发动机按不同的转速提供相应的转矩。

6. 斯柯达·法比亚

1)主要参数：

(1)类别：

型　　号：斯柯达·法比亚(1.4)(图 10-6)

生产厂商：大众斯柯达汽车有限公司(捷克)

车　　型：4 门 5 座二厢半式

驱动形式：前置前驱

图 10-6　斯柯达·法比亚

(2)主要技术参数：

长/宽/高(mm)	3962/1646/1451	耗油量(L/100km)	7.2
轴距(mm)	2462	装备质量(kg)	1065
发动机形式	直列 4 缸，DOHC16 气门电喷汽油机	最小转弯半径(m)	—
发动机排量(L)	1.397	油箱容量(L)	45
最大功率($kW/r \cdot min^{-1}$)	74/6000	变速器形式	5 档手动变速器
最大转矩($N \cdot m/r \cdot min^{-1}$)	126/4400	制动系统(前/后)	盘/鼓
最高时速(km/h)	175	轮胎型号	185/60R14
加速性(s)(0～100km/h)	15.5	排放标准	欧洲Ⅳ号

(3)配置：

动力转向	有	ABS	有
可调转向盘	有	电动车窗	有
定速巡航系统	—	电动外后视镜	有
电子门锁	有	音响系统	收音
安全气囊	有	电动前排座椅	—

2)评价：

法比亚是斯柯达汽车公司 1999 年底推向市场的产品，使用大众车的底盘，是一款小型轿车。法比亚优雅而又充满动感的车身造型与现代欧洲家庭用车的主流相吻合。外形柔中带刚，线条流畅洗练。整体式的前保险杠与充满力度的进气格栅相连接，和谐而紧凑的组合式前车灯，使法比亚颇具现代感。最让人心动的还是法比亚尾部的设计，优美的弧型曲线，立体感十足的组合式后车灯，与圆润有力的后保险杠完美地结合在一起。

法比亚有两大优点：乘坐空间宽敞和安全性高。

看似紧凑的车型，却有着非常宽敞舒适的驾驶感受和乘坐空间。仪表盘的设计简洁清晰，各种操纵按钮伸手可及。高雅型的配置，除了选用天秤座图案的黄色内饰，还比经典型增加了镀铬的档杆、手刹和车门锁扣，以及电动调节和具有除霜功能的车外反光镜。而作为家庭用车，法比亚储物厢的设计更有独到之处。除了门内侧的储物空间外，副驾驶座前的储物箱不仅可以放置物品，还可以是一个小型的冰箱。车内的前部宽 1.38m，后部宽 1.39m，供乘员使用的车内前排最大纵向尺寸为 1.09m，后排最大纵向尺寸为 0.85m，其厢内宽敞程度可与一般中型轿车相媲美。行李箱容积达 248L，还可将后排座椅折叠，使后部空间与行李箱连通，容积就可以达到 1016L。行李箱设计的细微之处还在于其底部备有用来拴行李的绳索和网架。

在法比亚的安全配置中，前排安全气囊和后排安全带全部配齐。不仅如此，法比亚在撞车试验中的标准车速是 64km/h，比国际标准规定的试验车速高出 14km，因此车身结实，前后车身都有防碰撞的吸能区，门柱较粗。此外，在法比亚的选装配置中有 ABS 防抱死系统，以及 MSR 驱动力控制，EDS 电子差速器、ASR 防侧滑和 ESP 电子自稳定系统等。

法比亚具有很好的抓地性，转向也非常灵敏，方向盘的操作力大小也非常适中。由于车型采用独特的电液助力转向机，随着车速的高低可以自动调节助力的大小。另外，法比亚的前悬挂为麦弗逊式独立悬挂，横向稳定杆，后悬挂为纵向摆臂多连杆式悬挂，减振器与螺旋弹簧分开布置。这样的设计，不仅保证车辆具有良好的操纵稳定性能，其软硬度也非常适合中国人的习惯。

法比亚的发动机有 6 种汽油机和 2 种柴油机的配置，排量从 1.0L37kW 到 2.0L85kW，变速器则为 6 速手动和 4 速自动两种，而且法比亚车型全部满足 2005 年 1 月 1 日开始实行的欧洲Ⅳ号排放标准。

7. 大宇·蓝龙

1）主要参数：

（1）类别：

型　　号：大宇·蓝龙（图 10-7）

生产厂商：大宇株式会社大宇汽车公司（韩国）

车　　型：4 门 5 座二厢半式

驱动形式：前置前驱

图 10-7　大宇·蓝龙

（2）主要技术参数：

长/宽/高（mm）	4237/1678/1432	耗油量（L/100km）	8.2
轴距（mm）	2520	装备质量（kg）	1102
发动机形式	横置直列 4 缸 OHC 电喷汽油机	最小转弯半径（m）	—
发动机排量（L）	1.498	油箱容量（L）	48
最大功率（$kW/r \cdot min^{-1}$）	63/5800	变速器形式	5 档手动变速器
最大转矩（$N \cdot m/r \cdot min^{-1}$）	130/3400	制动系统（前/后）	盘/鼓
最高时速（km/h）	180	轮胎型号	155/80 R13T
加速性（s）（0～100km/h）	12.5	排放标准	欧洲Ⅱ号

（3）配置：

动力转向	有	ABS	有
可调转向盘	有	电动车窗	有
定速巡航系统	—	电动外后视镜	有
电子门锁	有	音响系统	收音
安全气囊	有	电动前排座椅	—

2)评价：

大宇蓝龙的外观浑圆，但仍属比较传统的设计，这样的设计虽然不会很张扬，但却比较耐看。散热器隔栅是标准的大宇式模样。说明高速发展当中的韩国汽车企业开始向奔驰、宝马等著名汽车企业看齐，越来越注重产品的统一形象了。而车头和车尾灯就和整车的线条一样，属于小而圆的设计，不过材质不错，一双小眼睛显得炯炯有神。由于产品定位的关系，合金轮圈在这里是找不到的，门把手也是普通黑胶的。不过，在这当中，你不会察觉到一丝的漫不经心，车子的钣金、缝隙都处理得很好，只是车身显得有点单调。轮胎选用的是13寸轮胎，和车身相比，感觉也有点小。

蓝龙的驾驶座，无论是头部、肩部或者腿部都没有任何压迫感，空间的布置不错。只有一点，窗舷比较高，不能像驾驶日本车那样舒服的将胳膊肘架在上面。后座的空间同样出色，要感谢蓝龙那平实的外观设计，前后车窗的倾角偏小，虽然感觉不够流畅，但却造就了乘员优秀的头部空间。内装和外观一样，材质一般但做工不错，主要都是由深色硬塑料组成，车顶使用一次成型的发泡材料，省去了清洁的麻烦。座位为布料包覆，乘坐感觉颇为舒服，后座的座位还可以分比例或全部放倒，将后备厢的空间延伸至车内，这在3厢车中是不多见的设计。

蓝龙的发动机怠速下的声音很安静，抖动也很微弱，这离不开双电子扇的设计。档位很顺畅，挂上一档，踩下加速踏板，发动机的动力很是了得！悬挂调校得也非常好，软硬适中，路感丰富，再没有以前韩国小型车那种令人心烦的颠簸，看样子韩国人在悬挂调校上的水平真的要让人刮目，虽然只是13寸175的轮胎，但给人的感觉十分的沉稳，当然，这也与它1.1t的车重有直接关系，转向盘给人的感觉是回正欲望非常强烈，助力轻重恰到好处。高速时噪声是有的，不过抑制水平都属上乘，路面噪声相对明显，表明地板隔音还有提升余地。制动感觉是线性的，力度适中，ABS也十分有效，给人充分的信心。

二、国内轿车

1. 上海通用别克·君威

1)主要参数：

(1)类别：

型　　号：别克·君威GS3.0(图10-8)

生产厂商：上海通用汽车有限公司(中美合资)

车　　型：4门5座三厢

驱动形式：前置前驱

图10-8　上海通用别克·君威

(2)主要技术参数：

长/宽/高(mm)	4923/1845/1465	耗油量(L/100km)	6.9
轴距(mm)	2769	装备质量(kg)	1579
发动机形式	V型六缸SFI顺序多点电喷汽油机	最小转弯半径(m)	—
发动机排量(L)	2.980	油箱容量(L)	72
最大功率(kW/r·min^{-1})	126/5200	变速器形式	电控4档自动变速器
最大转矩(N·m/r·min^{-1})	256/4400	制动系统(前/后)	盘/盘
最高时速(km/h)	200	轮胎型号	225/60 R16
加速性(s)(0～100km/h)	10.8	排放标准	欧洲Ⅱ号

(3)配置：

动力转向	有	ABS	有
可调转向盘	有	电动车窗	有
定速巡航系统	有	电动外后视镜	有
电子门锁	有	音响系统	有
安全气囊	有	电动前排座椅	有

2)评价：

别克·君威以大弧度线条勾勒出简洁大方的外形。车头开阔的镀铬水箱护罩，与宽大的前灯平行而置。低风阻流线型车身优雅修长、追求简洁流畅的视觉效果。君威前灯设计采用世界先进全塑技术，光滑亮丽，璀璨如晶，而在造型处理上凸显双灯的感觉。带来更多安全感，尾灯设计取材于夜光中的满天繁星，采用放射性的灯光效果、模拟星星闪烁、点燃时尚科技之光、赋予行驶中的君威飘逸灵动的气质。全新雾灯采用顶级名车标配的自由曲面反光镜，与保险杠一体化嵌入，既富美感又具耐久性。银色的立标，将飞翼的灵动与别克经典盾标志的沉稳完美结合起来。

君威发动机的动力输出表现强劲有力，变速器在急加速下的反应也令人相当满意。它的特点是在加速拥有较强的爆发力，在全车满载的情况下，直接加速到 160km/h，甚至是 190km/h，感觉也十分轻松。

与老别克相比较，君威的悬挂总体感觉硬中带着柔和，因为采用的是美国警车的底盘，这样似乎更适合中国的路况；加上君威的自重，即使路面效果不理想，君威给乘驾人员的感觉仍比较安心，很少有惊咋的感觉。至于君威的静音效果，似乎比起老别克来更胜一筹，行驶时隔音抗噪的水准依旧可傲视国内同级轿车。

君威车型配置八向驾驶座，前排乘客座椅可四向电动调节，一律选用澳洲优质软牛皮。后座独立空调、音响遥控系统，完美地表达了君威成熟、稳重的尊客之道。仪表盘上的石英钟，大型双层中央置箱、扶手杯托、后备箱开启按钮等人性化设计，无不在高雅豪华中体现出人文关怀。

君威座舱设计追求舒适宁静的驾乘享受和体贴入微的心理感受，君威 DVD 影音系统配备的三个屏幕足以满足车上每位乘员的舒适享受，后排乘客可分别独立操作空调和影音系统。当前排客位没人乘坐时，还可利用设计在椅背侧面的调节键改变其位置和角度，从而扩大后部的空间。

2. 一汽红旗

1)主要参数：

(1)类别：

型　　号：红旗 CA7460(图 10-9)

生产厂商：一汽轿车股份公司

车　　型：4 门 6 座三厢

驱动形式：前置后驱

图 10-9　一汽红旗

(2)主要技术参数：

长/宽/高(mm)	5481/1980/1478	耗油量(L/100km)	11.5
轴距(mm)	2990	装备质量(kg)	1969
发动机形式	V 型八缸顺序多点电喷汽油机	最小转弯直径(m)	12.1
发动机排量(L)	4.6	油箱容量(L)	—
最大功率(kW/r·min^{-1})	158/4750	变速器形式	电控 4 档自动变速器
最大转矩(N·m/r·min^{-1})	392/3250	制动系统(前/后)	盘/盘
最高时速(km/h)	185	轮胎型号	—
加速性(s)(0~100km/h)	10.5	排放标准	—

(3)配置：

动力转向	有	ABS	有
可调转向盘	有	电动车窗	有
定速巡航系统	有	电动外后视镜	有
电子门锁	有	音响系统	有
安全气囊	有	电动前排座椅	有

2)评价：

五六十年代，在许多访问我国的外国政要心目中，“见毛主席，坐红旗车，喝茅台酒”是那个年代在中国能受到的最高外交礼遇。当时红旗车在国内外可谓是享有盛誉，红旗车几乎成为了民族工业的象征。

今天，作为国家高级商用车的代表之作红旗旗舰是一汽轿车公司和美国福特公司联合设计开发的具有独立知识产权的顶级豪华轿车，其设计制造工艺与福特公司的林肯都市车型属于同一技术平台。在整车外形设计方面，融入了中华民族传统的审美特色，既继承了老红旗庄重典雅、厚重气派的风格，又兼收并蓄了当今国际车坛所流行的豪华时尚、丰满圆润的流线造型，给人以雍容华贵、尊崇显赫之感；在车体内部设计方面，大至整车操控系统、小至一个电动开关，更是随处可见当今世界汽车制造的高新技术与乘坐舒适性、安全性的完美结合与展现。

3. 广州本田·雅阁

1)主要参数：

(1)类别：

型　　号：新雅阁 3.0V6(图 10-10)

生产厂商：广州本田汽车有限公司(中日合资)

车　　型：4 门 5 座三厢

驱动形式：前置前驱

图 10-10　广州本田·雅阁

(2)主要技术参数：

长/宽/高(mm)	4814/1821/1463	耗油量(L/100km)	7.8
轴距(mm)	2738	装备质量(kg)	1562
发动机形式	V型六缸 VTEC 可变气门正时及升程电子控制系统顺序多点电喷汽油机	最小转弯直径(m)	11
发动机排量(L)	2.997	油箱容量(L)	65
最大功率($kW/r \cdot min^{-1}$)	177/6250	变速器形式	电控5档自动变速器
最大转矩($N \cdot m/r \cdot min^{-1}$)	288/5000	制动系统(前/后)	盘/盘
最高时速(km/h)	200	轮胎型号	205/65R16 92V
加速性(s)(0~100km/h)	—	排放标准	欧洲Ⅲ号

(3)配置：

动力转向	有	ABS	有
可调转向盘	有	电动车窗	有
定速巡航系统	有	电动外后视镜	有
电子门锁	有	音响系统	有
安全气囊	有	电动前排座椅	有

2)评价：

广州本田的新一代雅阁轿车，汇集了 Honda 世界同步的先进技术，无论是外观配置还是性能表现都从真正意义上实现了完全的换代改款。

全新的发动机在提高了动力性能的同时，实现了排放及节能在高水平的结合。新一代雅阁 3.0 配置了 3.0L V6 单项置凸轮轴 VTEC 发动机，最大功率比上一代雅阁提升了 40 马力，而车的排放标准均相当于欧 III 标准。

从“达到高级轿车最高品质”的开发理念出发，新一代雅阁 3.0V6 装备了一系列世界先进水平智能技术装备，配置了新一代 TCS(Traction Control System)牵引力控制系统。由 ECU 综合控制，通过 TCS 实现整车在所有速域中，对发动机的节流阀进行调节。防止驾车者所不希望出现的车轮空转现象，确保新一代雅阁 3.0 V6 在摩擦系数低的路面条件下行驶更稳定。一般的 TCS 起作用的速度范围是 40km/h 以下，而新一代雅阁 3.0 V6 的 TCS 速度范围扩大到 85km/h 以下，令驾乘者舒心、安心。

新一代雅阁 3.0 V6 还装备了 ETC(Electronic Throttle Control)电子控制节气门系统，在 ETC 的方式下，通过 ECU 分析判断由传感器传递的驾驶员的加速信息并综合汽车的行驶环境，更加精准控制发动机节气门开度和喷油量，有效地提高了汽车的动力性，控制油耗和排放。

新一代雅阁 3.0 宽大、修长的车身，格外强调楔形设计的流畅线条，浑厚而充满动感，从前脸开始以锐利潇洒的气势滑向车尾，勾勒出现代时尚的风貌，此外还增加了侧面安全气囊和后视镜侧转向灯等都更臻完美高级轿车的配置。

新一代雅阁 3.0V6 轿车发动机盖中部前后伸展的流线加宽加厚，并加强了发动机盖的刚度，进一步增强了整车的动感和流线型；增强了整车的豪华感。突出部分显得性格硬朗了许多，不像以前几款雅阁那么平淡，电镀的格栅框和改进的雾灯使本田雅阁 3.0 显得更加生动华丽。以前雅阁看起来比较单薄，而新款 3.0 V6 从前面看上去更有美规车的感觉。

4. 一汽大众·奥迪 A6

1)主要参数:

(1)类别:

型　　号:奥迪 A6(图 10-11)

生产厂商:一汽大众汽车有限公司(中德合资)

车　　型:4 门 5 座三厢

驱动形式:前置前驱

图 10-11　一汽大众·奥迪 A6

(2)主要技术参数:

长/宽/高(mm)	4886/1810/1475	耗油量(L/100km)	7.2
轴距(mm)	2760	装备质量(kg)	1545
发动机形式	V 型六缸 5 气门涡轮增压电喷汽油机	最小转弯直径(m)	—
发动机排量(L)	2.771	油箱容量(L)	70
最大功率(kW/r·min^{-1})	140/6000	变速器形式	无级/手动一体式
最大转矩(N·m/r·min^{-1})	280/3200	制动系统(前/后)	盘/盘
最高时速(km/h)	226	轮胎型号	205/55R 16W
加速性(s)(0~100km/h)	9.8	排放标准	欧洲Ⅲ号

(3)配置:

动力转向	有	ABS	有
可调转向盘	有	电动车窗	有
定速巡航系统	有	电动外后视镜	有
电子门锁	有	音响系统	有
安全气囊	有	电动前排座椅	有

2)评价:

一汽大众生产的奥迪 A6 是中国最先与国际市场同步的高档豪华轿车,代表了中国汽车工业发展的最新成就。奥迪设计新颖、做工考究,是凝聚智慧的当代车型。新奥迪 A6 整体内涵彰显出更尊贵、更进取、更动感的全新风采。

此次新奥迪 A6 的升级内容包括 multitronic®无级/手动一体式变速器、6 安全气囊、双氙灯、满足欧洲Ⅳ号排放标准的发动机技术,以及外形、内饰等在内的多达 23 项配备升级;同时新增加了多种内、外饰颜色及选装配备,供用户选择。这一系列产品升级改进的举措使得新奥迪 A6 在价格体系保持不变的基础上产品大大增值。

新奥迪 A6 的外形在秉承奥迪品牌引领世界车坛的典雅风格和高贵气质、将豪华阶背车的庄重与溜背跑车的激情完美融为一体的基础上,外形更显尊贵气质。闪亮的上下进气栅共同勾勒出的完美弧线,在宁静典雅中显示出无穷魅力;铝环水箱面罩、运动风格的组合仪表、新的发动机罩盖、新的前后保险杠、外露的双排气管、运动型 5 辐轮辋等;给整车赋予了随时蓄势待发的激情与动力;新奥迪 A6 的天线位置移到车顶后部,信号接收更灵敏,现代感气息更加强烈。

奥迪 A6 主动安全系统拥有带 EBV 电子制动力分配的 ABS 防抱死制动系统,EDS 电子差速锁,ASR 驱动防滑系统,四连杆前悬挂系统,随速转向助力调节装置等高科技,令防患于未然;压损区设计的车身,前后保险杠,安全气囊,车门侧防撞梁等被动安全装置,可将伤害减少到最小程度;防盗安全系统均为电子智能式,使人尽可放心泊车。

先进的发动机五气门技术,手动/自动一体式变速器等都是世界一流。同时,为适合中国人的乘坐习惯,中国型奥迪 A6 还将车身特别加长,使后坐舱更宽敞舒适,能够极大地满足中国消费者的需求。

5. 上海大众·桑塔纳

1)主要参数:

(1)类别:

型　　号:桑塔纳 2000 时代阳光(图 10-12)

生产厂商:上海大众汽车有限公司(中德合资)

车　　型:4 门 5 座三厢

驱动形式:前置前驱

图 10-12　上海大众·桑塔纳

(2)主要技术参数:

长/宽/高(mm)	4680/1700/1423	耗油量(L/100km)	7.1
轴距(mm)	2658	装备质量(kg)	1210
发动机形式	四缸 2 气门多点电喷汽油机	最小转弯直径(m)	11
发动机排量(L)	1.781	油箱容量(L)	60
最大功率($kW/r \cdot min^{-1}$)	74/5200	变速器形式	5 档手动变速器
最大转矩($N \cdot m/r \cdot min^{-1}$)	155/3600	制动系统(前/后)	盘/鼓
最高时速(km/h)	175	轮胎型号	195/60R14
加速性(s)(0~100km/h)	13.5	排放标准	欧洲Ⅱ号

(3)配置:

动力转向	有	ABS	有
可调转向盘	—	电动车窗	有
定速巡航系统	—	电动外后视镜	有
电子门锁	有	音响系统	有
安全气囊	有	电动前排座椅	有

2)评价:

在中国市场,桑塔纳创造了一个"神话":自 1985 年第一辆桑塔纳轿车驶下上海大众生产线至今虽然已近 20 年,桑塔纳却一直是上海大众乃至中国汽车市场的畅销品种,曾经一度独占中国车市的半壁江山,形成了非常成熟的,领域广泛的客户群。

全新改版的桑塔纳 2000"时代阳光"的变化和进步不仅仅为装配天窗,上海大众还运用了大量新技术、新装置,使得时代阳光"外观小改,内在全新"。首先,动力系统全面升级。采用了 2VQS 专用发动机和新一代电子控制系统,配合热膜式空气流量计、增量式转速传感器、双防爆震传感器,精确控制混合气体的空燃比和点火角,动力性与经济性得以保障。其次,优化过的空调系统、减震系统加上新配备的红外线遥控中央集控门锁和高度可调式前座椅令乘驾更感舒适惬意。另外,全新桑塔纳 2000"时代阳光"整车线束的集成模块化设计使线束总成数量减少为原来的 1/3,车底盘部位采用空腔封蜡技术从而大大延长了车辆的使用寿命。上海大众此次试图通过全新的制造质量和人性化设计赢得更多消费者的信赖。

桑塔纳2000全车为国际流行的一体色。它的车厢内空间相当宽敞,后排空间高度是1190mm,顶部空间宽度为950mm,中部宽度为1370mm,后排座椅前部距离顶部是800mm,后部是900mm。可见,2000轿车的空间远远大于同级车辆。

桑塔纳2000老式的减震器显得欠缺,它影响了行车时舒适性,内饰也显得不够时尚,按钮、开关的形状不够美观。不过,对老款改型的轿车来说,也不能太苛求了。

6. 一汽大众·捷达

1)主要参数:

(1)类别:

型　　号:捷达"都市春天"(JETTA CiX)(图10-13)

生产厂商:一汽大众汽车有限公司(中德合资)

车　　型:4门5座三厢

驱动形式:前置前驱

图10-13　一汽大众·捷达

(2)主要技术参数:

长/宽/高(mm)	4428/1660/1420	耗油量(L/100km)	6.3
轴距(mm)	2471	装备质量(kg)	1050
发动机形式	直列四缸8气门多点电喷汽油发动机	最小转弯直径(m)	10.5
发动机排量(L)	1.6	油箱容量(L)	55
最大功率(kW/r·min^{-1})	64/5800	变速器形式	5档手动变速器
最大转矩(N·m/r·min^{-1})	135/4000	制动系统(前/后)	盘/鼓
最高时速(km/h)	180	轮胎型号	185/60R14
加速性(s)(0~100km/h)	13.5	排放标准	欧洲Ⅱ号

(3)配置:

动力转向	有	ABS	有
可调转向盘	—	电动车窗	有
定速巡航系统	—	电动外后视镜	有
电子门锁	有	音响系统	收音
安全气囊	有	电动前排座椅	—

2)评价:

提起捷达,首先反映出的就是它的质量,它的信誉,以及它响当当的品牌形象。现代社会汽车品牌的价值是靠其产品的技术性能和稳定的质量来支撑的。

一汽大众以其"质量至上、科技领先"的一贯作风,将捷达的优秀品质与普通大众的期望结合,赋予了捷达"都市春天"现代城市车的独特内涵,为渴望拥有属于自己的捷达轿车的用户打造了一款装备齐全实用的全新"实力捷达私家车"。

拥有全色尾灯及流线靓丽外形的捷达"都市春天" 配备了全新的人性化内饰,满足了现代人对于时尚生活的需求,既方便舒适又张显个性。符合人体工程学的时尚座椅,大空间、大行李箱,更适合全家旅行;动力转向、电动后视镜、电动车窗、四幅转向盘一应俱全,保证了驾驶者在驾驶中的得心应手。

捷达“都市春天”,秉乘一贯的澎湃动力,采用世界先进的横流扫气进气技术,把2气阀电喷车的动力性提到了一个新高度,同时也极大地改善了经济性,百公里耗油只有6.3L,排放也达到欧洲Ⅱ号标准,将动力性、经济性与保环性完善结合,堪称国产中级轿车的动力典范。

毫无疑问,“都市春天”不仅在内部空间和人性化设计上满足了现代家庭对私家车的心理期望,它还有三厢、全尺寸、流线型的经典外形,一直保有的横流扫气多点电喷发动机的传统动力优势,特别是捷达皮实、质量稳定、性能可靠的优良传统,都在内外品质和外观上给人以全方位的信心,它体现现代都市家庭心中的家用车型。

但作为老三款轿车之一的捷达还存在发动机噪声比较大,车厢的隔音水平有待提高。

7. 神龙·爱丽舍

1)主要参数:

(1)类别:

型　　号:爱丽舍(图10-14)

生产厂商:神龙汽车有限公司(中法合资)

车　　型:4门5座三厢

驱动形式:前置前驱

图10-14　神龙·爱丽舍

(2)主要技术参数:

长/宽/高(mm)	4305/1821/1463	耗油量(L/100km)	7.5
轴距(mm)	2540	装备质量(kg)	1115
发动机形式	直列四缸顺序多点电喷汽油机	最小转弯直径(m)	—
发动机排量(L)	1.595	油箱容量(L)	—
最大功率($kW/r \cdot min^{-1}$)	65/5600	变速器形式	5档手动变速器
最大转矩($N \cdot m/r \cdot min^{-1}$)	135/3000	制动系统(前/后)	盘/鼓
最高时速(km/h)	175	轮胎型号	185/60R14
加速性(s)(0~100km/h)	15.5	排放标准	欧洲Ⅱ号

(3)配置:

动力转向	有	ABS	有
可调转向盘	有	电动车窗	有
定速巡航系统	—	电动外后视镜	有
电子门锁	有	音响系统	有
安全气囊	有	电动前排座椅	—

2)评价:

爱丽舍是神龙汽车有限公司向市场推出的一款三厢轿车。其车名取自法国总统府爱丽舍宫。爱丽舍新车型是一款精致中蕴涵现代的轿车,将这款轿车命名为“爱丽舍”,诠释出法国式的优雅和品位:同时以一个独具特征的建筑物名来称呼一款轿车,表现出个性十足,时尚潮流的追求。爱丽舍轿车流畅而现代的造型出自法国造型师之手,完全继承了雪铁龙轿车的特有风格。爱丽舍轿车采用萨拉毕加索轿车的底盘平台,并根据中国的道路状况和用户使用习惯进行了优化设计。

当第一眼看到爱丽舍时,一定会被它极具现代感的外形所打动,特别是组合式水晶前照灯，晶莹剔透，透射出个性、热烈、明亮和雄心，颇似猎豹的双眼，眼光深邃如炬；带加强筋的发动机罩强化了力量和强壮的概念，再加上镀铬散热器护栅配以放大的雪铁龙人字齿型标识，从车的前部看，整个车就像一只即将出击的猎豹，给人以超越极限的力量和速度感。

爱丽舍轿车对用户最具诱惑力的是配置非常齐全，并大量采用了新的汽车技术，从而具有极佳性能价格比。新推出的爱丽舍轿车标准配置包括：电控双安全气囊，智能化电子密码防盗系统，电控四通道 ABS，可变液压助力转向系统，六扬声器高级 CD 音响，车内可调整角度双光前照灯等。

爱丽舍轿车，瞄准的主要用户是一个成熟而理性的，具有一定收入的中档私家车消费群体。市场调研表明这部分用户最看中轿车的功能和实用性，他们希望拥有的轿车配置齐全，驾乘舒适，在代步之余还能用于商务或正式场合，同时还应体现驾乘者追求现代精致优雅生活的情趣和品位。

8. 北京现代·索纳塔

1）主要参数：

（1）类别：

型　　号：索纳塔（SONATA）2.0 GLS（图 10-15）

生产厂商：北京现代汽车有限公司（中韩合资）

车　　型：4 门 5 座三厢

驱动形式：前置前驱

图 10-15　北京现代·索纳塔

（2）主要技术参数：

长/宽/高（mm）	4747/1820/1440	耗油量（L/100km）	7.3
轴距（mm）	2700	装备质量（kg）	1439
发动机形式	直列四缸 16 气门双顶置凸轮轴顺序多点电喷汽油机	最小转弯直径（m）	11.9
发动机排量（L）	1.975	油箱容量（L）	65
最大功率（$kW/r \cdot min^{-1}$）	101/6000	变速器形式	电控 4 档自动变速器
最大转矩（$N \cdot m/r \cdot min^{-1}$）	180/4500	制动系统（前/后）	盘/盘
最高时速（km/h）	180	轮胎型号	205/65R16
加速性（s）（0～100km/h）	13.2	排放标准	欧洲Ⅱ号

（3）配置：

动力转向	有	ABS	有
可调转向盘	有	电动车窗	有
定速巡航系统	—	电动外后视镜	有
电子门锁	有	音响系统	有
安全气囊	有	电动前排座椅	有

2）评价：

现代公司在近年对索纳塔的换型令人眼花缭乱，而北京现代引进的这款 2002 年推出的最新版本具有最令人过目不忘的外形。原本索纳塔在现代的产品系列中是一款很朴实的中型车，不怎么在造型上多费笔墨，可在这代索纳塔车型身上，我们很明显地看出设计师是下了一番工夫的。首先是前脸,左右各有两个的四眼前照灯这些年已经用滥了,这款车巧妙地将两个圆形连接起来,又不像奔驰 C 级那样的“花生壳”形状,而是上凹下平,再配以样子很像一把镀铬梳子的水箱格珊,虽然不一定符合每个人的审美口味,但的确是新颖别致。车身的整体线条也很有特点,侧面腰线是前后低、中间高,竟依稀显露出欧洲古典豪华轿车的风格。

与扎眼的外形相比,它的内饰就显得平淡了。很显然内饰的设计以实用为基本原则,各个控制区域划分得很合理,操作方便。油箱盖和行李箱遥控开关设置在驾驶员旁边的车门内板上,觉得用起来比很多车设置在驾驶座下方的地板处要顺手得多。从做工来说,车身外部品质相当好,体现出韩国车的品质确实在“与时俱进”;内部总体不错,只是个别小塑料件稍有欠缺。是在标准长度的车身内,后排座位很宽大,给后面的乘客多的空间也是目前国内汽车制造厂家最先想到的,毕竟我们现在车少人多,多人用一车的时候是很多的。

现代车总的来说是比较舒适的,但是由于现在的汽车给舒适性下了一个比较高的定义,即对噪音和振动的尽可能的隔离,相比之下,现代索纳塔好像不那么跟风。车子的独立悬挂表现很好,开车的人感觉很舒服。缺点是操控性有缺陷,转弯时车身侧倾明显,影响舒适性。

索纳塔轿车从动力到车身内外都沿袭了现代公司轿车设计的特点,那就是使用方便,考虑成本的同时照顾到车主的需要和行驶的要求。从工艺看车身,一点都不比欧洲车差。发动机动力输出很理想,虽然是自动变速器,但是油门反应感觉很灵敏,这一点应该说是现代公司多年制造汽车后,所能够表现的设计水平。

9. 一汽丰田·威驰

1)主要参数:

(1)类别:

型　　号:威驰(VIOS)GL－i(图 10-16)

生产厂商:一汽丰田汽车有限公司(中日合资)

车　　型:4 门 5 座三厢

驱动形式:前置前驱

图 10-16　一汽丰田·威驰

(2)主要技术参数:

长/宽/高(mm)	4285/1690/1440	耗油量(L/100km)	5.6
轴距(mm)	2500	装备质量(kg)	1015
发动机形式	直列四缸 DOHC16 气门电喷汽油机	最小转弯直径(m)	10.4
发动机排量(L)	1.498	油箱容量(L)	45
最大功率(kW/r·min⁻¹)	68/6000	变速器形式	电控 4 档自动变速器
最大转矩(N·m/r·min⁻¹)	124/3200	制动系统(前/后)	盘/鼓
最高时速(km/h)	200	轮胎型号	175/65R14
加速性(s)(0～100km/h)	13.2	排放标准	欧洲Ⅲ号

(3)配置:

动力转向	有	ABS	有
可调转向盘	有	电动车窗	有
定速巡航系统	—	电动外后视镜	—
电子门锁	有	音响系统	有
安全气囊	有	电动前排座椅	—

2)评价：

“威驰”作为丰田在中国国内生产的第一款轿车，是以“提供高质量的移动空间”这一理念开发而成。其特点是，车身造型源自于丰田的新世纪设计主题“活力清爽”，极富动感又不失强悍；车内空间精良考究，集高档设计与尖端科技于一身。正是这些特点在高层次上的统一创造出了这一新世纪的丰田轿车。

“威驰”的外观感觉既厚重又具有动感，极富立体感的前格栅、抑扬有致的车身侧面视觉、组成强劲有力且浑然一体的立体结构，创造出了一种洋溢青春动感的印象，充分体现了目前世界最新的潮流，是一款很时尚的轿车。它的车身采用流线型设计，外表平滑，风阻系数很低（Cd值0.29）。据丰田公司介绍，该车车身油漆的喷涂工艺与皇冠轿车的高级喷涂工艺相同，表面更光滑、更细腻。该车的前后保险杠采用独特的整体设计，厚重沉稳，再加上选装的全车大包围（扰流板），更有运动型轿车的风韵。

“威驰”的仪表板安装在驾驶室的中间位置，并朝向驾驶员，驾驶的视野更开阔、敞亮。同时有效的缩短了观察仪表视线的距离，更方便、更安全。车辆的内饰采用协调的色调，配上桃木装饰更加高雅质感。此外，值得一提的是“威驰”的行李箱容积高达430L，并且后排座椅靠背采用6:4分割可倒式，更便于居家出行旅游用品的存放和运输。

由于配置了带有EBD功能的ABS系统，“威驰”的制动性能显得更为出色，制动距离短、平稳、可靠。同时，松下公司最新研制的发烧级高保真音响SSC系统也是首次在这款小型轿车上采用。此外，车载免提电话装置和TVSS智能防盗系统等同样使我们充分享受到科技领先的优越感。

10. 吉利·优利欧

1)主要参数：

(1)类别：

型　　号：优利欧MR7130X1JSN(图10-17)

生产厂商：浙江吉利汽车工业股份有限公司

车　　型：4门5座三厢

驱动形式：前置前驱

图10-17　吉利·优利欧

(2)主要技术参数：

长/宽/高(mm)	4190/1650/1430	耗油量(L/100km)	5.0
轴距(mm)	2440	装备质量(kg)	980
发动机形式	直列四缸顺序多点电喷汽油机	最小转弯直径(m)	—
发动机排量(L)	1342	油箱容量(L)	37
最大功率(kW/r·min⁻¹)	63/6000	变速器形式	5档手动变速器
最大转矩(Nm·/r·min⁻¹)	110/5200	制动系统(前/后)	盘/鼓
最高时速(km/h)	145	轮胎型号	175/65R14
加速性(s)(0~100km/h)	13.2	排放标准	欧洲Ⅱ号

(3)配置：

动力转向	有	ABS	—
可调转向盘	—	电动车窗	有
定速巡航系统	—	电动外后视镜	有
电子门锁	有	音响系统	有
安全气囊	有	电动前排座椅	—

2)评价：

“优利欧”在外观上完全摆脱了以往吉利汽车“模仿秀”的影子，最新款的水晶大灯配以极富个性的前脸设计，使这款轿车具备了浓郁的现代气息，尤其是进风口部分的设计，则更显高档气质。据厂家介绍，选用水晶大灯和更为大气的进风口，除了在外形上接近国际潮流，更主要的是提高整车的安全性和空调整体的制冷效果。

优利欧代表了吉利轿车的进步是最应该被首肯的。板金、油漆和装配工艺更加精细，车身平整度也强于早期的车型。改进后的头灯和尾灯造型大气，据说效仿了宝马的设计，晶莹剔透，质量也大有提高；前后保险杠依旧使用玻璃钢材质，制造工艺不错，但强度还是叫人不免有些担心。原先镶嵌在引擎盖上的吉利标被树了起来，愈发凸显。“优利欧”在车顶上配置的全电动天窗更是整车外观上最靓的“卖点”。吉利“优利欧”尾部的设计也显明快大方，水晶质地的尾灯加上圆润的线条过渡，吉利第一款三厢轿车的“收笔”是很漂亮的。

与外观不同，“优利欧”的内饰体现了“个性化”和“高档化”。坐进车里，最抢眼的就是设计新颖的中控台，它朝驾驶者方向倾斜了一定的角度，使上面的空调旋钮和音响按键非常便于操作。全车内部采用国际流行的浅内饰，加上带宽阔而结实侧面支撑的真皮包裹座椅，营造出雅致舒适的驾乘空间。

“优利欧”发动机 1.342L 的排量最大功率可以达到 63kW，在发动机功率上丝毫不输于一般的 1.6L 发动机。从对“优利欧”轿车的路面测试情况来看，其各项性能达到了一款中档轿车的水平。应该说，“优利欧”轿车还不能称得上一款中级的家庭轿车，但是考虑到它仅仅 7 万元左右的价格和种种优异的表现。吉利——这家中国最年轻的汽车制造企业给消费者带来的显然是一款性价比较高的新车型，在家庭轿车市场中必然有着强大的市场竞争力。

11. 风神·蓝鸟

1)主要参数：

(1)类别：

型　　号：新蓝鸟(尊贵型 AT)(图 10-18)

生产厂商：广州风神汽车有限公司(中日合资)

车　　型：4 门 5 座三厢

驱动形式：前置前驱

图 10-18　风神·蓝鸟

(2)主要技术参数：

长/宽/高(mm)	4703/1695/1408	耗油量(L/100km)	6.9
轴距(mm)	2620	装备质量(kg)	1290
发动机形式	直列四缸 DOHC16 气门 顺序多点电喷汽油机	最小转弯直径(m)	9.6

续上表

发动机排量(L)	1.998	油箱容量(L)	60
最大功率(kW/r·min⁻¹)	107/6400	变速器形式	电控4档自动变速器
最大转矩(N·m/r·min⁻¹)	178/4800	制动系统(前/后)	盘/盘
最高时速(km/h)	192	轮胎型号	205/60R15
加速性(s)(0~100km/h)	15.5	排放标准	欧洲Ⅱ号

(3)配置:

动力转向	有	ABS	有
可调转向盘	—	电动车窗	有
定速巡航系统	—	电动外后视镜	有
电子门锁	有	音响系统	有
安全气囊	有	电动前排座椅	有

2)评价:

风神3代是一款融入了豪华气质的蓝鸟改进型,在这款全面改进的蓝鸟车上,已经看不到任何风神的标志,取而代之的是人们更熟悉的日产商标,名为"NISSAN新蓝鸟"。有关方面解释"风神"只是企业的名字,"NISSAN"才是其产品的商标。当然,"NISSAN"取代"风神"背后所蕴含的意义是深远的,最起码反映了日本产业界对风神产品的信心,才允许这款新车冠冕堂皇地挂着"NISSAN"标志品牌。由于全车车身上没有一个中文字,一般消费者很可能会把它当作进口的日产车来看待。

新蓝鸟面对的主要消费群是在商务或社会中处于中坚地位,成熟、稳重,具有强烈的事业心和社会责任感的成功人士。新蓝鸟拥有尊贵大方的外形,精致高雅的内饰,独一无二的E配备,驾乘新蓝鸟可以充分感受到其"尊贵"内涵,大方得体,尊贵非凡。新蓝鸟独特的双色车身,流畅的外观直瀑式水箱镀铬设计,结合整体式头灯和大型组合尾灯,稳重中散发着高雅,流露出尊贵。

新蓝鸟的尊贵不仅仅停留在表面,其内在充实的配备更将"尊贵"演绎得淋漓尽致:大型核桃木纹环景内饰、双色仪表板、七喇叭高保真音响系统、后风挡私密遮阳帘、后座扶手置杯架、后座阅读灯等尊贵配置,无处不体现出高贵的气质;HUD抬头显示,车载电话系统,倒车雷达,驾驶席电动8向真皮椅座等超越同等级的人性化E配备更使尊贵悠然自得。

新蓝鸟的e装备是比较有特色的,比如,HUD飞航式车速表可将车速等信息显示在挡风玻璃左下角,使驾乘者不必低头就可看到车速显示。另外,新蓝鸟还采用一体式车载电话系统,使车内通讯更加自由方便。

此款轿车,更加注重人性化设计,进一步提升车主的驾驭感受,对原有的一体式晶钻头灯进行了升级,均配备了感应式自动开启晶钻头灯。同时,内藏式双层电动天窗设备是尊贵型轿车的标准配备。

新蓝鸟轿车仍然采用日产SR20型发动机,发动机技术、变速器结构和轮胎规格、转向悬挂系统与2002款没有较大差异。最高时速可达192km。

新蓝鸟在静音降噪方面下了不少工夫,风神公司针对全车的隔音措施进行全方位改善,有效提升隔音效果,在这些方面采取了措施后,终于取得了显著的成效。当拧动车钥匙,伴随1s

的稳健启动声后便是一片平静，行驶过程中，60km/h 匀速行驶时，噪声仅为 59dB：即使车速达到 110km/h，噪声也只有 67dB。新蓝鸟的宁静度确实非同一般。

12. 夏利·雅酷

1)主要参数：

(1)类别：

型　　号：雅酷(图 10-19)

生产厂商：天津一汽汽车工业销售有限公司

车　　型：4 门 5 座三厢

驱动形式：前置前驱

图 10-19　夏利·雅酷

(2)主要技术参数：

长/宽/高(mm)	4145/1660/1510	耗油量(L/100km)	5.0
轴距(mm)	2370	装备质量(kg)	1015
发动机形式	直列四缸顺序多点电喷汽油机	最小转弯直径(m)	10
发动机排量(L)	1.342	油箱容量(L)	—
最大功率(kW/r·min^{-1})	63/6000	变速器形式	电控 4 档自动变速器
最大转矩(N·m/r·min^{-1})	110/5200	制动系统(前/后)	盘/鼓
最高时速(km/h)	170	轮胎型号	—
加速性(s)(50～100km/h)	16	排放标准	欧洲Ⅱ号

(3)配置：

动力转向	有	ABS	—
可调转向盘	有	电动车窗	有
定速巡航系统	—	电动外后视镜	—
电子门锁	有	音响系统	有
安全气囊	有	电动前排座椅	—

2)评价：

“雅酷”运动型自动挡家庭轿车，是以声名远播的丰田公司的世纪新款“ECHO”轿车为蓝本，根据中国市场的实际使用状况和需求特点，经过了多项重大适应性改进，并加装了与威驰相同的日本原装电控液压式自动变速器。

中国一汽的豪门风范和日本丰田的经典细腻印记在了雅酷的每个配置细节上。安全、舒适、环保等各层面的和谐统一充分体现了人文关怀。而日本原装电控液压式自动变速器、真空荧光显示数字仪表、预紧式安全带等高技术装备的采用又提升了该车型的档次。

“雅酷”前低后高的流线型外观设计确实与“四平八稳”的传统轿车有较大差别，可以说是夏利 2000 的全面升级版，但雅酷在技术装备、设计细节等方面进行了多达数十项的全面改进，而且在生产制造工艺和质量上都较以往有了很大提高。

13. 奇瑞·QQ

1)主要参数:

(1)类别:

图 10-20　奇瑞·QQ

型　　号:奇瑞·QQ(SQR7110)(图 10-20)

生产厂商:奇瑞汽车有限公司

车　　型:5 门 5 座二厢

驱动形式:前置前驱

(2)主要技术参数:

长/宽/高(mm)	3550/1508/1491	耗油量(L/100km)	4.4
轴距(mm)	2350	装备质量(kg)	880
发动机形式	直列四缸多点电喷汽油机	最小转弯直径(m)	9.5
发动机排量(L)	1.051	油箱容量(L)	—
最大功率(kW/r·min^{-1})	38.5/5200	变速器形式	5 档手动变速器
最大转矩(N·m/r·min^{-1})	83/3500	制动系统(前/后)	盘/鼓
最高时速(km/h)	140	轮胎型号	175/60R13 77H
加速性(s)(0~100km/h)	—	排放标准	欧洲Ⅱ

(3)配置:

动力转向	—	ABS	—
可调转向盘	—	电动车窗	有
定速巡航系统	—	电动外后视镜	有
电子门锁	有	音响系统	有
安全气囊	—	电动前排座椅	—

2)评价:

奇瑞 QQ 是国内第一款为年轻人打造的轿车,定位于“年轻人的第一辆车”,其设计原则就是“快乐”。看 QQ 的第一眼,迎面而来的就是一双圆圆的含笑眼睛,前格栅就是一张含笑的小嘴巴,憨厚的笑意溢于唇边,再配以小巧玲珑的标志,一张快乐的笑脸迎面而来,一种快乐的感觉扑面而至。前保险杠以大包围方式设计,前雾灯、转向灯上下分布在两侧,与设计成半圆的扰流板和前标共同构成一种小小的憨厚表情,方圆相济的防撞条、后视镜、门把手一切都那么个性十足,动感快乐。

与个性十足的外观一样,精巧的内饰是 QQ 的又一大亮点。内饰设计以愉悦和舒适为主要设计风格,精致淡雅的座椅面料,体贴周到的构思无不体现出轻松和快乐;在空间上,QQ 车小空间大,5 个成年人坐进去也不拥挤,特别是前座,1.80m 的个头坐进去也绰绰有余。

奇瑞 QQ 使用的国际最流行时尚颜色,为快乐、为梦想补充新元素。奇瑞 QQ 将装备排量为 0.8~1.1L 多款发动机,分为基本型和舒适型两种,天窗、中控门锁、真皮座椅、六碟 CD 等各种配置应有尽有,更有防盗器、行李架等个性化配置。

三、跑车

1. 奔驰·SLK230K

1)主要参数:

(1)类别：

型　　号：奔驰·SLK230K(图 10-21)

生产厂商：戴姆勒－克莱斯勒、奔驰汽车公司(德国)

车　　型：2 门 2 座三厢

驱动形式：前置后驱

图 10-21　奔驰·SLK230K

(2)主要技术参数：

长/宽/高(mm)	3995/1956/1270	耗油量(L/100km)	9.8
轴距(mm)	2400	装备质量(kg)	1385
发动机形式	直列四缸增压电喷汽油机	最小转弯直径(m)	—
发动机排量(L)	2.295	油箱容量(L)	62
最大功率(kW/r·min^{-1})	146/5500	变速器形式	5 档手动变速器
最大转矩(N·m/r·min^{-1})	282/2500	制动系统(前/后)	盘/盘
最高时速(km/h)	240	轮胎型号	205/55R16
加速性(s)(0～100km/h)	7.2	排放标准	欧洲Ⅳ号

(3)配置：

动力转向	有	ABS	有
可调转向盘	—	电动车窗	有
定速巡航系统	—	电动外后视镜	有
电子门锁	有	音响系统	有
安全气囊	有	电动前排座椅	有

2)评价：

低倾的挡风玻璃、长长的发动机盖、宽大的车门，以及可恣意升降的金属制车顶等，令人赞叹不已。此款奔驰新生小跑车勾勒出新潮、活泼、动感、热力四射的光鲜模样。它的名字简短而响亮，就叫做 SLK，而三个英文字母则各代表跑车化(sporty)、轻盈(light)、简洁(compact)之意，由此也鲜明地透露出其设计理念，纯粹是为了提供百分之百的乘驾乐趣。

奔驰车厂素来拥有优异之跑车设计与制造传统，而 SLK 小跑车，既然受命承继奔驰跑车家族优异传统，让驾驶和乘员充分享受御风而行的畅快感受，因此，那怕是最讲究的跑车迷，相信也能得到绝对的满足。

融合力与美的奔驰·SLK 小跑车，除了极富精锐的跑车特质，更传达着一股崇尚自由、追寻个性和迎接挑战的生活哲学。而奔驰炉火纯青的造车工艺，无论是在安全、品质及环保等方面，都创立了许多新标杆，尤其那隐藏式电动车顶，更是 SLK 跑车最特殊之处。欲开关车顶时，仅须按钮，其余全凭一套智能型电子液压系统，在短短几秒钟内，自动完成金属制车顶的启闭动作，电动硬顶由车顶和后挡风玻璃两大片组成，折收时，彼此重叠没入行李箱内。转瞬间，神奇地令奔驰·SLK 摇身一变成为敞篷车，或是变成一部地地道道的双门轿跑车！

2. 法拉利·360Modena

1)主要参数:

(1)类别:

型　　号:法拉利·360Modena(图 10-22)

生产厂商:菲亚特集团法拉利汽车公司(意大利)

车　　型:2 门 2 座三厢

驱动形式:中置后驱

图 10-22　法拉利·360Modena

(2)主要技术参数:

长/宽/高(mm)	4477/1925/1184	耗油量(L/100km)	17.9
轴距(mm)	2600	装备质量(kg)	1290
发动机形式	V 型八缸顺序多点电喷汽油机	最小转弯直径(m)	—
发动机排量(L)	3.586	油箱容量(L)	95
最大功率(kW/r·min^{-1})	300/8500	变速器形式	6 档手动变速器
最大转矩(N·m/r·min^{-1})	374/4750	制动系统(前/后)	盘/盘
最高时速(km/h)	298	轮胎型号	前:215/45 ZR 18, 后:275/40 ZR 18
加速性(s)(0～100km/h)	4.6	排放标准	欧洲Ⅲ号

(3)配置:

动力转向	有	ABS	有
可调转向盘	有	电动车窗	有
定速巡航系统	—	电动外后视镜	有
电子门锁	有	音响系统	有
安全气囊	有	电动前排座椅	—

2)评价:

法拉利·360 Modena 是 F355 的后继车型,车头线条宽大扁平,水箱从车身两侧移到车头最前面,装置在两边大灯下方。比起 F355,360 Modena 在车身方面也加大不少,车长与轴距分别加长了 7mm 和 150mm,前轮距也加长了 155mm。除了显而易见的空间加大之外,车的行驶稳定性也得到提高。

360 Modena 采用的是一台 V 型 8 气缸 40 气门发动机,是法拉利生产的最强劲的 V8 发动机。这台新设计的发动机采用了轻合金气缸顶,大大降低了重量,只有 184kg。

为了在高速下保持稳定的车身操控,360 Modena 的外形特别注重空气动力的影响,低扁且平滑的车身与平整的底盘,创造出 0.335 的低风阻系数。更重要的是,前保险杠下方中间的气坝造型能集中向下的气流,当气流经过车底时,在车身中间被引导成两股通过车尾。由于气流通过的孔道被压缩,相对使气流流动速度提高,形成车底下方的气压小于大气压,再加上略呈三角形的车身上半部与平滑的后挡风玻璃造型,可减少上方气流,避免造成车体上浮的效应。

360 Modena 的另一显著特点是采用全铝制的车架,不但减轻了车身的重量,还增加了车身的耐用性和安全性。另外,车身采用碳素纤维材料也有助于减轻车身重量。悬挂系统采用前后双摇臂设计，采用全铝质材料。

360 Modena 配备可开关式的 ASR 驱动防滑系统，对于高速走弯路有明显帮助，可以使该型车在弯路上更稳定。360 Modena 的另一特色是在车厢装饰方面大量采用铝合金，更有多项先进配件，如电控座椅、天窗，Xenon 投射式头灯和 Daytona 赛车座椅等可供选配。

3. 吉利·美人豹

1）主要参数：

（1）类别：

型　　号：吉利·美人豹（图 10-23）

生产厂商：浙江吉利汽车工业股份有限公司

车　　型：2 门 5 座三厢

驱动形式：前置前驱

图 10-23　吉利·美人豹

（2）主要技术参数：

长/宽/高（mm）	4115/1685/1325	耗油量（L/100km）	5.0
轴距（mm）	2440	装备质量（kg）	940
发动机形式	直列四缸 16 气门，顶置双凸轮轴	最小转弯直径（m）	10
发动机排量（L）	1.300	油箱容量（L）	45
最大功率（$kW/r\cdot min^{-1}$）	63/6000	变速器形式	手动 5 档变速器
最大转矩（$N\cdot m/r\cdot min^{-1}$）	110/5200	制动系统（前/后）	盘/鼓
最高时速（km/h）	150	轮胎型号	175/65R14
加速性（s）（0～100km/h）	—	排放标准	欧洲Ⅱ号

（3）配置：

动力转向	有	ABS	有
可调转向盘	—	电动车窗	有
定速巡航系统	—	电动外后视镜	有
电子门锁	有	音响系统	有
安全气囊	有	电动前排座椅	—

2）评价：

吉利·美人豹前身是曾经轰动一时的“中国第一跑”吉利概念性跑车。美人豹的命名有着特殊的含义，刚柔相济的名称并非信手拈来，在设计者的构想中，人面豹身的图腾象征着吉利对未来的希冀和一跃而上的勇气。美人豹的诞生，使吉利成为中国汽车界生产自己跑车的成功探路者，也因为这种勇敢与实干精神的结合，美人豹才得以跳出“概念化”的圈子，顺利下线与投放市场。

2003 年 9 月 28 日，“美人豹”正式成为中国国家博物馆的永久收藏品和展示品。通过一斑而能窥全豹，意义远非收藏一款车那么简单，舆论普遍认为，收藏的意义印证了品牌价值。

美人豹前看像一张开颜常乐的笑脸，侧视如一只飞奔的劲豹，动感无限，引人瞩目，兼之全车线条流畅，车身侧面圆润，犹如裹着红绸的美人身段。使用的变色珍珠红色金属漆，根据外部光线与人的视觉变化，显示出不同层次丰富的色彩，仿佛 18 岁多变的青春少女，时尚动感。前仓所设计的防撞性能为国内首创，从而大大提高了整车的安全性能。

美人豹整车性能表现出色，配置齐全。装备了1.3L排量发动机，五档前进档手动变速器，豪华中控台、豪华音响、超豪华多碟DVD/VCD影院系统、中控门锁、电动可调加热除霜后视镜、半导体冰箱、电动门窗、电动后视镜、冷暖空调、电动天窗及采用人体工程学原理设计的跑车专用桶式真皮座椅以及各种触手可及的开关、按钮，一应俱全。

美人豹还装备ABS+EBD防抱死制动装置、驾驶座正面安全气囊、液压助力转向、后玻璃除霜装置等，为驾驶者在充分享受驾驭乐趣的同时提供有力的安全保障。无论在外观设计还是性能配置上，美人豹跑车都已将驾驶本身升华为一种获得乐趣与彰显个性的方式，当然比起世界级的跑车还有一段距离，但做到了适合中国工薪阶层的跑车。

四、运动型多用途汽车(SUV)

1. 北吉·帕杰罗

1)主要参数：

(1)类别：

型　　号：BJ2025A(帕杰罗-速跑 SPORT GLS3.0A)(图10-24)

生产厂商：北京吉普汽车有限公司(中美合资)

车　　型：5门7座二厢

驱动形式：前置四驱

图10-24　北吉·帕杰罗

(2)主要技术参数：

长/宽/高(mm)	4625/1775/1770	耗油量(L/100km)	10.9
轴距(mm)	2725	装备质量(kg)	1920
发动机形式	V型六缸顺序多点电喷汽油机	最小转弯直径(m)	11.8
发动机排量(L)	2.972	油箱容量(L)	74
最大功率($kW/r\cdot min^{-1}$)	123/5000	变速器形式	电控4档自动变速器
最大转矩($N\cdot m/r\cdot min^{-1}$)	251/4500	制动系统(前/后)	盘/鼓
最高时速(km/h)	185	轮胎型号	P245/70R16
最大爬坡度(%)	60	排放标准	欧洲Ⅱ号

(3)配置：

动力转向	有	ABS	有
可调转向盘	有	电动车窗	有
定速巡航系统	有	电动外后视镜	—
电子门锁	有	音响系统	有
安全气囊	有	电动前排座椅	—

2)评价：

三菱帕杰罗的名声在中国非常响亮。自从V31、V33帕杰罗召回事件开始，这个名词一次又一次地灌入人们的脑海。不过，帕杰罗世界范围的良好声誉也是不争的事实。如今，V31、V33帕杰罗的换代车型帕杰罗-速跑终于有机会在中国落户，其东家就是克莱斯勒的中国伙伴——北京吉普汽车有限公司。

虎头虎脑的帕杰罗—速跑没有过去的野性却添了几分秀气，稍小的个头也使人联想到价格的合理性。该车型有2驱和4驱的选择，配有5速手动或者4速自动变速器。

与堪称清秀的外观相比，帕杰罗—速跑的内饰风格也是中规中矩，黑色仪表板白色数字显示清晰易读，真皮座椅，四辐转向盘，变速器档把以及仿木纹装饰很有几分豪华感。在最能体现SUV的装备上，帕杰罗—速跑设计了较高的离地间隙，据称可以通过500mm深的水坑，其接近角、离去角分别为32°和27°。

在安全装备方面，帕杰罗—速跑配有ABS(3L A/T型)、EBD系统、双前座安全气囊、防撞转向柱以及挤压侧条等。总的来看，这是一款典型运动风格SUV。

2. 长风猎豹

1)主要参数：

(1)类别：

型　　号：长风猎豹黑金刚CFA2030C(图10-25)

生产厂商：湖南长丰汽车制造股份有限公司(中日合资)

车　　型：5门7座二厢

驱动形式：前置四驱

图10-25　长丰猎豹黑金刚

(2)主要技术参数：

长/宽/高(mm)	4880/1850/1860	耗油量(L/100km)	13.8
轴距(mm)	2725	装备质量(kg)	2500
发动机形式	V型六缸顺序多点电喷汽油机	最小转弯直径(m)	—
发动机排量(L)	2.992	油箱容量(L)	—
最大功率(kW/r·min^{-1})	133/5500	变速器形式	5档手动变速器
最大转矩(N·m/r·min^{-1})	255/4500	制动系统(前/后)	盘/鼓
最高时速(km/h)	180	轮胎型号	31×10.5R15
最大爬坡度(%)	70	排放标准	欧洲Ⅱ号

(3)配置：

动力转向	有	ABS	有
可调转向盘	有	电动车窗	有
定速巡航系统	—	电动外后视镜	有
电子门锁	有	音响系统	有
安全气囊	有	电动前排座椅	—

2)评价：

三菱越野技术素以高质量和安全性而著称于世，与其合资企业长丰集团引进的三菱越野技术无疑秉承了其优良传统。猎豹黑金刚，来自三菱技术的一款纯种越野车，是长丰公司特意打造的安全越野车典范，并首次提出以安全为主的需求新理念。

猎豹“黑金刚”作为定位在国产高档越野车典范的旗舰车型，是长丰汽车公司在高端公务越野车细分市场上追求差异化营销理念的果敢尝试，全面提升了国产越野车的技术含量和产品档次。

猎豹“黑金刚”造型饱满流畅，棱角与曲线相结合，可谓刚柔并济，它流露出的那种姿态，个人感觉到一种傲然的气势，一种足以从所有越野车中脱颖而出、不怒自威的领袖风范。

猎豹“黑金刚”，装配了历届拉力赛中屡获奇功的顶级6G72 S4 MPI发动机，强劲动力可想而知；而与同类相比处于领先地位的ECU发动机电控系统确保精确高压的燃料输送到每一个气缸，省油高效自不在话下，并达到欧洲Ⅱ号排放标准；全时四驱系统和满载时也达225mm的离地间隙，具有更高一筹的良好通过性。一体化车身设计，稳固的悬挂系统，防滑差速器自动调整输出扭矩，循环球式动力转向系统轻松操控，装配完备，处处满足驾乘者所需。前轮电动自由轮离合器，行驶中随意转换驱动方式，极尽节省能源。世界一流设计，车体饱满流畅，王者尊贵之风极致展现。整车豪华配置，真皮座椅依据人体工程学设计，舒适感受尽在其中。

总体来说，越野车应该具备的性能在猎豹黑金刚身上体现得尽致淋漓，更兼具了轿车的稳定性与舒适性。

3. 丰田陆地巡洋舰

1)主要参数：

(1)类别：

型　　号：丰田陆地巡洋舰·霸道 PRADO GX(图10-26)

生产厂商：丰田汽车公司(日本)

车　　型：4门8座二厢

驱动形式：前置四驱

图10-26　丰田陆地巡洋舰

(2)主要技术参数：

长/宽/高(mm)	4850/1875/1905	耗油量(L/100km)	16.6
轴距(mm)	2790	装备质量(kg)	1930
发动机形式	V型六缸顺序多点电喷汽油机	最小转弯直径(m)	—
发动机排量(L)	3.956	油箱容量(L)	90
最大功率(kW/r·min^{-1})	179/5200	变速器形式	电控4档自动变速器
最大转矩(N·m/r·min^{-1})	376/3800	制动系统(前/后)	盘/盘
最高时速(km/h)	180	轮胎型号	265/70R16
最大爬坡度(%)	—	排放标准	欧洲Ⅲ号

(3)配置：

动力转向	有	ABS	有
可调转向盘	有	电动车窗	有
定速巡航系统	—	电动外后视镜	有
电子门锁	有	音响系统	有
安全气囊	有	电动前排座椅	—

2)评价：

丰田陆地巡洋舰是一部大型的4轮驱动运动型多用途车，是丰田的越野车家族旗舰，它驰骋在全球各个角落。其特点是动力强劲，通过性能优良，乘坐安全、舒适。在20世纪60年代，陆地巡洋舰是丰田在美国销量最好的汽车。

尽管许多人认为陆地巡洋舰是一种越野车，但在美国，开一辆这样的车被普遍认为可以享有开豪华轿车同样的感觉。尽管大多数的用户绝对不敢冒险将它驶下公路，但他们有能力开着陆地巡洋舰通过任何一条崎岖之路。

丰田陆地巡洋舰·霸道在2003年10月转款，进入第三代。新一代的霸道仍然保持正统越野车的身份，那就是说，它仍以阵式车架作为底盘，而且在车厢内设有第二支专门应付三种路面情况的波棍，分别是应付公路的H、应付野地的HL，及应付崎岖环境的LL。可以想像出它是少数拥有真正越野能力的SUV，不过，相信它重视公路的行驶性能，多于越野的能力。

霸道的4.0L V6发动机其实是一个颇奇怪的组合，一般来说，4.0L排气量已采用V8设计，霸道却只用V6。最大可能是，以霸道现时的市场定位，还未有资格用到V8引擎，而使用V8的成本必然提高，所以改良一副新发动机更为划算。另一方面，4.0L排气量却在同级车中有较佳的竞争力。

这辆重达两吨的SUV，一踩油门便有种像轻型轿车的起步动力，加速时力量更加凌厉，无视车身庞大的重量。发动机的噪音很低，直至5000r/min时声音才有拉高的迹象，根本不像在高速中运转。

在公路上行驶时，我们感觉与驾驶轿车无分别，除了感到车身的重量感之外，驾驶上没有特别的地方，所有操作都相当轻巧，然而，如果在拥挤的市区路段，还是会感到霸道的车体很大很有压力。

而在车厢内，除了在中控台上方的电子指南针，以及那根可选择高低比的四驱行驶模式变速杆外，没有任何物件会令人想到自己是置身于一辆越野车之中。其细致的造工及严谨的选料，都充分显示车厂对它有制造豪华轿车水平般的要求和标准。

霸道作为丰田大型SUV的代表作，自然不会有什么闪失，而且辅助驾驶的电子装备，或供乘客享用的设备，都非常丰富，所以无论是乘客或驾驶者都必然满意。

五、微型车

1. 上海通用五菱

1)主要参数：

(1)类别：

型　　号：五菱之光6372(图10-27)

生产厂商：上汽通用五菱有限公司(中美合资)

车　　型：小型5～8座二厢

驱动形式：前置前驱

图10-27　上汽通用五菱

(2)主要技术参数：

长/宽/高(mm)	3695/1490/1860	耗油量(L/100km)	5.5
轴距(mm)	2500	装备质量(kg)	1010

续上表

发动机形式	直列四缸顺序多点电喷汽油机	最小转弯直径(m)	—
发动机排量(L)	1.300	油箱容量(L)	40
最大功率(kW/r·min⁻¹)	60.5/6000	变速器形式	5档手动变速器
最大转矩(N·m/r·min⁻¹)	—	制动系统(前/后)	盘/鼓
最高时速(km/h)	130	轮胎型号	—
加速性(s)(0~100km/h)	—	排放标准	—

(3)配置：

动力转向	有	ABS	—
可调转向盘	—	电动车窗	—
定速巡航系统	—	电动外后视镜	—
电子门锁	—	音响系统	有
安全气囊	—	电动前非座椅	—

2)评价：

五菱之光是上汽、通用汽车、五菱三方优势互补的结晶，她结合了通用的先进技术和五菱在微型车中多年的开发经验，集技术、实用、经济于一体，是微型车的代表之一。

五菱之光整体前轮前移，体现出安全、时尚；简洁、硬朗外观，晶莹剔透的水晶前灯，展现出灵气；简洁明快的线条更显示出一种力度。

从驾驶者的角度出发，加大了轴距，行车更平稳、更舒适。同时采用轿车式的软轴换档机构，解决了长期以来微型车档位不清、换档困难的毛病，使驾车成了一种享受。

前悬架采用独立的螺旋弹簧结构，充分满足乘坐的舒适需求。其次，后排空间大、后地板平整，同时配以承载力更强的钢板弹簧结构后悬架，装载物品更多、更方便。

五菱之光是在不装配安全气囊前提下，国内第一批通过了“正面碰撞乘员保护”试验认证的车型，并按照国际上最先进的汽车技术规范进行整车综合试验验证，充分代表了产品的先进技术。

五菱之光的内配轿车化仪表及操作系统，超乎想像的使用空间，大方、稳重而富有时代感的造型，充分体现了乘用车和商用车的结合。集成了安全、时尚精巧、美观大方、空间宽敞、经济适用和环保舒适的特点，具有较高的性能价格比。

2. 长安雪虎

1)主要参数：

(1)类别：

型　　号：SC6370豪华款(图10-28)

生产厂商：长安汽车(集团)有限责任公司

车　　型：小型5~8座二厢

图10-28　长安雪虎

驱动形式:前置前驱

(2)主要技术参数:

长/宽/高(mm)	3715/1475/1895	耗油量(L/100km)	7.8
轴距(mm)	2350	装备质量(kg)	970
发动机形式	直列四缸顺序多点电喷汽油机	最小转弯直径(m)	—
发动机排量(L)	1.310	油箱容量(L)	—
最大功率($kW/r\cdot min^{-1}$)	60/5300	变速器形式	手动变速器
最大转矩($N\cdot m/r\cdot min^{-1}$)	102/3500	制动系统(前/后)	盘/鼓
最高时速(km/h)	135	轮胎型号	—
加速性(s)(0~100km/h)	35	排放标准	—

(3)配置:

动力转向	有	ABS	有
可调转向盘	—	电动车窗	—
定速巡航系统	—	电动外后视镜	—
电子门锁	有	音响系统	有
安全气囊	有	电动前排座椅	—

2)评价:

由于国家强化了汽车生产的安全制度,禁止平头厢式车的销售和生产,封杀掉了小"面的"最后市场。东边不亮西边亮,微型车的生产厂家及时调整了战略,适时的推出了符合国家安全标准的新型厢式车,打开了另一片市场。长安众多厂家中算是最早动手的,在1999年,就推出了"长安之星"。长安新星是长安与铃木合资生产的新一代微型厢式车,与过去的小面已无可比性,比老车型大了不少。车型前脸向前突出了许多,有点子弹头的味道,不仅看着舒服了,没有硬加上去的感觉,而且安全性能也有了空前的提高。长安新星也凭借出道早、技术成熟的优势,占领了微型车市场的大半江山。

长安雪虎是长安公司最新一代小型多功能客车。由于采用诸多国际先进技术和独特工艺设计而成,长安雪虎整车外观谐调美观,给用户以全新的感觉,不仅具有安全、舒适、体面、豪华、新颖等特点,更是一款值得信赖的经济节能、环保多功能客车。

长安雪虎与长安公司早期生产的长安之星相比,车头更加前突,并备有碰撞缓冲架,减少了汽车正面碰撞时的冲击力和碰撞时对驾驶室乘坐人员的伤害。长安雪虎的前车轮前置,进一步减少了车辆正面碰撞时的冲击力,其装备的伸缩式吸能转向柱,更保险的双安全气囊,给予了乘坐人员无限的安全信心。前车门还安装有侧面防撞杆,能有效地抗击侧面冲击。该车型整个车身采用了整体冲压成型,极大地提高了车身的强度。

长安雪虎的车型与原长安之星相比较,在经济节能、环保多功能、造型美观上更胜一筹。该车型进一步强化了"长安之星"的多项优点,装备长安公司开发研制成功的G系列1.3L汽油机,有较好的动力。在外观造型上,长安雪虎在前脸上有明显变化,除车头更加突出外,圆形水晶大灯，晶莹剔透，光彩夺目，独具特色。全车车灯采用多棱反射技术，简洁、精湛的前后仿水晶车灯体现世界新潮流。采用国际流行的造型风格，在国内小型客车行业中独领风骚，充分体现了中国人审美倾向：圆润、流畅，是东方文化的体现。

3. 一汽佳宝

1）主要参数：

（1）类别：

型　　号：一汽佳宝 CA6361（图 10-29）

生产厂商：一汽集团公司

车　　型：6～8 座轻型客车

驱动形式：前置后驱

图 10-29　一汽佳宝

（2）主要技术参数：

长/宽/高（mm）	3625/1445/1841	耗油量（L/100km）	6
轴距（mm）	1940	装备质量（kg）	895
发动机形式	直列四缸顺序多点电喷汽油机	最小转弯直径（m）	—
发动机排量（L）	1.051	油箱容量（L）	—
最大功率（kW/r·min⁻¹）	38.5/5200	变速器形式	5 档手动变速器
最大转矩（N·m/r·min⁻¹）	66/3500	制动系统（前/后）	盘/鼓
最高时速（km/h）	110	轮胎型号	165/75R15
最大爬坡度（%）	29	排放标准	欧洲Ⅱ号

（3）配置：

动力转向	—	ABS	—
可调转向盘	—	电动车窗	—
定速巡航系统	—	电动外后视镜	—
电子门锁	—	音响系统	有
安全气囊	—	电动前排座椅	—

2）评价：

该车采用轿车底盘结构，运用高科技技术，整车技术含量高于市场上的同类产品，车身造型符合新世纪潮流是国际上最新款式微型车，挡风玻璃，密封性好，防漏雨，更显工艺精度。水滴式大灯，精气怡人；分体式中央空调，冬暖夏凉；多点电喷发动机，功率大，省油，百公里油耗小于 6L；前悬架为独立式，减震好，并装有横向稳定拉杆，防止侧滑大速比齿条齿轮式转向盘，转弯半径小，高速转向盘不抖动；短把变速杆，轿车提拉式手制动，带同步器，换档容易，盘式制动，急制动时不抱死，不跑偏，双管路液压制动，真宝助力，制动间隙自动调节器，不用人工维护省时省力；高位制动灯美观安全，全新桃木内饰，赏心悦目，更显车辆之豪华。

六、多用途汽车(MPV)

图 10-30 上海别克 GL8

1. 上海别克 GL8

1)主要参数:

(1)类别:

型　　号:上海别克 GL8 LT 豪华型(图 10-30)

生产厂商:上海别克汽车有限公司(中美合资)

车　　型:8 座多功能厢式车

驱动形式:前置前驱

(2)主要技术参数:

长/宽/高(mm)	5114/1847/1729	耗油量(L/100km)	8.6
轴距(mm)	3047	装备质量(kg)	—
发动机形式	V 型六缸顺序多点电喷汽油机	最小转弯直径(m)	—
发动机排量(L)	2.980	油箱容量(L)	65
最大功率($kW/r \cdot min^{-1}$)	126/5200	变速器形式	电控 5 档自动变速器
最大转矩($N \cdot m/r \cdot min^{-1}$)	250/4400	制动系统(前/后)	盘/盘
最高时速(km/h)	168	轮胎型号	P215/70R15
加速性(s)(0~100km/h)	16	排放标准	欧洲Ⅱ号

(3)配置:

动力转向	有	ABS	有
可调转向盘	—	电动车窗	有
定速巡航系统	有	电动外后视镜	有
电子门锁	有	音响系统	有
安全气囊	有	电动前排座椅	—

2)评价:

MPV 灵活方便,经过简单的搭配组合,就能形成不同的空间布置,即时应景,十分讨人喜欢。所以,这种车在国外成为很多公司和家庭的首选车型。

新版别克 GL8,拥有美式经典大气的外形设计,配以饱满圆润的曲线,在全新一体式大灯的映衬下显得格外气派;全新木纹内饰和米色真皮座椅营造的高尚氛围,赋予新版 GL8 前所未有的豪华感受;空调后排独立控制功能虽显豪华却并不奢侈,让“陆上公务舱”中每位乘客都有不失标准的享受。

别克 GL8 与别克 G 系列轿车为同一平台,并承袭了别克系列轿车宁静流畅,动力浑厚、舒适大气的特点。别克 GL8 宽敞、舒适、大气、注重自然的风格,显得与众不同。GL8 以其非常实用的设计,兼顾多人员和大容积的运载,同时有轿车的豪华舒适,使 MPV 比起传统三厢轿车更胜一筹。从长远来讲,MPV 除了缺乏驾驶娱乐性外,当是普通百姓家庭用车的理想选择。更为重要的是,GL8 采用了和上海通用别克轿车相同的动力传动系统、底盘、内饰、电器等许多零部件与其他别克轿车完全相同,实现了较高程度的零件共用,为 GL8 的使用、维修和保养提供了极大的便利。

除了配置超豪华可播放 CD、VCD、MP3 的影音播出系统,售价 34.5 万的 8 座剧院型比别克 GL8 标准型加装了 8 座米色真皮座椅、米色内饰、木纹内饰、定速巡航系统、第三排可平放式座椅、暗色防紫外玻璃等多项高档配置;售价 37.8 万的豪华剧院型则在 8 座剧院型的基础上,换用了 7 人高级皮质行政座椅、驾驶员信息中心(能显示东西南北、瞬时百公里油耗)、车身饰条和防擦条等独特配置,体现出其作为 GL8 旗舰产品追求终极舒适享受、安全便利的风格。

在公务商务 MPV 市场,别克 GL8 的竞争优势不仅在于其产品在外观、空间、动力、舒适性上的表现符合公务商务要求,更在于别克国际级标准的售后服务网络能为商界用户提供响应快速、配件及时、专业规范的售后服务。

GL8 标准型针对公务商务顾客的特别要求,以可乘坐 8 人的空间打造 7 座的 MPV,并给予所有乘坐者一视同仁的宽敞空间;3.0L 的 V6 发动机所能提供的强大动力,确保这款商务用车在多人乘坐时仍有令人满意的动力表现,并且保持高速状态下车厢内良好的静音效果;加强的轿车底盘并配置避震性能优良的悬挂系统和美式沙发座椅,使别克 GL8 不但在 160km/h 的高速下保持良好的稳定性,更大大减轻了长途旅行的舟车劳顿之苦。

别克 GL8 车身高,视野开阔;高速行驶时平稳性,操控性好;配备有 2.98L V 型 4 冲程 6 缸发动机;前排驾驶员、乘客双安全气囊和 ABS 防抱死制动系统;双滑拉门,真皮选装座椅,后排空调控制,以及 CD 唱机。

别克 GL8 作为首款国产中高档 MPV,其良好的口碑和强劲的市场表现得益于上海用汽车积极进取的产品战略,不仅巩固了别克 GL8 顶级 MPV 的市场地位,也将为 30 万以下的市场,带来更强的“陆上公务舱”震撼。

2. 广州本田·奥德赛

1)主要参数:

(1)类别:

型　　号:广州本田·奥德赛(图 10-31)

生产厂商:广州本田汽车有限公司(中日合资)

车　　型:7 座多功能厢式车

驱动形式:前置前驱

图 10-31　广州本田·奥德赛

(2)主要技术参数:

长/宽/高(mm)	4835/1800/1630	耗油量(L/100km)	8.4
轴距(mm)	2830	装备质量(kg)	1562
发动机形式	直列四缸 VTEC16 气门 顺序多点电喷汽油机	最小转弯直径(m)	—
发动机排量(L)	2.254	油箱容量(L)	65
最大功率(kW/r·min^{-1})	110/5800	变速器形式	电控 4 档自动变速器
最大转矩(N·m/r·min^{-1})	206/4800	制动系统(前/后)	盘/盘
最高时速(km/h)	180	轮胎型号	215/60R16
加速性(s)(0~100km/h)	13	排放标准	欧洲Ⅱ号

(3)配置：

动力转向	有	ABS	有
可调转向盘	有	电动车窗	有
定速巡航系统	—	电动外后视镜	有
电子门锁	有	音响系统	有
安全气囊	有	电动前排座椅	有

2)评价：

广州本田·奥德赛在本田全新第二代ODYSSEY的基础上结合中国的实际情况又经过了改进，是一款全新概念的7座多功能轿车，它既具备超越轿车的行驶性、安全性、舒适性，又拥有多功能车的所有优点。

它的外形有优雅、华贵的欧式风格，又使人产生时尚、新潮的艺术灵感。广州本田·奥德赛能让驾驶者在体会趣味多多的轿车价值感的同时，进行愉快的商务交流，享受家庭的温馨和幸福，增添生活的乐趣。本田生产的轿车省油性能有口皆碑，相比全新第二代ODYSSEY，广州本田·奥德赛更是成为其进化的典范。广州本田·奥德赛是一款低重心、低风阻、宽轮距、适合多人乘坐的多功能轿车，并秉承了HONDA“安全、环保、节能”的传统。同时，广州本田奥德赛秉承了广州本田·雅阁的许多优点，如操控稳定性、乘坐舒适性、制动性能、刚性感、加速性能、人体工程学上的性能、低噪音低震动等，在乘坐的舒适性方面毫不逊色于欧洲中高档轿车。广州本田在雅阁的平台上拓展了新的车型——奥德赛，与传统MPV异化的特征令它瞄准了公务与私用双重市场的需求：快速移动、舒适驾乘、灵活经济。

广州本田摸准国人的喜好，在“一年一个新车型”的原则下把本田公司最新的奥德赛拿到中国，将国内MPV车型的门槛降至30万元以内，令求新求异的中国市场积极地反馈。外形欧化风格朴素的第一代奥德赛诞生于1994年，到现在累计销量已达到80万辆。现在这款车已进入第二代，和上一代相比，车身尺寸在长度和宽度的方向上都有所增加，受益的不仅是车内空间，更有横向的稳定性。奥德赛简洁的楔形线条完全遵从“功能决定形式”的理念，找不到更多的感情色彩，惟有画龙点睛般的前照灯，在一片庄重气氛中闪烁着俏皮的目光。尽管奥德赛的车长超过了4.8m，但洗练的线条却使它显得格外紧凑、灵活。与其他MPV近乎垂直的侧窗玻璃形成对比，奥德赛的侧窗向内收，更接近一部大旅行车的设计。这虽会削弱MPV车型赖以夸耀的大空间，但却能为减小阻力、提高车速做出贡献。后保险杠下方的后雾灯，是专为满足国内法规要求而置的，但总不如集成到后灯组里更协调；前进气格栅、后牌照区和前后保险杠上镶嵌的镀铬饰条，都准确地命中了国人心理。两侧中、后窗的单向透光深色玻璃也符合大多数车主对“隐私保护”的心理需求。保险杠和两侧防擦条比雅阁厚重，透着原厂改装的整体感，让踏上驾驶席的人对运动性满怀期待。舒适至上功能让位广州本田·奥德赛，在第二代奥德赛的基础上，结合中国的道路情况、使用条件和用户要求进行了多项改进，既具备超越轿车的行驶性、安全性和舒适性，又拥有多功能车的所有优点。采用HONDA先进的VTEC发动机、S－MATIC自动变速器、V4转向系统、四轮双横臂独立悬挂系统等先进配置。并且在安全性和环保方面有独到之处：运用HONDA独家开发的缓解碰撞冲击力、减轻对人体伤害的“G－CON技术”，建立起了世界高水平的“新碰撞安全设计车身”，通过对表面易陷结构等的研究和设计，分阶段地控制，分散碰撞时的冲击力，以高质量的缓冲性能，减少对驾乘者的冲击力，确保生存空间。目标是中国的公务车市场,也可以满足多功能用车的要求。

3. 海南普力马

1)主要参数:

(1)类别:

图 10-32 海南普力马

型　　号:普力马 HMC6432(图 10-32)

生产厂商:一汽海南汽车有限公司

车　　型:5 座多功能厢式车

驱动形式:前置前驱

(2)主要技术参数:

长/宽/高(mm)	4295/1705/1570	耗油量(L/100km)	5.5
轴距(mm)	2670	装备质量(kg)	1796
发动机形式	直列四缸顺序多点电喷汽油机	最小转弯直径(m)	10.8
发动机排量(L)	1.840	油箱容量(L)	58
最大功率($kW/r \cdot min^{-1}$)	89.7/6000	变速器形式	电控 4 档自动变速器
最大转矩($N \cdot m/r \cdot min^{-1}$)	160/4000	制动系统(前/后)	盘/鼓
最高时速(km/h)	188	轮胎型号	195/55R15
加速性(s)(0～100km/h)	12	排放标准	欧洲Ⅱ号

(3)配置:

动力转向	有	ABS	有
可调转向盘	有	电动车窗	有
定速巡航系统	—	电动外后视镜	有
电子门锁	有	音响系统	有
安全气囊	有	电动前排座椅	—

2)评价:

03 款普力马是在原来热销的普力马的基础上,与日本马自达同步并结合国内市场进行改型升级的新车型。其最核心的特色仍然是强调继续引领潮流风尚,以前瞻科技来缔造多用途车的全新标准。03 款普力马,在原型车上进行了外形、配置、内饰、悬挂机械结构、降噪系统、人性化机能等 48 项改进升级,新的普力马更加着力于倡导都市新生活。

从性能上看,前后两款基本相同。发动机仍然采用日本马自达顶置双凸轮轴 16 气阀发动机,多点电子燃油喷射,排气量可达 1.8L,马力强劲,与目前中级轿车排量相当。但 03 款通过改善密封、减震等众多技术,进一步降低车内的噪声,提高悬挂性能;通过增加车内加强杆来加强车身刚性强度。

海南马自达此次推出的 03 款普力马,最大的调整和更新还是在外观和内饰装备上,强调的是使驾乘者得到更舒适驾驶感受的同时,还能充分体会到都市中轻松愉快的生活感觉。新一体化高度可调的高亮度晶钻前灯和镀铬晶钻尾灯的组合设计,符合目前国际汽车设计的最新潮流,充分体现了时尚魅力。一体化的车身、新动感前后整体保险杠以及新全景式后风挡的组合,使普力马具备了更具动感的线条,让人耳目一新。车后侧采用了深色隔热玻璃更强调顾客的隐私性保护。车身防擦条由原灰色改成车身同体色,视宽灯也由原黄色灯罩改为白色,使得整车更加美观得体。

内饰上03款普力马更不在话下，普力马的车厢内饰保持着日本车精致、细腻的做工，新增液晶档位显示使得行车状态一目了然。在装备方面，普力马符合中档轿车的要求。另有安全带预紧装置，高位刹车灯，四通路ABS和EBD（电子控制制动力分配）系统等设置，大大加强了普力马的安全性能，使车辆在载荷不均，爬坡，冰雪路面等情况下，获得最合理的制动力。

此外，03款普力马增加了许多豪华装备。超大型双开启模式电动天窗使人在驾乘过程中随时体会蔚蓝的天空和空气的清新，新增一体化的扰流板与高位刹车灯更显动感安全；新液晶显示自动恒温空调（配备阳光辐射传感器和车内温度传感器）和中央遥控门锁系统的设置更让人拥有了豪华车的感受；转向盘音响/车载电话双控制系统使驾驶者在手不离开转向盘的情况下就可以操纵音响和电话，既方便了驾驶者，同时也使驾驶者注意力不用过于分散，增加了驾驶的安全性。

七、皮卡

1. 郑州日产

1)主要参数：

(1)类别：

型　　号：豪华越野ZN2031UBG（图10-33）

生产厂商：郑州日产汽车有限公司（中日合资）

车　　型：双排座皮卡

驱动形式：前置四驱

图10-33　郑州日产

(2)主要技术参数：

长/宽/高(mm)	4885/1820/1715	耗油量(L/100km)	9.2
轴距(mm)	2950	装备质量(kg)	1562
发动机形式	直列四缸顺序多点电喷汽油机	最小转弯直径(m)	12
发动机排量(L)	2.388	油箱容量(L)	60
最大功率(kW/r·min⁻¹)	110/5600	变速器形式	5档手动变速器
最大转矩(N·m/r·min⁻¹)	208/3600	制动系统(前/后)	盘/鼓
最高时速(km/h)	160	轮胎型号	—
加速性(s)(0~100km/h)	—	排放标准	欧洲Ⅱ号

(3)配置：

动力转向	有	ABS	有
可调转向盘	有	电动车窗	有
定速巡航系统	—	电动外后视镜	有
电子门锁	有	音响系统	有
安全气囊	有	电动前排座椅	—

2)评价：

多年来，郑州日产生产的 NISSAN 皮卡在全国各大行业得到了广泛应用，被媒体誉为中国高档皮卡第一品牌。郑州日产 NISSAND22 皮卡车，由日本日产公司全新设计的米黄色内饰为主色调，高雅明快，内饰中柱，后柱等全部轿车化，大曲线中央控制台整体原装进口，从而与仪表台及内饰十分锲合，协调统一；新换四幅转向盘，加装单侧气囊、四通道 ABS、八碟松下 CD、真皮座椅、中网全镀铬；新的 NISSAN 标识，使美观与安全更加统一。

最让人们称道的是皮卡车的原装尼桑 KA24DE 电喷发动机，它采用了极为先进的 DOHC（双顶置凸轮轴构造）16 气门配置，多点电子喷油，及三元催化装置，充分体现了 KA24DE 电喷发动机大功率，低油耗的经济特性和绿色环保动力的超前性，而且关键零部件均为原装进口。除了以上的动力优点之外，皮卡车还有自己独特的十年防锈车身前盘后鼓制动系统，充分保证高速行驶时制动的可靠性；皮卡的设计特别采用了日产独立开发的“区域车身构造”概念，优良的碰撞吸收，经过碰撞试验，可有效缓解人员在车辆发生意外碰撞时的伤害，再加上绿色环保设计等一系列装备，都是可以让车主保持长时间的兴奋。

2. 长城赛铃

1）主要参数：

（1）类别：

型　　号：长城赛铃 CC1027A（图 10-34）

生产厂商：长城汽车股份有限公司

车　　型：双排座皮卡

驱动形式：前置后驱

图 10-34　长城赛铃

（2）主要技术参数：

长/宽/高(mm)	5490/1690/1705	耗油量(L/100km)	7.9
轴距(mm)	3380	装备质量(kg)	1570
发动机形式	直列四缸顺序多点电喷汽油机	最小转弯直径(m)	—
发动机排量(L)	2.237	油箱容量(L)	65
最大功率($kW/r \cdot min^{-1}$)	74.5/6250	变速器形式	5 档手动变速器
最大转矩($N \cdot m/r \cdot min^{-1}$)	288/5000	制动系统(前/后)	盘/鼓
最高时速(km/h)	120	轮胎型号	215/75R15
加速性(s)(0～100km/h)	—	排放标准	欧洲Ⅱ号

（3）配置：

动力转向	有	ABS	有
可调转向盘	有	电动车窗	有
定速巡航系统	—	电动外后视镜	有
电子门锁	有	音响系统	有
安全气囊	有	电动前排座椅	—

2）评价：

赛铃轿卡是长城汽车以先锋主义打造的轿卡精品，其时尚新颖的造型更加注重个性化与时代感。前脸设计大胆、前卫，于宽稳饱满中彰显豪放气派，整体式组合前照灯与一体式中网的平行而置，棱角圆润饱满的前保险杠与晶莹剔透的前雾灯的完美融合，无不体现出创意构思的巧妙与精细。

赛铃大双排属国内首创车型，比同类车货厢长 355mm，轴距长 355mm，载货功能更强更出色，行驶更平顺。

赛铃轿卡内部空间宽敞舒适，助力转向、SABS、134a 环保空调、CD 音响、电动车窗、电动后视镜、高靠背可调座椅、多功能室内镜、地板式手刹、不锈钢门槛等高档配置无不体现人性化的设计理念与极其优越的性价比，其前悬架为双横臂式扭杆弹簧独立悬架，后悬架采用变刚度非对称式钢板弹簧结构，前盘后鼓真空助力制动，保证了操纵稳定性及行驶舒适性。

491QE 多点电喷发动机提供强劲动力，排量 2.3L，功率 75kW，让您充分享受驾乘乐趣。

八、轻型商用客车

1. 金杯海狮

1)主要参数：

(1)类别：

型　　号：金杯海狮锐驰超级领航者 SY6500B2D(图 10-35)

生产厂商：沈阳华晨金杯汽车有限公司

车　　型：10～12 座面包车

驱动形式：前置后驱

图 10-35　金杯海狮

(2)主要技术参数：

长/宽/高(mm)	5070/1690/1935	耗油量(L/100km)	9.8
轴距(mm)	2590	装备质量(kg)	1700
发动机形式	直列四缸顺序多点电喷汽油机	最小转弯直径(m)	—
发动机排量(L)	2.438	油箱容量(L)	70
最大功率(kW/r·min^{-1})	88/4800	变速器形式	5 档手动变速器
最大转矩(N·m/r·min^{-1})	198/2600	制动系统(前/后)	盘/鼓
最高时速(km/h)	130	轮胎型号	—
最大爬坡度(%)	—	排放标准	欧洲Ⅱ号

(3)配置：

动力转向	有	ABS	有
可调转向盘	有	电动车窗	有
定速巡航系统	—	电动外后视镜	有
电子门锁	有	音响系统	有
安全气囊	—	电动前排座椅	—

2)评价：

金杯海狮轻型客车引进了日本丰田最新款海狮车型,该车具有动力澎湃、节约能源、减少污染、安全舒适等特点。其装备了日本丰田公司生产的电子控制多点汽油喷射发动机,所有的工作状态都是在 ECU 的控制之下,这使发动机始终处于最佳工作状态,通过加装三元催化净化器使其排放更洁净,符合当今环保要求。标准配备的液压助力转向系统使您操作更轻松、电控摇窗及中央门锁,使您操作更方便。车内的前后分离式空调可为您带来清新感受。角度可调并带有头枕的高档织绒座椅,可给您的驾驶与乘座更添一份舒适。

2. 福田风景爱尔法

1)主要参数:

(1)类别:

型　　号:福田风景爱尔法(图 10-36)

生产厂商:北汽福田汽车股份有限公司

车　　型:10~15 座面包车

驱动形式:前置后驱

图 10-36　福田风景爱尔法

(2)主要技术参数:

长/宽/高(mm)	5085/1690/1995	耗油量(L/100km)	7.9
轴距(mm)	2590	装备质量(kg)	1570
发动机形式	直列四缸顺序多点电喷汽油机	最小转弯直径(m)	11.5
发动机排量(L)	2.438	油箱容量(L)	—
最大功率($kW/r \cdot min^{-1}$)	88/5000	变速器形式	5 档手动变速器
最大转矩($N \cdot m/r \cdot min^{-1}$)	193/2600	制动系统(前/后)	盘/鼓
最高时速(km/h)	120	轮胎型号	—
最大爬坡度(%)	—	排放标准	欧洲Ⅱ号

(3)配置:

动力转向	有	ABS	有
可调转向盘	—	电动车窗	—
定速巡航系统	—	电动外后视镜	有
电子门锁	有	音响系统	有
安全气囊	—	电动前排座椅	—

2)评价:

福田风景爱尔法的凸型车头是该车在设计上的焦点和一大亮点。不仅美观,而且实用。横向电镀格栅,前部格栅栏采用横向电镀大面罩,加大了前进水量,确保高温炎热地带的正常进风要求。

大气时尚、圆润、饱满的车身造型,较多地深入了轿车的设计要领,独具简洁、雄浑、运动的风格。集转向灯、倒车灯、雾灯于一体的豪华尾灯组合，更使外观显得粗犷豪放，坚韧威风，且独富时代感和豪华气派，给人一种饱满结实的感觉。

独有淡化内饰，尽享人性化设计的舒适自如。视觉观感舒适轻松，创新配置的双滑道太空座椅采用人体工程学设计，能消除疲劳，乘坐舒适，180°可旋转座椅，可根据需要自由调节，形成独特的旅途会议室，为商务洽谈提供极大的方便。以人为本，增加新配置，提高舒适度，每一设计思路都体现对人的关怀与体贴。体现更多功能，车内增加了 VCD、公务单，阅读灯、小冰箱、酒吧等。多项新配置，不仅增加了乘坐的舒适和方便，更增添了驾驶乐趣，体现对领先未来的全新感受。

3. 江铃全顺

1）主要参数：

（1）类别：

型　　号：江铃全顺 JX6541D－M（图 10-37）

生产厂商：江铃汽车股份有限公司

车　　型：9～15 座轻型客车

驱动形式：前置后驱

图 10-37　江铃全顺

（2）主要技术参数：

长/宽/高（mm）	5368/1974/2228	耗油量（L/100km）	9
轴距（mm）	3570	装备质量（kg）	3300
发动机形式	直列四缸增压柴油机（JX493ZQ）	最小转弯直径（m）	13.8
发动机排量（L）	2.800	油箱容量（L）	—
最大功率（$kW/r \cdot min^{-1}$）	68/3600	变速器形式	5 档手动变速器
最大转矩（$N \cdot m/r \cdot min^{-1}$）	205/2000	制动系统（前/后）	盘/鼓
最高时速（km/h）	110	轮胎型号	225/75R15C
最大爬坡度（%）	25	排放标准	欧洲Ⅱ号

（3）配置：

动力转向	有	ABS	有
可调转向盘	—	电动车窗	—
定速巡航系统	—	电动外后视镜	—
电子门锁	—	音响系统	有
安全气囊	—	电动前排座椅	—

2）评价：

全顺的魅力首先在于其与众不同的现代典雅造型。全顺是外观和功能的完美结合。豪华舒适的内饰增添了全顺车的现代气息。宽敞自如的内部空间带给您的不仅是始终如一的舒适与便捷，而且是商务级用车的典雅感受。

九、载货汽车

1. 一汽解放

1)主要参数:

(1)类别:

型　　号:解放·奥威重型货车 CA1281P2K2T1(图 10-38)

生产厂商:一汽集团

车　　型:平头柴油载货汽车

驱动形式:前置后驱

图 10-38　一汽解放·奥威

(2)主要技术参数:

外廓:长/宽/高(mm)	10170/2494/2990	车箱:长/宽/高(mm)	7700/2300/1000
轴距(mm)	4600/1350	载重量(kg)	15800
发动机型号	CA6DL1-28	满载质量(kg)	27950
发动机形式	直列六缸增压中冷直接喷射式	最小转弯直径(m)	19.6
工作容积(L)	7.7	耗油量(L/100km)	30
最大功率(kW/r·min^{-1})	206/2300	变速器形式	主、副箱结构,十个前进档,两个倒档(分高、低档)
最大转矩(N·m/r·min^{-1})	1100/1400	制动距离(满载、车速 30km/h)	≤10m
最高时速(km/h)	105	轮胎型号	12.00R20-18PR
最大爬坡度(%)	42	排放标准	欧洲Ⅱ号

2)评价:

2004 年,一汽解放全新推出具有国内一流水准的奥威高吨位重型货车平台。这一型号重型货车的诞生,是解放总结自身 50 年造车经验,全面整合全球重型货车领先技术的完美结晶,是一汽解放精心打造的一款突破国内现有重型货车标准的精品车型。

解放·奥威重型货车平台从设计、制造,到材料、工艺等各方面紧跟国际重型货车潮流。发动机、车架、悬架等重要部件总成引进国际设计理念,成为高承载、高可靠、低油耗、高舒适性的整车综合优势、高效的新标准。非凡强劲的性能实力是高效运输和安全行驶的根本保障,为用户开拓出最大的利益空间才是一汽解放高吨位重型货车的终极目标。

一汽解放·奥威重型货车采用的是国际先进技术、制造一流的 CA6DL 奥威发动机;国内最为强悍的超级重卡底盘。欧洲风格;时尚造型——解放 J5P 驾驶室。解放·奥威重型货车配备的 6DL 是奥地利 AVL 公司针对中国的用户实际需求专门设计,是国内第一台四气门重型车专用发动机,各关键零部件和生产设备均由国外进口。奥威发动机功率覆盖 280~310 马力,动力储备卓越,满足用户多种需求选择。无故障里程高达 80 万公里,成为用户安全、经济可靠保障。由于采用了目前国内独一无二的先进四气门结构设计,使进气质量和燃油经济性显著提高,比以前同功率段名牌发动机产品省油 8%~10%,更加经济划算。

奥威重型货车引进的是意大利设计的全钢一体式驾驶室,外观采用欧洲潮流风格的时尚造型,呈现出非同一般崭新形象。大曲面加强型保险杠大幅提高车辆的防撞性,有效抵御突如其来的意外冲击。四点全浮液压减震系统，使货车驾驶如静水行舟一般平稳舒适。奥威轿车化的内饰，仪表板全部采用软性材料，在意外事故中能够有效起到吸收撞击和阻燃的重要作用，将任何可能危害到驾驶员的安全隐患都降低到最小。短手柄的变速器操控系统，轻松灵便，带来全面车辆化驾乘感受，使解放·奥威重型货车在钢筋铁骨中凸显人性化关怀。

一汽解放·奥威重型货车独有全新高强度合金钢板车架，抗疲劳强度提高43%；纵梁上、下翼面无铆钉、螺纹孔的独特设计，使底盘承载能力提升22%。同时，奥威重卡在国内率先采用V型反作用杆结构，平衡悬架系统实现无磨损，终身免维护、免润滑、免调整、不误车，让用户更放心。众多新工艺、新结构、新材料的优化融合，使奥威重卡车架总成的可靠性大幅度提高，性能全面超过目前市场领先的重型货车底盘，从而为用户带来更好的经济效益。

2. 二汽东风

1）主要参数：

（1）类别：

型　　号：东风·小霸王 EQ1074G5AD（图 10-39）

生产厂商：东风汽车股份有限公司

车　　型：轻型货车

驱动形式：前置后驱

图 10-39　二汽东风·小霸王

（2）主要技术参数：

外廓：长/宽/高（mm）	8350/2220/2395	车箱：长/宽/高（mm）	6100/2080/450
轴距（mm）	4700	载重量（kg）	4085
发动机型号	EQB140 – 10	满载质量（kg）	7985
发动机形式	直列四缸水冷柴油机	最小转弯直径（m）	19
发动机排量（L）	3.92	耗油量（L/100km）	11
最大功率（kW/r·min^{-1}）	103/2700	变速器形式	五档机械式
最大转矩（N·m/r·min^{-1}）	—	制动距离（满载、车速 50km/h）	≤22m
最高时速（km/h）	110	轮胎型号	8.25
最大爬坡度（%）	30	排放标准	欧洲Ⅱ号

2）评价：

东风小霸王车型采用宽体驾驶室及目前国内最好、动力最强的康明斯改进型 EQB140 – 10 柴油机，真正达到欧洲2号标准。驾驶室宽敞、美观、可翻，翻转机构简单轻便，锁止可靠；全新气派大方的保险杠、轮罩和踏板，裙部造型与驾驶室浑然一体，充满力量感；采用全新豪华胡桃木仪表板，台湾豪华内饰，顶棚、门护板全包，卧铺带枕，柔软舒适天鹅绒面料座椅；强劲可靠的空调、暖风系统，侧风窗可开；选装摩托罗拉车载电话；加装动力转向；双管路气制动，前后制动器采用铸造底板结构，制动稳定性好，制动间隙自动调整，装感载阀，有效避免制动甩尾，提高制动安全性。适于企业、政府机关、特殊行业轻抛货物的中短途运输。

3. 福田奥铃

1)主要参数:

(1)类别:

型　　号:福田奥铃 3360 厢式车型(图 10-40)

生产厂商:北汽福田汽车股份有限公司

车　　型:双排座厢车

驱动形式:前置后驱

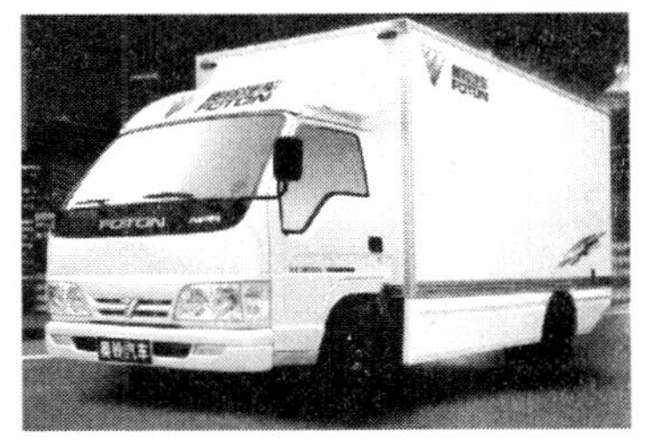

图 10-40　福田奥铃 3360

(2)主要技术参数:

外廓:长/宽/高(mm)	5995/1900/2100	车箱:长/宽/高(mm)	5995/1890/2900
轴距(mm)	3360	乘员人数	6
发动机型号	4YME/4JBI/4JB1 中冷增压	满载质量(kg)	—
发动机形式	直列六缸增压中冷直接喷射式	最小转弯直径(m)	—
发动机排量(L)	4YME:2.237 4JBI:2.771 4JBI 中冷增压: 2.771	耗油量(L/100km)	—
最大功率(kW/r·min⁻¹)	4YME:76/4300 - 4600 4JB1:57/3600 4JBI 中冷增压:68/3600	变速器形式	5 档手动变速器
最大转矩(N·m/r·min⁻¹)	4YME:193/2000 - 2600 4JB1: 172/2200 4JBI 中冷增压:202/2200	制动距离 (满载、车速 30km/h)	—
最高时速(km/h)	100	轮胎型号	6.50 - 16
最大爬坡度(%)	—	排放标准	欧洲Ⅱ号

2)评价:

奥铃轻卡采用 2002 款五十铃车型,外形设计独具魅力。新式中网简洁而不失典雅,透着与生俱来的优雅气质,系福田公司自主开发,具有独立知识产权。棱角圆润饱满的前保险杠配以一体化高亮度钻石大灯,使奥铃轻卡前部富有整体感受。

车身侧面线条明快、粗犷,配以新式货厢、新式立体尾灯,使其显得更加强劲有力,整体感受衔接自然而不失变化,互为映衬,相得益彰。

在轻型卡车中精心打造的宽体驾驶室,令驾乘者感觉空间更宽敞、行驶更平稳。同时独具匠心地改进了内外造型:高档靓丽、桃木仪表盘、水晶大灯、倒车雷达、中控锁、电动窗、可控转向盘。日本成熟工艺高技术处理金属漆,全部轿车化先进配置,处处体现国人的审美情趣。

奥铃系列轻卡由 6 种轴距、3 款车身构成了多种组合,汽油、柴油并举,形成品种系列化,填补同类车型市场空白,能满足各种的不同需求。奥铃系列排放均达到欧Ⅰ或欧Ⅱ标准,一改过去卡车不环保的形象。N 系列底盘基础上优化改进制动系统,制动不跑偏,减少了长距离制动的顾虑,做到了足够的安全保障。

奥铃产品不但动力卓越而且经济实惠。奥铃产品凭着高品质、低噪声、高动力、低油耗的性能优势,日后必将掀起一场轻卡的动力风暴,车动力与品质的结合上一枝独秀、独领风骚。

十、客车

1. 桂林大宇

1)主要参数:

(1)类别:

型　　号:桂林大宇 GDW6122(图 10-41)

生产厂商:桂林大宇客车有限公司(中韩合资)

车　　型:豪华客车

驱动形式:后置后驱

图 10-41　桂林大宇 GDW6122

(2)主要技术参数:

长/宽/高(mm)	12000/2500/3695	车厢内高(mm)	1900
轴距(mm)	6500	行李仓容积(m^3)	8.2
发动机型号	韩国 DE12Ti/330	装备质量(kg)	13550
工作容积(L)	11.051	最小转弯直径(m)	23.6
最大功率($kW/r \cdot min^{-1}$)	242/2100	最小离地间隙(满载)	177mm
最大转矩($N \cdot m/r \cdot min^{-1}$)	1323/1260	制动距离(满载、车速 30km/h)	≤10m
最高时速(km/h)	120	变速器形式	—
接近角/离去角(°)	10/9.5	额定乘员(含驾驶员)	20~47 人
最大爬坡度(%)	30	轮胎型号	12R22.5-16
耗油量(L/100km)	22	排放标准	欧洲Ⅱ号

(3)配置:

座椅	航空高靠背可调座椅	空气弹簧悬架系统	有
乘客门	电控气动外摆门	动力转向	有
倒车监视器	有	ABS	有
行车自动记录仪	有	卫生间	有
豪华电动后视镜	有	视听系统	有

2)评价:

随着人们对乘车舒适性要求的日益提高,客车要求日益高档化。为了更好的满足市场需要,公司根据市场情况,与韩国大宇联合开发 GDW6122 系列高档豪华客车。

该车型采用韩国大宇新型底盘和原装进口发动机,外形高大威猛,气势非凡,具有强烈的视觉冲击力。采用超高乘客区地板和超大前挡风玻璃,视野极为广阔。身处其中,宛如置身于一座移动的观景台,为乘客提供舒适的乘坐空间。整车性能达到国内同期引进产品的先进水平。

韩国进口达到欧Ⅰ标准的 DE12Ti/330 低油耗增压中冷柴油发动机(可选装达到欧Ⅱ标准的韩国大宇 DE12TIS 电控柴油发动机)。韩国 T13S5B 五档变速器,换档顺畅、合理,应用灵活,提高燃油经济性,从而使得车辆的使用性能大大提高。CLS 自动黄油润滑系统使该车的维护更方便。后桥宽型空气悬挂系统使乘座舒适、行车平稳。

车身设计采用流线型与方基调相结合,最新流行时尚的高大威猛的造型风格,高大气派,形体简洁舒畅,外观赏心悦目,富有时代感,凝结了中韩两国的车身造型之精华。前后组合灯具采用目前流行的 PC 面罩异型组合灯,备感华丽。

车厢地板为平地板结构,底盘中段为格栅式、边门采用高抗腐蚀的铝合金整体成型,行李仓门的安装采用手动上移式四连杆机构,乘客门采用强抗腐蚀的铝型材外摆门,配备德国博得进口门泵。

配备航空式行李架,独具异国情调的车内装饰,配备韩国东焕最新超薄型冷暖空调,车内气流分布良好,温度舒适;闭路电视、高档立体声音响、卫生间及多功能饮水机,不论在远程旅游还是在城市之间的高速公路上,均可享受 GDW6122 带来的舒适之旅;采用根据人体工程学设计和布置的高档座椅,豪华环型仪表台,使整车内饰更加舒适、协调、美观、时尚。

2. 厦门金龙

1)主要参数:

(1)类别:

型　　号:XML6843(图 10-42)

生产厂商:厦门金龙旅行车有限公司

车　　型:中型客车

驱动形式:后置后驱

图 10-42　厦门金龙 XML6843

(2)主要技术参数:

长/宽/高(mm)	8400/2450/3340	车厢内高(mm)	1900
轴距(mm)	4000	行李仓容积(m^3)	3.5
发动机形式	直列四缸增压中冷柴油机	装备质量(kg)	8060
工作容积(L)	5.202	最小转弯直径(m)	20
最大功率($kW/r·min^{-1}$)	132/2300	最小离地间隙(满载)	228mm
最大转矩($N·m/r·min^{-1}$)	660/1400	制动距离(满载、车速 30km/h)	≤10m
最高时速(km/h)	120	变速器形式	5 档手动变速器
接近角/离去角(°)	12/9	额定乘员(含驾驶员)	19 ~ 37 人
最大爬坡度(%)	30	轮胎型号	—
耗油量(L/100km)	19	排放标准	欧洲Ⅱ号

(3)配置:

座椅	航空高靠背可调座椅	空气弹簧悬架系统	—
乘客门	电控气动外摆门	动力转向	有
倒车监视器	—	ABS	有
行车自动记录仪	—	卫生间	—
豪华电动后视镜	有	视听系统	选配

2)评价：

XML6843 系列客车为厦门金龙旅行车有限公司自主设计开发的一款新型客车。精简传神造型线条配合两侧银色饰条，使整车简单中透露出刚强，给人一种简洁明快的感觉。

为了满足不同客户的需要，XML6843 可以搭载多种不同的发动机，功率从 180～220 马力不等。有可以满足欧Ⅲ标准的 ISBe220 30 发动机、国产玉柴 4112ZLQ(132kW)发动机以及国产康明斯发动机。既可以满足北京地区的高环保要求，又可以满足西南、西北地区的低价格大马力需求。

内饰设计采用美观实用的风格：如采用仿真皮易擦洗皮革，新型软化仪表台，彩显可横向滑移，水暖采用壁挂式安装，空调采用独立顶置式。

3. 郑州宇通

1)主要参数：

(1)类别：

型　　号：郑州宇通 ZK6120H(图 10-43)

生产厂商：郑州宇通客车股份有限公司

车　　型：豪华客车

驱动形式：后置后驱

图 10-43　郑州宇通 ZK6120H

(2)主要技术参数：

长/宽/高(mm)	12000/2500/3770	车厢内高(mm)	—
轴距(mm)	5900	行李仓容积(m^3)	10
发动机形式	直列六缸电控喷射柴油机	装备质量(kg)	13900
工作容积(L)	5.202	最小转弯直径(m)	—
最大功率($kW/r \cdot min^{-1}$)	257/2000	最小离地间隙(满载)	236
最大转矩($N \cdot m/r \cdot min^{-1}$)	1500/800～1600	制动距离(满载、车速 30km/h)	—
最高时速(km/h)	120	变速器形式	8+1 档变速器
接近角/离去角(°)	8.5/9	额定乘员(含驾驶员)	42 人
最大爬坡度(%)	—	轮胎型号	—
耗油量(L/100km)	22	排放标准	欧洲Ⅱ号

(3)配置：

座椅	航空高靠背可调座椅	空气弹簧悬架系统	有
乘客门	电控气动外摆门	动力转向	有
倒车监视器	有	ABS	有
行车自动记录仪	—	卫生间	有
豪华电动后视镜	有	视听系统	有

2)评价：

郑州宇通客车与德国 MAN 公司向市场推出最耀眼的客车当属莱茵之星。它由德国 MAN 公司刚刚在欧洲推出不久，郑州宇通公司就将它引进过来。莱茵之星位于顶级豪华客车领域，由外至内都以最优的设计带来可靠、舒适的享受。

底盘方面，MAN 公司一向以生产商用车为主，无论是大客车底盘还是卡车底盘都是它的长项。细节上的考虑相当完善，像莱茵之星在车架的 U 型侧梁上，每一颗固定横梁的螺栓都具有防振动脱落装置，并在车架上采用多重防锈、防腐处理；相关的联动装置都装在前轴之前或后轴以后，绝不侵占行李空间，也方便了联动装置的维护。莱茵之星采用了轴距长为6m的A82型底盘，匹配MAN生产的发动机。这款发动机满足欧洲Ⅲ号排放标准的要求，使得未来几年内都不必为环保问题发愁。ZF8S180型8速手动变速器同样出自名门，不过在这个级别的客车上，若装用自动变速器可能会更吸引人。标配的前后悬都是整体桥结构，但前桥可选装多连杆式独立悬架，以进一步提升舒适度。后桥采用双曲线齿轮轴，不但噪声较低，更可减轻重量，降低油耗。悬架的减振部分全部采用空气弹簧，前2后4的布局使其车身稳定性提高，对付转弯时的侧倾更加可靠和有效。前后盘式制动器和ABS带来均匀的制动力，驱动桥带ASR装置和电涡流缓速器则提供额外的保障。

近年来，国内良好的市场需求带动了客车制造业的升温，陡然间崛起了大量的客车生产企业。由于相关零部件行业已形成规模，从社会上采购，并制造整车已没有任何技术的难度，但是，进入门槛的降低造成了许多大客车企业产品缺乏特色，模仿成分较重的现状，尤其表现在中、低档客车上。

而豪华大客车目前以合资、引进为主，原厂对设计是相当重视的。除去前边所说的技术因素外，具有独特效果和个性的外观及内饰设计是吸引乘客的重要诱惑因素。像这辆莱茵之星，外观一改MAN公司的方正、硬朗风格，跃升到新的高度。外观上以流线、圆润的线条为主，塑造出憨态可掬的卡通形象，看似简洁的前脸，却具有可翻折踏板的功能和一体式保险杠的作用，备胎也存放在前脸面罩后，多了一层保护。两侧的大灯蒙皮也能直接拆卸，非常方便维修。

在驾驶员视线前方的前挡风玻璃上，有一层细小的电热丝用于除去影响视线的雾气，而在平时不细看是发现不了的，自然不会影响视线。同时，驾驶员侧的电动小窗也带有除雾装置。气悬座椅、电动遮阳帘、倒车监视器自然是标配设施。在仪表台靠近车门一侧，内藏有一个冰箱，可以装进91个易拉罐。

莱茵之星的车内布局完全以现代客机为原型，每位乘客面前都带有小桌板和杯槽。安装42个座位时，腿部空间非常大，与公务舱几乎没有差别。将每排座椅之间的间距调小后，最多可安装51个座椅。一体式的卫生间在中门前方，另一侧则设置了小巧而多能的餐台，随车服务员可以在这里调制饮料或准备食品。

车舱顶部显示了莱茵之星的独到设计，浅色封闭式行李架整齐划一，空调与灯光控制钮高度地集成在行李架上，与车身外部风格协调一致。置身其中，如同置身平稳的飞行途中。

第十一章　汽车装饰

第一节　汽车外装饰

如同手机换彩壳那样，汽车也玩起了变脸的游戏，随着物质生活水平的提高，个性化、独具风格的汽车装饰已成为时下现代人生活的新时尚。在不改变车辆本身的功能和结构的前提下，通过以装饰为目的的外饰件改变着汽车的外观，使车辆更显醒目、豪华，满足个性化需求。同样的一辆汽车，通过前后保险杠、导流板裙边、车门、轮胎、车顶、发动机盖等外饰件的改装，变化出各自不同的风格和品位：或豪华，或商务，或运动，或淑雅。

一、汽车太阳膜

目前，市面上太阳膜的种类大致可分为三种。

第一种是“染色膜”，也就是一般所称的普通膜。这种隔热膜就好像是糊灯笼的玻璃纸，没有隔热效果，视线较差，时间一久就会慢慢褪色，受热后会散发异味气体。

第二种是“半反光纸”。这种太阳膜隔热率大约为20%~30%，使用一二年后表面可能会起氧化反应而产生变质。

第三种是具有双重效果的防爆太阳膜。这种太阳膜具有耐磨、半反光和防爆的功能，隔热率可以达到50%以上，万一遇到碰撞玻璃破碎时，还可以有效防止碎片飞散，不会危害到驾驶者的安全，是目前汽车用太阳膜的主流。

二、车身彩贴

汽车彩贴用来装饰车身，标榜个性。其内容和形式各种各样，大致可分为三种。

1. 标识车贴：一般贴在前挡风玻璃上，既可以起到一定程度的遮阳作用，又显示了车的品牌个性。目前市场上有广本、三菱、丰田、尼桑等标识车贴。

2. 字母车贴：简简单单的几个英文字母，却蕴含丰富的含义，如：

LADIES——表明女性司机开车，提醒旁边的车尤其是男士开的车要有风度；

SAFETY——表明要注意安全行驶；

SUPER——表明该车司机是新手，请多包涵；

MOTOR、SUPER MOBILE SOUND 等——表明该车是经过动力改装的车型。

3. 车身贴花：车身贴花可以贴在两边车门上，也可以贴在后备厢上。有一种贴在后备厢上的彩贴是夜光的，它可以成为车主夜间行车的安全小卫士。还有蜘蛛侠车贴、形状夸张的黑骷髅车贴等，形式多样、五彩缤纷，能把车身打扮得与众不同，相同的车型也可以显示出不同的风格。

如图11-1所示，POLO彩贴给车身带来了不同的感觉：a)为绿精灵；b)为蓝天白；c)为斑点狗。

a)

b)

c)

图 11-1　POLO 彩贴

如图 11-2 所示，越野车、面包车彩贴显示了车主不同的个性：a)表示热情；b)表示忧郁；c)表示执著。

a)

b)

c)

图 11-2　越野车、面包车彩贴

三、大包围

轿车“大包围”(图 11-3)是对轿车外形装饰的一种俗称，是指采用玻璃钢等塑钢材料，对轿车的车身四周裙边下部和四轮周围进行“包围式” 装饰，使车型更加漂亮，流线感更强。这种“包围”后的轿车令人耳目一新，给城市流动的车流增添了绚丽的色彩和漂亮的成员。

“大包围”分为两种形式：一种是全保险杠式(Full Bumper)，即将原来的保险杠拆除，装上“大包围”；另一种是将“大包围”套在原保险杠表面，覆盖原保险杠。

图 11-3　大包围

安装“大包围”时应注意以下几点：

(1)安装“大包围”及其他改装件之后，应与原汽车整体保持平衡与协调。

(2)安装“大包围” 及其他改装件之后，绝不能影响整车性能和行车安全。

(3)设计“大包围”的产品要考虑路面状况，所有饰件离地面距离应不小于 20cm，在经过大坡度的地面时，大包围车以保持低速行驶为佳。

(4)设计“大包围”的产品应符合国家相关规定。

(5)安装“大包围”应符合车主的消费心理和审美观等。

第二节　汽车内装饰

一、真皮座椅

作为驾驶员的贴身伙伴，座椅当然要柔软舒适。不论在视觉上还是在触觉上甚至在味觉上，真皮座椅都能给人一种舒适的心理感觉。不仅如此，真支座椅不吸烟，不吸尘，透气性好，散热性好，冬暖夏凉。在炎热的夏日，真皮座椅也只会表面较热，轻拍几下，热气就很快消散了。长时间坐在皮椅上，还有将体热散去的功效，夏天开车就更舒爽了。因此，很多车主把真皮座椅作为首选。许多车的豪华版与基本版的区别也不过是真皮座椅、电动门窗和转向助力。

真皮座椅的简单辨识方法有以下几种。

看：皮面光滑，皮纹细致，色泽光亮柔和，且没有反光感。

摸：手感滑爽、柔软有弹性，若皮面板硬或发黏均为下品。

擦：用潮湿的细纱布在皮面上来回擦拭七八次，并查看布上是否沾有颜色。若有脱色现象，则不能购买。

拉：用两只手拿起皮子的一角，然后稍用力向两边拉。若皮面出现缝痕或露出浅白底色，则说明皮子的弹性及染色工艺不过关，不能购买。

二、桃木内饰

在汽车内饰里，桃木内饰是重要的选择，它将一扫汽车内饰沉闷枯燥、灰暗单一的色调，以亮丽的色彩，使人打开车门就眼前一亮。一辆外表豪华的轿车，往往由于桃木内饰而使里里外外更加协调。

桃木装饰流行的历史可谓悠久，但真正应用到汽车装饰上，才短短不到10年时间。大约在1994年，德国人率先把樱桃木运用到汽车内装饰上，取得良好效果。桃木纹所显现出的高贵气质和独特魅力，是其他汽车内饰材料难以媲美的，于是很快就风靡世界。

加装流行的桃木装饰，是提升车辆档次的捷径，对于中低档车尤其明显。目前加装桃木内饰的主要是中低档的国产轿车，如富康、捷达、桑塔纳、夏利、奇瑞、波罗等，其原因是不言而喻的。当然，对高级轿车而言，加装桃木内饰无疑是锦上添花！

三、车用香品

车用香品具有净化空气、杀菌和使人愉悦等功能，有些香品还有清除异味和安神醒脑的效果。车用香品分为气雾型、液体型和固体型三种类型：气雾型车用香品主要由香精、溶剂和喷射剂组成；液体型车用香品主要由香精和挥发性溶剂混合而成；固体型车用香品主要是将香精与一些材料混合后加压成型。在这三种类型中，液体型车用香品容器精美，香型多样，兼具装饰功用，而且使用方便，目前最为常见。

购买车用香品时，要仔细阅读产品说明书，检查产品质量，查看密闭性的好坏，尤其要注意产品的生产日期，有的芳香材料制成的车用香品超过使用期限或保存期限，不仅达不到应有的效能，反而会污染空气。

选用香品要适应乘员的喜好，并可按季节适时更换，使之符合时宜和环境。更换香型不但要撤除原有的香品，还要尽量使原有的香气散尽。因此应在用车完毕后打扫车辆卫生时更换，切忌两种或多种不同的香型混合使用，否则不但达不到香品应有的效果，甚至适得其反。

为了加快香品的作用，可把香品放(洒)在空调的通风口，利用气流的带动，香品的清香一时间便会飘散满车，清除异味效果也较好。如果是液态的，也可以把香水洒在手绢上，然后挂在通风口，效果也很不错。

四、车内小点缀

人们常说汽车是房子以外的第二个“家”，那么，用心装点爱车，使其舒适、美观、富有个性，自然是车主的一大心愿。目前轿车内较为流行的装饰物品有以下几种：

(1)吊饰

它既能美化车内环境,又能给乘员带来几分愉悦。常用的吊饰有瓷器娃娃、毛绒小动物、佛像、名人照等。需注意的是吊线不能太长,吊挂位置要尽量远离司机视线。

(2)抱枕

它是乘员适时变换坐姿、消除疲劳的用品,又是改善车内环境的饰品,有方、圆、长、扁各种型式。抱枕套的布料花样设计也很有考究,可参考车内的色彩,既可选择同色系也可选择对比色系,只要配合得当均能获得良好的视觉效果。

(3)停车卡

当车辆停放时,为方便别人因事及时联络,可制作一个精致的“停车卡”,将电话号码或留言写在上面,放在挡风玻璃内,也可制作成“汽车贴画”贴于车后。它是一种方便实用的文明饰品。

(4)小摆设

将自己珍爱的摆件放在仪表板上缘位置,即驾车者目光常接触的地方,但要放平放稳,以免紧急制动时饰品损伤玻璃。

(5)布偶

市面上的布偶分为有吸盘式和无吸盘式两种,有吸盘的布偶可粘在玻璃上,无吸盘的布偶则多放置于后座头枕的后方,或其他适当位置。为了创造整体风格,可选择几个不同的布偶排放成型,给人以视觉上的整体美感(图 11-4)。

用心装点爱车必须遵守有关交通规则,以确保行车安全。

图 11-4　布偶

五、其他车内饰品和用品

1. 车内饰品

(1)汽车坐垫

按材质不同坐垫可分为纯毛坐垫,混纺坐垫和帘式坐垫三类。

纯毛坐垫具有乘座舒适、柔软度好、透气性能优良等特点,同时还可以有效防止车室静电产生,但价格较高,适用于中高档汽车。

混纺坐垫根据参与编织的原料不同,可细分为棉麻混纺坐垫、棉毛混纺坐垫等。其中棉麻混纺坐垫具有透气性能优良、韧性强、易于日常清洁护理等特点,但若护理不当会出现黄变,影响视觉效果;混纺坐垫含毛量越高,其柔软程度较好;还有一类化纤与棉麻混纺坐垫,价格低、透气性好,但易产生车室静电。适用中低档汽车。

帘式坐垫一般用硬塑制品或竹制品串连而成,其透气性极佳,适于高温季节或车室空调环境不良的情况下使用。

(2)头枕

头枕(图 11-5)固定在汽车座椅最上部,乘员在途中可以枕着它好好放松一下,让疲惫的颈部得到彻底的休息。头枕不仅仅是舒适配置,它更是安全装置。当发生追尾事故时,头枕能有效地减少乘员头部向后运动以致受伤的发生。

图 11-5　头枕

常见的头枕面料多为高级丝毛、绒面或纯棉材质,里面填充有蓬松棉。使用方法很简单，头枕上面一般都有固定用的松紧带子，直接套在座椅上调整到合适高度即可。头枕安装高度应该与耳朵上沿平行或者乘员头顶下约 8～9cm 的地方。后脑与头枕之间的间距越小越好，最好不要超过 10cm。由于乘员身高各异，因此头枕的调节范围也不同。

(3)脚垫

一般说来脚垫(图 11-6)分为地胶和地毡两种，各有各的优点。地胶相对容易清理，但不如地毡舒适高档；地毡虽然优点较多，却由于极易藏污纳垢，所以需要经常清理和消毒。

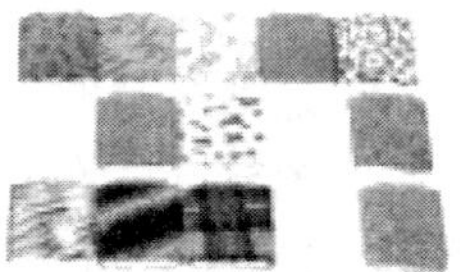

图 11-6　脚垫

(4)驻车制动器、排挡套

常见的驻车制动器、排档套多为棉布或丝绒面料，不仅可以避免排档杆、驻车制动器与手部频繁接触造成的磨损，还有良好的手感和装饰作用。排档套有手排档和自动排档两种类型，购买时不要选错了类型。

(5)及时贴

及时贴用起来很方便，不用费劲固定，哪边晒太阳，便随手贴在哪边，尤其适合左侧窗。要开窗，一揭就下来，玻璃上也不会有任何痕迹。且单向透视，不会影响视线。

(6)遮阳板

遮阳板还是折叠的好用，停车时，打开放在前风挡，可保护仪表盘，也可使座椅不那么烫人。若是侧晒，或是车尾对着太阳，则放后风挡或侧窗。吸盘式的转帘或卷轴式的遮阳帘也可供选择，只是随后使用起来没有静电吸附的那么方便。

2. 车内用品

(1) 饮料架

安装饮料架(图 11-7)时要注意：不要放在会妨碍开车时操作的地方或妨碍视野的地方；不要放在开启安全气囊的地方；当有污渍时，请用稀释的中性洗涤剂轻轻擦拭污渍处。

(2) 纸巾盒置物盒

纸巾盒以及置物盒(图 11-8)的款式很多，几乎每个纸巾盒或者置物盒上都有一个卡通小饰物。纸巾盒、置物盒一般可随意摆放在车内，也可以通过卡子或双面胶固定在仪表台上，但要以不影响驾驶员视线及正常驾驶操作为前提。

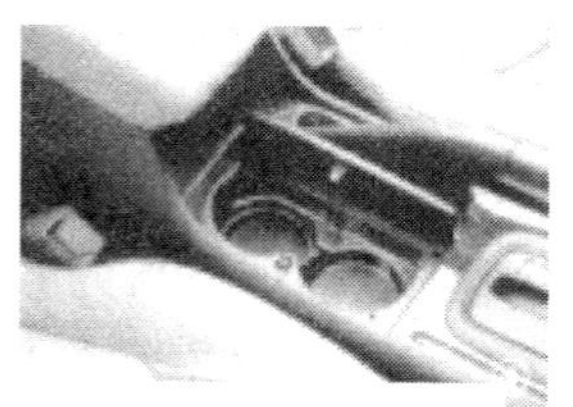

图 11-7　饮料架

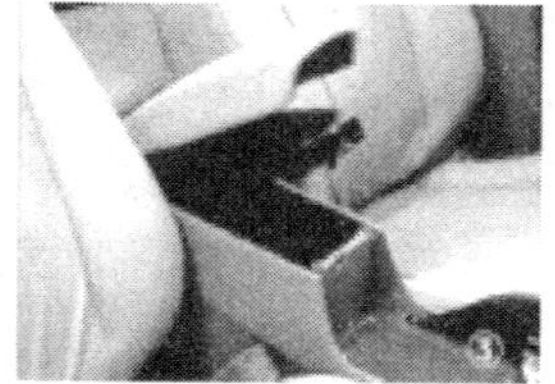

图 11-8　储物盒

第三节　汽车音响和防盗

一、汽车音响

汽车音响是指汽车内的音响系统，主机、功率放大器和扬声器等是构成汽车音响的主体。

由于汽车内空间狭小，行车震动，存在各种噪声以及由驻波引起的共鸣，为此，必须注重汽车音响的正确安装和日常维护，以取得良好的收听效果。

1. 汽车音响的安装

汽车音响安装时应注意以下几点：

(1)选择大规模的专业店

知名的汽车音响品牌企业一般会选择有实力、成规模的专业店作为自己产品的指定销售点。在专业店里，通常环境优雅，设备齐全，陈列有序，操作规范，能提供较好的产品和服务。在选购时要考虑一套音响各组成部分的平衡，即主机、功放、扬声器和线材的恰当搭配。

(2)购买前要试听

在大规模的专业店里，有试听设备或试音车，这是非常重要的。因为在安装汽车音响之前，只有通过专业的试听装置进行试听，才能确定所选择音响品质的优劣。

(3)一定要进行专业调音

汽车音响效果不是“买”来的，而是设计安装调试出来的。同样一个主机、几个扬声器、几根电线，不同的安装工人施工，效果会迥然不同。为了改善收听的环境，专业店会进行科学的设计安装，并凭借专业的测试设备进行调音，使所有音响器材的效果发挥到最佳状态。

(4)安装人员要有资格证书

合格的安装技术人员是质量的保证。汽车音响安装人员必须经过考核，获得“汽车音响安装施工资格证”才能上岗。不合格的安装施工人员不但不能使器材发挥应有的效果，甚至会破坏原有汽车的相关设备。

汽车音响的全套设备最好在同一家店里购买和安装，一旦出现问题比较容易解决。

2. 汽车音响的养护

在汽车音响购买和安装完毕之后，就可以在爱车中舒心地欣赏悦耳的音乐。当您路遇堵车时，高品质的 CD 环绕立体声，一连串音符律动而出，急躁的心情马上就会烟消云散。但是，都市中的污浊和尘土是汽车内音响的最大敌人，因此您要注意经常清理和保养汽车音响。汽车音响维护有以下五个方面的内容。

(1)经常用湿润的小棉签擦拭

音响中卡带机的压带轮和 CD 播放机的磁头都是容易堆积灰尘的地方。CD 播放机里最重要的部位是激光头，因为激光头是易损零件且比较昂贵，应重点养护。虽然现在部分汽车音响在设计过程中都考虑了防尘的问题，但防护措施也是必要的，可以经常用湿润的小棉签擦拭卡带、带盒和 CD 机的碟槽以及音响系统的面板。正确的做法是用湿布将尘土轻轻地吸下来。至于按键和旋钮的清理，可以再次使用棉签。

(2)用清理工具清洁磁带和光碟

除了音响的主机保持清洁外，磁带和 CD 光碟也要保证洁净。磁带和光碟上的污物不但会影响播放的音质，甚至会对音响造成损伤。CD 机的磁头在高速运转时，如果遇到尘土，会使磁头偏离原有的激光轨道，造成声音的失真，并对磁头造成损害。据了解，磁带和光碟的清理工具在大多数的音像店中都可以买到。

(3)经常检查磁带的松紧程度

扬声器是不能被忽略的。它的栅格罩是非常容易积灰的地方，这些积灰会使扬声器的音量大小降低。听音乐前最好先检查一下磁带的松紧程度，松了就要用笔将其卷紧；紧了就要用倒带的方式使之放松。如果磁带长时间不使用或关机，最好将磁带退出，时间长了可能会导致压带轮变形。

(4)慢放盘少换碟

冬季是汽车音响激光头损坏的高发期,因为气候干燥,容易产生静电。放盘的时候最好不要用手直接去摸,不要拿中间,要慢慢放进去,尽量不要频繁换碟,塞盘时尽量要轻。

(5)音量不要突然放到最大

音响在使用当中要避免突然将音量放到最大,这样扬声器线圈会烧,对功放会造成影响,振幅突然加大也会烧毁功放。

二、汽车防盗

尽管车辆的设计和制造已使车辆具备了一定的防盗能力,这往往还不够,根据这些设计和制造特点以及期望达到的更高的防盗能力,车主可以选用不同的防盗产品以进一步提高车辆的防范性能。事物难以是十全十美的,所以选择就很重要,要考虑多方面因素。目前,车辆防盗器材主要有三类:机械防盗装置、电子(机电)防盗装置、联网的防盗防抢报警(定位、跟踪)系统。

1. 机械防盗装置

最常见的是车辆原装的锁具,有车门锁、车盖锁,点火开关锁等,车主可以后加的防盗锁,有锁住转向盘、排档杆、脚踏板等操纵部件的锁等,这些防盗锁的防范重点是防止使用发动机。

目前市售的机械防盗锁多为简单、价廉的装置,几乎人人会装、人人会用,对车辆本身的性能几乎没有任何影响,但它们仅能锁住车辆的局部,并且由于位置明显而又不能报警,防盗性能基本上取决于自身强度和被锁住的车辆部件的强度,使得作案机会增加,比如你锁排档杆,他下力掰动,不惜损坏也要挂档开车;你锁转向盘,他用撬棍把转向盘撬变形,甚至用工具锯断转向盘就可取下防盗锁。由于机械防盗锁一般不会发出报警,阻止作案的时间又有限,因此使用机械防盗锁时,应当格外注意将车辆停放在有人监控的地点。

机械防盗装置今后仍然是不可缺少,并可以有所作为的,但是必须有所改进。比如,针对有些车辆的锁芯可以被盗贼使用特制的"钥匙坯子"强行扭开,应该提高车辆锁芯的性能;又比如,针对盗贼从打开车辆发动机仓盖着手破坏的特点,加强发动机仓盖的锁定;如果车辆的停放位置是固定的,可以在其停车位置设置专用机械障碍或四轮锁定装置等。可喜的是,一些厂商已经注意防盗装置的改进问题,如北京和锐公司的"锐虎"中断传动式防盗锁档装置,加装在车辆排档装置上,在锁定状态时,使排档杆与排档装置"中断",用不上劲,排档杆失去挂档的作用,无法驾驶车辆;又如中山贝奥斯公司的机电一体的防盗报警锁档装置,不仅用机械装置锁住排档杆,而且由电子装置防盗报警。

2. 电子(机电)防盗装置

最常见的是各种电子防盗报警器。目前的电子防盗报警器既有简单的,又有复杂的,以市售的多种汽车防盗报警器为主。我国为了与国际水平接轨,采用了国际电工委员会 IEC 839 – 10 – 1 标准制定了 GA2 – 1999《车辆防盗报警系统·小客车》标准,取代了原 GA/T2 – 1991《汽车防盗报警器通用技术条件》标准,于 2000 年开始实施,"汽车防盗报警器"因而向"车辆防盗报警系统"(英文全称是 Vehicle security alarm systems, VSAS)发展。"车辆防盗报警系统"取代了"汽车防盗报警器",在器材的组成上两者看不出明显区别,其区别在于车辆防盗报警系统是按照"车载的电子系统"要求的,在环境适应性、电磁兼容性(抗干扰和不干扰)、安全性要求以及误报警方面均高于汽车防盗报警器,是和国际水平接轨的。

与汽车防盗报警器相比，车辆防盗报警系统的防盗功能更为先进。它防止使用发动机至少有两路控制，它的电子密码能防止破译，它对所有车门、车盖是否打开能够监测，它可以增加另外的传感器/探测器监视车内空间或其他的部分（但不能误报警），它可以增加应急报警功能，它发出的报警是声响、闪光的并且可以增加无线电信号，只能报警时发出声响而不得发出其他声响（防止噪声扰民）；特别是在安全性方面它不影响车辆及其部件的性能，不能影响驾驶性能，如果发动机正在运转或点火开关已处在发动机运转位置，则它不会使发动机强行熄火；在其他方面，车辆防盗报警系统基本上按照汽车工业的要求，直接引用了多项汽车制造业的最新系列国际标准。

3. 联网的车辆防盗防抢报警（定位、跟踪）系统

联网系统虽然在我国发展历史还不长，但已经出现了多种多样的体系，有的利用无线寻呼系统，有的利用公用有线和无线通信系统，有的建立专门的无线电发射接收系统，有的利用卫星全球定位系统（GPS）等等。但是不论体系如何，它都必须至少具备网络中心、车载装置两大部分。网络中心是监控联网中的各车辆并且管理整个网络的，车载装置担任车辆的防范并且和网络中心保持联系（在防范要求上它应和上述车辆防盗报警系统的功能基本相同，而由于联网的需要，它必然还有信息收发和显示功能）。不言而喻，网络型系统的优势是“技防”加“人防”，车辆处于随时随地被“关注”的状态。在网络区域内，入网的车辆与网络中心之间保持着联系，车辆若发生警情便能够得到现场救援，还能对车辆准确地实施追堵。它覆盖范围大、无死角，反应迅速，经营网络的厂商具备相当的实力，并得到警方的强力支持，不仅使车辆在停放时能防盗，也能在行驶中防抢劫。

目前，一些城市的安全技术防范管理部门对车辆防盗防抢网络系统积极推广、加强管理，使它成为车辆防范的新军。因此，如果车主希望车辆不是孤零零地抵御盗贼的进攻，那么加入网络监控系统，将车辆置于网络的监控之下则是明智之举。

但千万别忘记，入网了也还是得在车辆上体现出防范能力。车载装置良好的自身防护性能和规范的安装，可以有效抑制犯罪的发生，至少能迟滞作案过程，以便留有快速处置警情的足够时间，这点已为北京市安全技术防范管理办公室专门组织的试验所证实。此外，网络系统中的车载装置都有无线接受和发射部件，电磁兼容性方面的要求应当不低于对车辆防盗报警系统的要求（符合我国 GA2—1999 标准的要求），以免和车载的其他电子系统之间发生互相影响。

一、测试自己能否成为成功的汽车营销人员

(一)基本条件

1. 是否注意有规律地生活,是否身心都很健康?

2. 头发长度、形状,以及服装、修饰是否清洁而给人良好印象?

3. 是否有不说谎,一定遵守诺言和约定时间的诚实?

4. 是否遇挫折不气馁,而且经常都带着笑容及幽默的明朗表情?

5. 是否有一旦做了就一定做到最后的耐性?

6. 四周的人对你是否有“拼命在做的热情”的印象?

7. 是否有“认为自己的薪水是客户给予的”这种感激之情?

8. 是否有自己的业绩是前辈、同事、领导及其他单位的指教、关心、帮助和配合分不开的这种谦虚心态?

9. 是否有能够按照周围环境的变化而应对的弹性?

10. 是否因为经常替别人设想而被人喜欢?

十个项目中,希望你至少要有八个项目以上符合要求。其中以第三项最为重要。

(二)推介技巧

1. 是否了解说话的原则及礼仪?

2. 是否熟悉推介辞令?

3. 是否是在了解购买者心理后再运用推介辞令?

4. 如推介是从被拒绝后开始时,你是否懂得应对的说话方法?

5. 对于所推介的汽车或相关产品是否具有完全的知识?

6. 是否以“说三分,听七分”的发问式说话方法进行商谈?

7. 是否了解买方有意购买时会有什么样的症候,而进入结束商谈阶段?

8. 是否了解商谈结束阶段的说话方法,而进行有效率的商谈呢?

9. 是否有察知对方想向自己要求什么的意愿呢?

10. 是否经常仔细做备忘录,资料并整理妥善呢?

既然立志要做一名成功的汽车营销人员,就要在实践中努力探索,善于学习,逐渐掌握更多的推介技巧。

二、购买新车的十大要诀

(一)注意新车的价格变化

多数的汽车代理商的佣金是固定的。顾客能得到的折扣是由公司管理层按照预先调整过的价格定下来的。你可以要求你的汽车代理商向他的主管索取他可能给予的最高折扣;但如果你要求过高,你的代理便得自掏腰包,很少汽车代理会愿意这样做。

(二)索取更多更好的额外零件

许多汽车代理商不愿减价,但愿意搭给顾客额外的零件,如合金车轮或更佳的音响系统

等。如果你的汽车代理商不能在价钱方面给你优待，不妨向他索取更多或更好的额外零件，如以十碟式自动转换碟机取代原本的六碟式转换机。

（三）注意销售期是否有促销优惠

通常只有销售限期要到了而又未达到销售额的代理商，才会愿意削减自己的佣金，割价把汽车卖给你。当然，每个人的处事方式都不一样。如果是在促销期限内，肯定有优惠价格给顾客。

（四）注意销售者的心态

若代理商说再打折扣会影响他的收入，现在的顾客通常会接受他的理由，减低或放弃他们之前所要的优待。

（五）注意要求代理商解释价格计算方式

这样做你才会知道你把钱花在什么地方了。例如，你应该查问价钱是多少？

（六）注意了解车的性能，防止销售者夸大其词

通信科技发达，现在买车人士可能比卖车的人知道的还要多。不过，你无需马上展示出你的知识，不妨先看看他是否有意骗你。

（七）注意代理商有时也会讲谎话

代理商的话未必句句属实。比如说，他告诉你这款车只剩下一种颜色，或他们目前只能以这个价格卖出，你可不必完全相信他。

（八）注意折价贴换交易

选择以旧换新的方式买车人的大多数会吃亏，因为代理商通常会以低于市价一两千块买你的旧车。当然，折价贴换是较方便的交易方式。

（九）注意把握购车的时机

如果你能等的话，一般六月份是全年买车的最佳时候。因为车的价格通常随着佳节的来临向上涨，佳节过后车价一般会下降。

（十）注意带妻子或女友去买车，因为女士更细心，更耐心

女性对待汽车通常要比男性顾客客观。男士们一旦看上一种车型，通常便不肯再看另一车型。汽车代理商最喜欢这样的顾客了。女性则不介意因价钱而放弃一项交易，因为对她们来说，价钱比车型更重要。

三、"2003年度风云车"读者评选结果

由《汽车杂志》举办的"2003年风云车"读者评选活动，是国内第一个类似读者评选活动。举办以来一直得到了广大热心读者的踊跃参与，本次活动评选范围涵盖了2002年以前国产车和进口车的10个大类185个车型，共收到热心读者寄回的有效问卷20183份，经过广州市社情民意调查中心独立统计，结果如下：

国产风云车

车型类别	生产厂商	车　名	得票率
微型车	哈飞	路宝	35.20%
小型车	上海大众	POLO	61.50%

紧凑型车	一汽大众	BORA	40.80%
中型车	上海大众	帕萨特	44.00%
中大型车	一汽大众	奥迪 A6	66.80%
豪华车	一汽轿车	红旗旗舰	90.40%
多功能厢型车	上海通用	别克 GL8	43.60%
越野车	北京吉普	大切诺基	55.10%

进口风云车

车型类别	产地	车　名	得票率
微型车	韩国	HYUNDAI ATOS	35.20%
小型车	德国	MERCEDES A - CLASS	45.40%
紧凑型车	法国	PEUGEOT 307	17.90%
中型车	日本	TOYOTA CAMRY	25.90%
中大型车	德国	MERCEDES E - CLASS	35.70%
豪华车	德国	BMW 7 SERIES	26.80%
跑车	意大利	FERRARI 575M	23.20%
敞篷车	德国	BMW Z8	24.50%
多功能厢型车	日本	TOYOTA PREVIA	36.00%
越野车	瑞典	VOLVO XC90	13.80%

（摘自《汽车杂志》总第 253 期 2003 年 4 月 1 日出版）

四、“年度车 2004”评选尘埃落定

“年度车”即“Car Of The Year”，在欧洲、美国和日本的发达汽车市场都已成为历史悠久的汽车评选活动。它是由当地主要汽车传媒组织起来，对当年投放市场的最新车型进行评价的活动。最近，由 ams 发起，新浪网汽车频道、《中国汽车画报》、《北京青年报》联合主办了“年度车 2004”评选活动，并于 2003 年 12 月 10 日举行了颁奖典礼。共有 6 款车型获得共 7 个奖项，分别是：

年度车 2004 大 奖：广州本田新款雅阁

年度车 2004 造型设计：一汽马自达 6

年度车 2004 工程设计：广州本田飞度

年度车 2004 动力性能：上汽通用雪佛兰 Spark

年度车 2004 驾驶性能：华晨 BMW3 系

年度车 2004 制造质量：华晨 BMW3 系

年度车 2004 价值体现：上海通用别克凯越

评委们给广州本田雅阁的评价是“对中国汽车市场车型的价格向价值回归起到了重大的推动作用”。广州本田雅阁在制造水准全面显著提高的同时，基本售价大幅度降低，成为 2003 年国产新型轿车的典范车型，引发了同级车型甚至其他级别车型定价策略的大幅度调整。而广州本田飞度轿车贯彻了 MM（“美眉”）设计理念（即：Man Max——乘客享受最大空间；Mechanism Mini——机器占用最小空间)，通过“驾驶室前移”设计，实现车内空间最大化，并且采用油箱中置结构，腾出后座下面的空间，提高了后排座椅灵活变化所带来的多功能性。这种短鼻、大车身的结构使它拥有同级车中较大的车内空间，得到评委们的赞许。

一汽马自达6造型结构美观新颖、圆润流畅，外形和内饰都渗透出强烈的运动色彩，瞬间就能调动起人的情绪，悬架设定所体现出的运动风格更为突出，于是在造型设计方面得到了大家的认同。

作为本次入围惟一的一款微型轿车，上汽通用五菱制造的雪佛兰 Spark，凭借 0.8L 的 3 缸发动机夺得了“动力性能”奖。评委们特别肯定了在低价位、微型车的严格限制下，Spark 在为驾驶者提供充足的动力性能方面所取得的成就。该车在行驶中，虽然发动机很小，但动力匹配理想，在合理的车速范围内，驾驶流畅，感觉不到动力不足。

华晨宝马刚推出的 BMW3 系列轿车在本次评选囊括了“驾驶性能”和“制造质量”两个奖项。评委们把票投给它的主要原因是其精湛的制造工艺和无可挑剔的品质，自然还在于其开始在“中国制造”。人们期望的是，有一天这种世界顶级的汽车制造水平能真正为中国汽车工业所有，宝马 BMW3 系列充当了这一进程上的重要坐标。

作为小型家庭轿车，上海通用别克凯越以其优越的综合性能和适中的价格吸引着广大民众。其外形为意大利大师级设计，欧化运动风格中融入庄重；动力系统来自通用的整合；车内空间宽敞，内饰简洁和谐，装备较为齐全。为此，以较高的性价比赢得了荣誉。

五、汽车技术术语解释

在第八章中，介绍了一些常用的汽车文字符号。它们实际上是汽车技术术语的英文缩略语。现编辑一些英文缩略语汽车技术术语解释，以供参考。

4WD——四轮驱动系统

4WD——4 Wheel Drive system 即四轮驱动系统。4WD 系统是将发动机的驱动力从 2WD 系统的二轮传动变为四轮传动。与 2WD 系统相比，4WD 系统有更优异的发动机驱动力应用效率，达到更好的轮胎牵引力与转向力的有效发挥，形成良好的行车稳定性、循迹性，以及 2WD 系统所没有的越野性。4WD 目前大致可分短时（PART TIME 4WD)及全时（FULL TIME 4WD）四轮传动系统。短时四轮传动系统可依驾驶者的需求，选择二轮传动或四轮传动。全时 4WD 系统不需驾驶人操作，车辆总是处于四轮驱动状态。4WD 系统属于高性能传动系统，除了配置于一般的越野吉普车外，也常用于一些高性能的轿跑车上。

ABS——防锁死制动系统

ABS——Anti－Lock Brake System 即防锁死制动系统。它采用电子机械的控制，以更快更精密控制制动油压的收放，来达到防止轮胎锁死，确保轮胎的最大制动及转向能力，增进车辆紧急制动状况的危险回避能力。ABS 车型其正确的操作方式就是一脚踩到底，不要慌张，冷静的进行危险障碍物的回避。近年来，由于消费者对安全的日益重视，大部分的车子都已把 ABS 列为标准配置。

ADS——可调避震系统

ADS——Adaptive Damping System 即可调式避震系统。ADS 系统采用电子式无段可调避震系统，可根据不同的路况以及操作条件自动调整最适合的避震阻尼力。因此，可依据各人的喜好，路面的状况及使用的条件，由驾驶人来调整避震器的软硬度，以适合不同的需求。例如：

驾驶者可选择较硬的模式，享受跑车式的驾驶乐趣；也可以选择较软的模式，享受舒适的乘坐感觉。此外，ADS 系统也有助于行车操控安全。

目前，由于此套系统价格较昂贵，通常只在高级豪华房车才会配备。

ALS——自动车身水平系统

ALS——Automatic Leveling System 即自动车身水平系统。ALS 系统的作用方式大致如下：当车尾高度因载重量的变化而降低或升高时，位于后悬架下控制臂上的高度或位置感知器，便会将这一状况告知电脑，在电脑确认这一状况一段时间后(认为此车尾高度的改变确实来自车重的增加或减少，而非路面状况的暂态影响)，便会起动一空压机将空气灌入后避震器中，使后避震器重新将车尾顶起；或将避震器内的部分高压气排出，使车尾下降，以使车身调整至原来的高度。此系统可以保持车身标准状态，维持乘员乘坐的舒适姿势，并具有一定的操安性能。

ASL——排档锁定装置

ASL——Automatic Shift Lock 即排档锁定装置。ASL 设置于整个排档系统里面，是防止自排车辆暴冲的防范装置。此套系统设定：当驾驶人起动发动机后，必须在踩制动踏板的情形下，才能将档位由 P 档或 N 档排到 R 档或 D 档时，以防止车辆在未踩制动踏板的情形下，直接排入前进或后退档位，致使车辆突然行进而引起驾驶人慌张，造成车毁甚至人亡的灾害。为此，政府基于安全的考虑，规定自 1999 年开始，所有的自排车辆都必须加装 ASL 装置。

ASPS——防前滑保护系统

ASPS——Anti – Submarining Protection System 即防前滑保护系统。这套系统是把座椅下面的钣件设计成后端下陷式成型设计，当车辆突然制动或承受前面撞击时，配合安全带的使用，把人限制在座椅上，并且产生下沉的力量，防止车内乘员向前滑动而造成脚部撞击仪表板，或是头部、胸部撞击转向盘所造成伤害的现象。此套系统与安全带及安全气囊相互配合、相辅相成，发挥保护乘员安全的功能。

ASR——加速稳定保持系统

ASR——Acceleration Stability Retainer 即加速稳定保持系统(或 Acceleration Skid control system 即加速防滑控制系统)。ASR 系统能有效地协调车辆的驱动力、转向力和制动力，防止车辆尤其是大功率的车辆，在起步或加速时发生驱动轮打滑的现象，以维持车辆行驶方向的稳定性，保持良好的操控性及最适当的驱动力，达到行车安全的效果。

ASS——全功能座椅系统

ASS——Adaptive Seat System 即全功能座椅系统。ASS 系统是在驾驶人的座椅中设计十组气囊并藏于里面，分别位于座垫和靠背的下方、前方、两侧、腰部 、腰际等处。当车辆起动后，每个气囊就会依每个驾驶人身材与姿势而作不同的充气，达到最佳的人体支撑。这套系统每四分钟还会解读一次，可依驾驶人的乘坐姿势再进行充气调整，使驾驶人随时都保持着最舒适的驾驶姿势，减少驾车疲劳，增进行车安全。

BAS——制动辅助系统

BAS——Brake Assist System 即制动辅助系统，此系统与 ABS 的配合下，可以使紧急制动效果提升，并缩短制动距离 。

CATS——主动悬架系统

CATS——Continuity Adjustable Tracing System 即主动悬架系统。这是一组具有连续动作的电子循迹控制系统，能随时依照路面的动态而自动调整悬架系统软硬需求的装置，除可提高舒适度外对于操控性亦颇有帮助。

DATC——数位式防盗控制系统

DATC——Digital Anti - Thief Control 即数位式防盗控制系统。它是一组数据式防盗密码控制锁，可有效地防止车辆失窃。

DSA——动态稳定辅助系统

DSA——Dynamic Stability Assistant - system 动态稳定辅助系统(或称 STC - Stability Tracing Control system 稳定循迹控制系统)。它是一种动力输出较大的发动机所需要的配备,其作用是抑制在车辆行驶或加速所产生的车轮打滑现象,来保持轮胎的抓地力适当分配,维持车辆的行驶稳定性。

DSTC——动态稳定循迹控制系统

DSTC——Dynamic Stability Tracing Control 即动态稳定循迹控制系统。它是一套比较具有主动管理车辆动态平衡稳定系统的装置，系由 DSA 发展而来的。

DLS——差速器锁定系统

DLS——Differential Lock System,即差速器锁定系统。它主要使用于 4WD 四轮传动系统。其功能乃在辅助差速器先天的不足，确保驱动力的发挥。当车辆在恶劣道路或泥巴地行驶时，很容易造成单轮悬空或轮胎打滑的现象。这时,传统差速器差速的原理造成打滑的那一轮转速很快，另一轮则会几乎不旋转,至使车辆无法前进。而 DLS 系统可将差速器的齿轮锁定，使差速器两侧相互没有差速作用，也就是说当差速器使用了差速器锁定装置时，从发动机传到驱动轴的动力可以全部平均的传给两个驱动轮，而不会有差动的现象,可以确保发动机的动力传到四个轮，以确保 4WD 车辆的越野性。

DSC——动态稳定控制系统

DSC——Dynamic Stability Control 即动态稳定控制系统。DSC 系统配有先进的侦测及控制设备,如能侦测车轮转速外,还能侦测转向盘转动的幅度、车速、以及车子的侧向加速度,并根据以上所侦测到的资讯,来判断车轮在转弯过程中是否有打滑的危险,如果会有打滑的危险或已经打滑,则电脑马上会命令制动油压控制系统将打滑的车轮进行适当的制动作用,或以减少喷油量、延迟点火的方式来降低引擎力量的输出,达到轮胎在各种行驶条件下防止发生打滑的现象,进而使车辆无论在起动加速、再加速、转弯等过程都能获得良好的循迹性。

DSS——半主动悬架系统

DSS——Driver Select System 即半主动悬架系统。这是一套可以让驾驶人自已选择跑车式或柔软式的悬架系统。对于不喜欢完全交由电脑自动控制的驾驶人，半主动悬架系统是一种不错的选择。

EBA——电子控制制动辅助系统

EBA——Electronic Brake Assist 即电子控制制动辅助系统。这个系统可以感应驾驶人对制动踏板的动作需求程度。当电脑从制动踏板所测到的制动动作，来判断驾驶人此次制动的意图，如果是属于非常紧急、急迫的制动，EBA 此时将会指示制动系统产生更高的油压使 ABS 发挥作用，而使制动力更快速的产生,减少制动距离。电子控制制动辅助系统尤其是对于脚力较差的妇女及高龄驾驶者，在规避紧急危险的制动时甚有帮助。

EBD——电子制动力分布系统

EBD——Electric Brake - force Distribution 即电子制动力分布系统。EBD 系统可依据车辆的重量和路面条件，当制动时,会自动以前轮为基准去比较后轮轮胎的滑动率，如发觉差异并且此差异程度是必须被调整时，则制动油压系统将会调整传至后轮的油压，以得到更平衡且更接近理想化制动力的分布。从而达到：当重踩制动踏板时，在 ABS 动作之前，可平衡每一个轮的有效地面抓地力，改善制动力的平衡并缩短制动距离。

ESC——能量吸收式转向柱

ESC——Energy - absorbing Steering Column 即能量吸收式转向柱。该装置的作用是：转向柱设计成当车辆承受正面撞击后可溃缩的方式。当车辆一旦承受正面撞击，驾驶人往前撞击到转向盘时能产生溃缩作用来吸收撞击的能量，将人的碰撞伤害降至最低程度。

ESP——电子稳定程式

ESP——Electronic Stability Program 即电子稳定程式。这组系统通常是支援 ABS 及 ASR 的功能，使车辆在各种行车状况下都能保持最佳的稳定性，特别是在过度转向或转向不足的情形时，助益尤其明显。

ETS——电子循迹支援系统

ETS——Electronic Traction Support 即电子循迹支援系统。这是一组四轮控制的电子循迹辅助系统。当一轮或多轮出现偏滑现象时，此系统会发出限制打滑的指令(前后轮切换时机有所不同)，以达到最佳的行驶状况。

LSD——限滑差速器

LSD——Limited Slip Differential 即限滑差速器。LSD 为循迹控制的一环，可以确保驱动轮的动力输出。此系统常用于后轮驱动车的后轴差速器上，或用于四轮驱动车的中央差速器及后轴差速器上。当驱动轮由于驱动力输出太大或地面太湿滑，或单轮悬空造成单边驱动轮打滑而失去驱动力，致使车辆无法脱困或循迹性不好时，LSD 将会使两轮的转速差受到限制，而将部分原本传到打滑轮的驱动力转移到另一轮，使得原本失去驱动力的轮子重获力量，从而改善行驶的稳定性及越野性能。此种系统最常用于后轮驱动的高级豪华房车，以及四轮传动的越野车。

PDC——停车距离控制系统

PDC——Parking Distance Control 即停车距离控制系统。PDC 系统就是俗称的倒车雷达。此套系统以超声波感应器，来侦测出离车最近的障碍物距离，并发出警笛声来警告驾驶者。警笛声音的控制通常分为两个阶段，当车辆的距离达到某一开始侦测的距离时，警笛声音开始以某一高频的警笛声鸣叫，而当车行至更近的某一距离时，则警笛声改以连续的警笛声，来告知驾驶者，使驾驶者用听就可以知道停车时障碍物或它车的距离，以达到方便停车和保护车身的效果。PDC 系统只有用于停车的功能，所以当车速超过某一速度时此套系统将会关闭。

PTS——制动侦测系统

PTS——Park Tronic System 即制动侦测系统。这是一套可以协助驾驶人预知前后方障碍物的距离，并以警笛声告知驾驶人执行制动动作的侦测系统，是与 PDC 相似的装备。其作用在 15Km/h 以下才有效，超过此一速度则自动切断。

SIPS——侧面撞击保护系统

SIPS——Side Impact Protect System 即侧面撞击保护系统。SIPS 系统是一种结构力学原理在汽车车体结构上的应用。其原理是将乘员区设计成一刚体区，且组成刚体区骨架结构都是考虑到侧撞后力量分散的设计理念，使车辆承受侧面撞击时能将撞击力分散，保持车身的完整性，不致造成人员过大的伤害。

SSS——速度感应式转向系统

SSS——Speed - Sensitive Steering 即速度感应式转向系统。此套系统可随着车速的变化提供适当的辅助力，即通过速度感应可随着车行速度调整动力辅助油压：在低速时有较大的辅助油量，提供较大的辅助力使转向较为轻巧；而在车速较快时则减少辅助油量，使转向力增大，不至于转向力太轻而造成高速时转向太灵敏，致使车行不稳，从而使车辆有更好的操控稳定性，提升行驶的安全性。

TRACS——循迹控制系统

TRACS——TRAction Control System 即循迹控制系统。这个系统的作用是针对车辆加速打滑的控制，如果车辆行驶中或驱动轮加速时，发现有打滑的现象，则控制电脑会叫制动系统针对打滑的车轮进行制动作用，防止车轮继续打滑，而影响到车辆的轮胎抓地力及行驶的稳定性。因此“循迹控制系统”又称“防滑控制系统”，也可称为“抓地力控制系统”。

VSA——车辆稳定辅助装置

VSA——Vehicle Stability Assize 即车辆稳定辅助装置，与 VSC 控制系统相同 。主要是控制车辆于行驶中的循迹性及车辆行车稳定性。

VSC——车辆稳定控制系统

VSC——Vehicle Stability Control 即车辆稳定控制系统。VSC 是控制车辆转弯过程的循迹稳定性。此系统是由转向盘转角感测器、减速度感测器、车身偏摆角速度感测器、制动油压感测器以及轮速感测器所组成的系统，能快速的将车辆于转弯过程中转向过度或转向不足的现象，修正到原有正常路径循迹行驶：当车辆处于转向过度的情形下，会降低发动机的输出力外，且执行前面外侧轮的制动作用，使车身行驶的方向回复到正常的轨迹；而当车辆在转弯过程中处于转向不足的情形下，除仍会降低发动机动力输出外，且于后两轮会根据转向不足的程度施与不同的制动力，其目的也是要产生回复至正常行驶路径的力量，而使车辆在转弯的行驶过程中有好的行驶方向稳定性。

SUV——运动型多用途车

SUV——Sport Utility Vehicle 的缩略语，即“运动型多用途车”。SUV 起源于美国，是为了迎合年轻白领的爱好而在皮卡底盘上发展起来的一种厢体车。它在一定程度上，既有轿车的舒适性，又有越野车的越野性能。

RV——休闲车

RV——Recreation Vehicle 的缩略语，中文意思是“休闲车”。从广义上讲，除了轿车和跑车外的轻型乘用车都可归属于 RV(包括 SUV 也可归属于 RV)。RV 是以家用车为前提的。它最重要的特点，在于外形上与传统的三厢式轿车不一样，看上去有些 RV 像两厢式轿车，有些 RV 像越野车。

MPV——多用途车

MPV——Multi - Purpose Vehicle 的缩略语，即“多用途车”。它集轿车、旅行车和厢式货车的功能于一身，车内每个座椅都可以调整，并有多种组合的方式，例如可将中排座椅靠背翻下即可变为桌台，前排座椅可作 180°旋转。近年 MPV 趋向于小型化，又称为 S(Small) - MPV，车长一般在 4.2 ~ 4.3m 之间。目前国产 MPV 有上海别克 GL8 等，国产 S - MPV 有海南马自达 Premacy 等。

附页之二

国外主要汽车厂家商标

（按车型名称英文字母顺序排列）

ABARTH
意大利　阿巴斯

AC
英国　AC公司

ACURA
日本　本田·阿库拉

ALFA ROMEO
意大利　阿尔法·罗蜜欧

ALFA ROMEO
意大利　阿尔法·罗蜜欧

AMC
美国汽车公司

ARO
罗马尼亚　阿罗

ASIA
韩国　亚细亚

ASTON MARTIN
英国　阿斯顿·马丁

AUDI
德国　奥迪

AURORA
美国　通用·奥兹莫比尔·曙光

AUSTIN
英国　罗孚·奥斯汀

AUTOBIANCHI

AUTOBIANCHI
意大利　奥托比安希

BEDFORD
英国　贝德福

BENTLEY
英国　劳斯莱斯·本特利

BERLIET
法国　贝利埃

BERTONE
意大利　博通

国外主要汽车厂家商标(续一)

BMW
德国　宝马

BOSCH
德国　博世

BRISTOL
英国　布里斯托

BUGATTI
法国　布加蒂

BUICK
美国　通用·别克

CADILLAC
美国　通用·卡迪拉克

CAMARO
美国　通用·雪佛兰·卡玛洛

CHEVROLET
美国　通用·雪佛兰

CHRYSLER
美国　克莱斯勒

CITROEN
法国　雪铁龙

COBRA
美国　福特·眼镜蛇

CORVETTE
美国　通用·雪佛兰·克尔维特

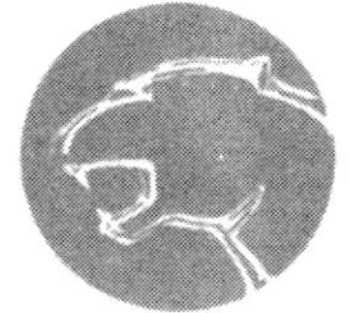

COUGAR
美国　福特·水星·美洲狮

DACIA
罗马尼亚　达契亚

DAEWOO
韩国　大宇

DAF
荷兰　达夫

DAIHATSU
日本　大发

国外主要汽车厂家商标(续二)

DAIMLER
英国　戴姆勒

DAIMLER — BENZ
德国　戴姆勒－奔驰

DODGE
美国　克莱斯勒·道奇

EAGLE
美国　克莱斯勒·鹰

ERF
英国　厄夫

ESPERO
韩国　大宇·依斯帕罗

EUNOS
日本　马自达·俊朗

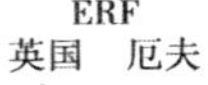

FAP
南斯拉夫　法普

FAUN
德国　福恩

FERRARI
意大利　法拉利

FIAT
意大利　菲亚特

FODEN
英国　福登

FORD
美国　福特

FREGHTLINER
美国　货运线公司

GEO
美国　吉奥

GM
美国　通用

GMC
美国　通用·GMC部

国外主要汽车厂家商标(续三)

HINO
日本　日野

HOLDEN
澳大利亚　霍尔登

HONDA
日本　本田

HYUNDAI
韩国　现代

IFA
原民主德国　依发

IKARUS
匈牙利　伊卡露斯

INFINITI
日本　日产·无限

INNOCENTI
意大利　因诺桑蒂

INTERNATIONAL
美国　万国

ISORIVOLTA
意大利　伊索里沃塔

ISUZU
日本　五十铃

Jeep

IVECO
意大利　依维柯

JAGUAR
英国　美洲虎

JEEP
美国　克莱斯勒·吉普

KASSBOHRER
德国　凯斯鲍尔

KIA
韩国　起亚

LADA
俄罗斯　拉达

LAGONDA
英国　阿斯顿·马丁·拉贡达

国外主要汽车厂家商标(续四)

LAMBORGHINI
意大利　兰博基尼

LANCIA
意大利　蓝旗

LAND—ROVER
英国　兰德罗孚

LEXUS
日本　丰田·凌志

LEYLAND
英国　利兰

LINCOLN
美国　福特·林肯

LOTUS
英国　莲花

MACK
美国　麦克

MAGIRUS DEUTZ
德国　玛吉鲁斯·道依兹

MAN
德国　曼

MARCOS
英国　玛柯斯

MASERATI
意大利　玛莎拉蒂

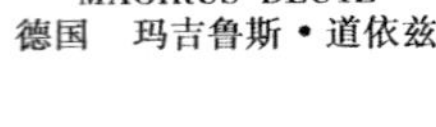

(1997年以后)
MAZDA
日本　马自达

MCLAREN
英国　麦拿伦

MERCEDES—BENZ
德国　梅赛德斯－奔驰

MERCURY
美国　福特·水星

MERCURY/LINCOLN
美国　福特·水星/林肯部

MG
英国　罗孚·美琦

MINI
英国　迷你

国外主要汽车厂家商标(续五)

MITSUBISHI
日本　三菱

MORGAN
英国　摩根

MUSTANG
美国　福特·野马

NEOPLAN
德国　尼奥普兰

NISSAN
日本　日产

NISSAN DIESEL
日本　日产柴油机

OLDSMOBILE
美国　通用·奥兹莫比尔

OPEL
德国　欧宝

OPEL
德国　欧宝

PANTHER
英国　黑豹

PEGASO
西班牙　毕加索

PEUGEOT
法国　标致

PININFARINA
意大利　平宁法利那

PLYMOUTH
美国　克莱斯勒·顺风

PLOLNEZ
波兰　波罗乃兹

PONTIAC
美国　通用·旁蒂克

PORSCHE
德国　保时捷

PRESIDENT
日本　日产·总统

PROTON
马来西亚　普路通

国外主要汽车厂家商标(续六)

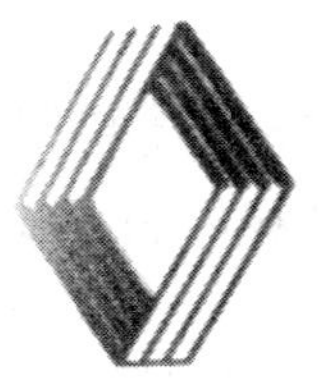

RENAULT
法国　雷诺

ROLLS— ROYCE
英国　劳斯莱斯（罗尔斯•罗依斯）

ROMAN
罗马尼亚　罗曼

ROVER
英国　罗孚

SAAB
瑞典　绅宝

SATURN
美国　通用•土星

SCANIA
瑞典　斯堪尼亚

SEAT
西班牙　西特

SKODA
捷克　斯柯达

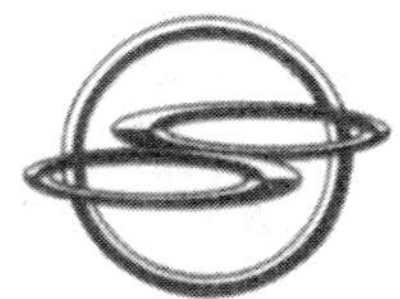

SSANGYONG
韩国　双龙

STEYR
奥地利　斯泰尔

STUTZ
美国　斯图兹

SUBARU
日本　富士重工

SUZUKI
日本　铃木

TALBOT
法国　PSA•塔尔伯特

TATRA
捷克　太脱拉

TOMASO
意大利　托马索

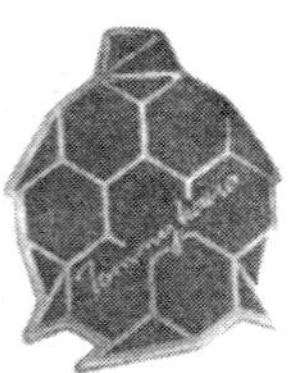

TOMMYKAIRA
日本　龟牌

国外主要汽车厂家商标(续七)

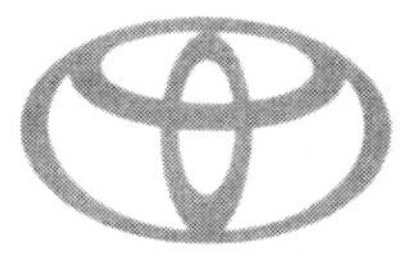

TOYOTA
日本　丰田

TRIUMPH
英国　凯旋

TVR
英国　特威尔

UAP
罗马尼亚　彼特斯蒂

VAUXHALL
英国　沃克斯豪尔

VENTURI
法国　文图力

VIPER
美国　克莱斯勒·道奇·蝰蛇

VOLGA
俄罗斯　格斯·伏尔加

VOLKSWAGEN
德国　大众

VOLVO
瑞典　沃尔沃

ZASTAVA
南斯拉夫　红旗

ZF
德国　ZF公司

国内部分汽车商标和车标

(DONGFENG — CITROEN)
神龙汽车

天津汽车

长安汽车

红旗轿车
(一汽集团)

广州本田

上海 · 奇瑞

(SOUEAST)
东南汽车

悦达汽车

北京吉普

吉利汽车

跃进汽车

国内部分汽车商标和车标(续一)

第一汽车（集团）公司

一汽·解放

一汽—丰田

一汽—大众

一汽大众·奥迪

一汽—马自达

江淮汽车

哈飞汽车

北京—福田

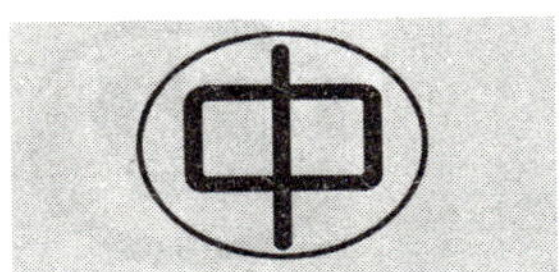

华晨汽车

华晨·金杯

南京—菲亚特

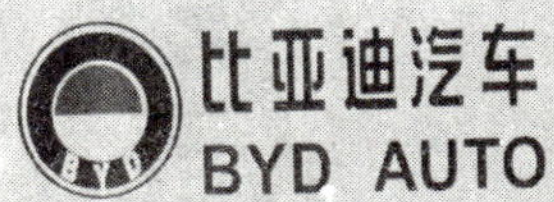

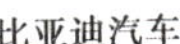

比亚迪汽车

北京—现代汽车

北京现代·伊兰特

国内部分汽车商标和车标(续二)

二汽集团

东风汽车

东风・小霸王

江铃汽车

江铃・陆风汽车

东风悦达・起亚汽车

上汽集团

上海大众

悦达起亚千里马

上海通用

上汽五菱

上汽通用五菱

东风—日产

广州宝龙汽车

南京依维柯

国内部分汽车商标和车标(续三)

上海万丰汽车

保定长城汽车

四川丰田·柯斯达

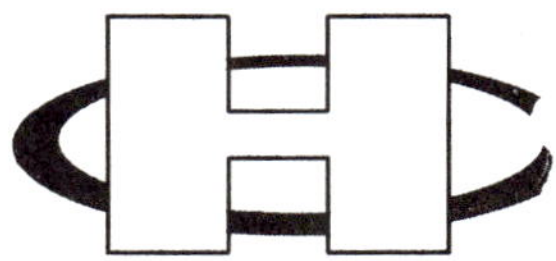

昌河汽车

昌河铃木

江南·奥托

上海华普轿车

金杯通用汽车

天马汽车

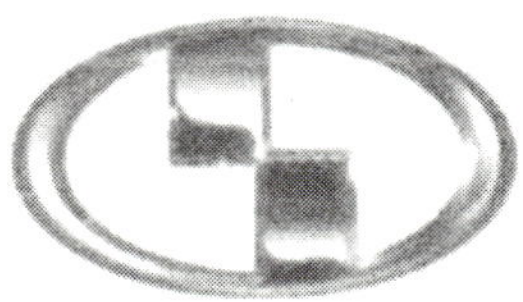

河南少林客车

申沃客车

郑州宇通客车

金龙客车

金旅客车

广州五十铃客车

参考文献

1 胡亚庄主编．简明汽车知识词典．北京:北京理工大学出版社,2001
2 GB4094—1999 汽车操纵件、指示器及信号装置的标志
3 陈友新著．汽车营销艺术通论．北京:北京理工大学出版社,2003
4 韩印,李晓峰主编．世界汽车名厂名车名人．北京:人民交通出版社,2000
5 清华大学汽车工程系本书编写组.汽车构造.北京:人民邮电出版社,2000
6 周小川,林平主编.汽车爱好者手册.成都:四川辞书出版社,2000
7 张智编著．汽车购买指南(2000—2001)．北京:中国方正出版社,2000
8 韩广编著.慧眼识汽车.北京:机械工业出版社,2003
9 任晓东,顾行成主编.国产轿车品牌手册.上海:上海科学技术出版社,2003
10 任晓东,顾行成主编.进口轿车品牌手册.上海:上海科学技术出版社,2003
11 张月相,赵英君主编．世界汽车博览手册.北京:金盾出版社,2003
12 北京中车行高新技术有限公司编.常见汽车识别代号(VIN).北京:机械工业出版社,2003
13 丁一著.成就汽车销售.上海:同济大学出版社,2003